军队高等教育自学考试船舶工程技术（专科）专业指定教材

舰 艇 结 构

李华东　梅志远　吕岩松　侯海量　主　编
吴　梵　主　审

华中科技大学出版社
中国·武汉

内 容 简 介

本教材是船舶工程技术（专科）军队自学考试教材。

本教材以军用舰艇结构为对象，内容主要包括舰艇分类与结构组成、船体结构的连接与图示方法、船体材料与强度概念、船体结构基本要求与评价、水面舰艇船体板、水面舰艇船体骨架、水面舰艇船体首尾端部结构、水面舰艇上层建筑结构、潜艇耐压船体结构、潜艇舱壁结构、潜艇非耐压船体结构等方面的相关知识。

本教材适用于参加船舶工程技术（专科）军队自学考试的学生和指导教师使用，也可供高等院校相关专业师生参考。

图书在版编目（CIP）数据

舰艇结构/李华东等主编. —武汉：华中科技大学出版社，2019.6（2025.1 重印）
军队高等教育自学考试船舶工程技术（专科）专业指定教材
ISBN 978-7-5680-5225-2

Ⅰ. ①舰…　Ⅱ. ①李…　Ⅲ. ①军用船-船体结构-军事院校-教材　Ⅳ. ①U674.7

中国版本图书馆 CIP 数据核字(2019)第 126136 号

舰艇结构　　李华东　梅志远　吕岩松　侯海量　主编
Jianting Jiegou

策划编辑：张少奇
责任编辑：程　青
封面设计：刘　婷
责任监印：周治超
出版发行：华中科技大学出版社（中国·武汉）　电话：(027)81321913
　　　　　武汉市东湖新技术开发区华工科技园　邮编：430223
录　　排：华中科技大学惠友文印中心
印　　刷：武汉邮科印务有限公司
开　　本：787mm×1092mm　1/16
印　　张：11.5
字　　数：305 千字
版　　次：2025 年 1 月第 1 版第 5 次印刷
定　　价：35.00 元

华中出版

本书若有印装质量问题，请向出版社营销中心调换
全国免费服务热线：400-6679-118　竭诚为您服务

序　　言

军队高等教育自学考试(下称军队自学考试)作为军事职业教育的重要组成部分,兼顾军队建设需要和官兵职业发展需求,是体现官兵终身教育和学习型军队特点的教育形式,是提升官兵科学文化水平和岗位履职能力的重要途径,对于大规模培养高素质军事人才、推进学习型军队和学习型军营建设具有重要意义。军队自学考试自 1989 年开办以来培养了大批人才,为军队建设做出了积极贡献。

根据调整改革后院校发展定位和主体任务,中央军委训练管理部改建和新增军兵种部队建设急需、培训需求较大的专业,并遴选专业特色优势明显的军队院校承担相应自学考试专业主考任务,充分依托军队院校优质学历教育资源发展军队自学考试。改革后的军队自学考试专业有 30 个,其中本科专业 15 个、专科专业 15 个。按照"专业名称军地通用化、专业课程军队特色化"的原则,海军工程大学承担船舶与海洋工程(本科)、船舶工程技术(专科)两个自学考试专业课程的建设工作。

当改革后的军队自学考试遇上蓬勃发展的网络在线学习,新的助学模式应运而生。为了更好地帮助报考该专业的考生学习和备考,我校教员在开展本职教学科研工作的同时,将所学知识和技术,按照自学考试教学的要求,以在线课程的方式通过网络共享,并出版了该专业系列课程配套的专业教材,让优质教学资源得以更广泛地传播利用。

本套教材根据军队自学考试船舶与海洋工程、船舶工程技术两个专业考生学习的实际需求编写,《舰艇总体技术》《舰艇静力学与快速性》《舰船结构与强度》《舰船原理》《舰艇结构》《舰艇修造工艺》《舰船概论》《舰艇电气设备》《舰艇动力装置》九本教材涵盖舰艇基础知识、专业知识、操作使用、维护保养等各方面内容,同时还增加了《舰船海洋环境概论》和《军事管理基础》两本专业基础课教材,使得丛书更加符合考生的认知规律,富有启发性,便于考生学习。教材充分吸纳新理论和新技术,具有一定学术性;文字表达简明流畅、深入浅出、逻辑严密,章节编排考虑到了教学对象的基础,由浅入深,由简单装置逐步延伸到复杂系统,基本满足了军队自学考试船舶与海洋工程、船舶工程技术两个专业考生的学习需求,也为所有船海相关专业学习者和从业者提供了优质的学习资源。

鉴于此,我们精心推出的系列教材和即将上线的配套慕课课程,必将为翻开此书的你加油续航,助你早日实现知识的积累和自身的蜕变!也就此机会,谨向付出了艰辛劳动的全体编写人员致以敬意,向本套教材的出版单位和慕课制作人员表示感谢。

编写组

2019 年 4 月

前　　言

本教材是根据船舶工程技术专业（专科）军队自学考试《舰艇结构自学考试大纲》编写的。

舰艇结构是船舶工程技术专业的一门重要的专业课，主要系统阐述水面舰艇和潜艇结构的设计要求，结构形式，结构构件名称与作用、布置原则等，为学生从事船舶结构设计与制造提供必要的舰艇结构知识，为后续专业课程的学习奠定必要的知识基础。

本教材在编写时，根据船舶工程技术专业（专科）特点，本着实用性、实时性、便于自学的原则对相关教学内容进行了精心的提炼和加工，便于学生自学和应用。

本教材共分11章，第1章至第4章主要阐述了舰艇的分类和结构组成、舰艇结构的连接与图示方法、船体材料与强度概念及舰体结构基本要求与评价等舰艇结构的基础知识；第5章至第8章主要阐述了水面舰艇船体板、骨架、首尾端部结构、上层建筑结构的作用、受力、结构形式与布置原则等知识；第9章至第11章主要介绍了潜艇耐压船体结构、舱壁结构与非耐压船体结构的作用、受力、结构形式与布置等知识。为便于学生自学，本教材在需学习和掌握的重点内容处编写了学习指导，并在每章末配有习题。

本教材第1章至第3章、第7章由李华东讲师编写；第4章至第6章由梅志远教授编写；第8章至第9章由侯海量副教授编写；第10章至第11章由吕岩松副教授编写。全书由李华东讲师统稿，并编写学习指导，由梅志远教授审阅定稿。葛玉文、王麟同志承担了部分绘图工作，在此表示诚挚的谢意。本教材由海军工程大学吴梵教授审阅。根据相关参编人员的审稿意见以及本书编辑所提出的宝贵意见，编者对相关内容进行了修改。在此向以上人员的辛勤劳动表示衷心感谢。

由于编者知识结构和水平有限，书中难免存在不足之处，恳请专家、同仁和广大读者批评指正。

编　者

2018年11月

舰艇结构自学考试大纲

（含考核目标）

Ⅰ 课程性质与设置目的

一、课程性质

舰艇结构是船舶工程技术专业的专业基础课，是学习后续专业课程的基础。

二、课程设置目的

设置本课程的主要目的是使自学者系统地掌握水面舰艇和潜艇结构的设计要求、结构形式、结构构件名称与作用，为其从事船舶结构设计与制造提供必要的知识，为后续专业课程的学习奠定必要的知识基础。

三、课程学习要求

通过本课程的学习，自学者应达到以下要求：

(1) 理解舰艇结构设计的基本要求；

(2) 掌握水面舰艇和潜艇船体结构设计的基本原则、要求及规律；

(3) 了解舰艇船体结构各组成构件的名称、位置及作用；

(4) 了解水面舰艇和潜艇船体结构各部分的结构形式、构件的连接方法；

(5) 初步具备分析水面舰艇和潜艇船体结构形式设计思想的基本能力和素质。

其中，重点是水面舰艇和潜艇船体结构设计的基本要求、常见结构形式与变化规律、常见构件的名称与作用。

四、先修课程

本课程的先修课程是“机械制图”与“工程力学”。

“机械制图”是“舰艇结构”课程进行船体结构图识图的基础。

“工程力学”(材料力学部分)中的梁的弯曲理论、压杆稳定性理论等为水面舰艇和潜艇船体结构及其构件的内力、应力应变和挠度的分析提供必要的力学基础知识。

Ⅱ 考核目标

本大纲按照识记、领会、简单应用和综合应用四个层次规定了考生应达到的能力层次要求。四个能力层次是递升的关系，后者建立在前者的基础上。各能力层次的含义如下。

识记（Ⅰ）：要求考生能够识别和记忆本课程中有关概念及规律的主要内容（如定义、分类、组成、表达式、结论、图示、特点、性质及应用范围等），并能够根据考核的不同要求，做出正确的表达、选择和判断。

领会（Ⅱ）：要求考生能够领悟和理解本课程中的概念及规律的内涵和外延，理解它们的确切含义，能够鉴别关于它们的似是而非的说法；理解它们与相关知识的区别和联系，并能够根据考核的不同要求做出正确的判断、解释和说明。

简单应用（Ⅲ）：要求考生能够根据已知的条件，运用本课程中少量知识点，分析和解决一般应用问题，如计算、分析、论证等。

综合应用（Ⅳ）：要求考生能够运用本课程中的较多知识点，分析和解决较复杂的应用问题，如计算、分析、论证等。

Ⅲ课程内容与考核要求

第1章　舰艇分类与结构组成

一、课程内容

- 舰艇分类
- 舰艇船体结构的组成

二、学习的目的与要求

本章主要学习舰艇的分类和具体结构及其构件的名称，是后续章节学习的基础。

学习要求：

(1) 了解船舶分类方法、舰艇分类方法；

(2) 熟悉水面舰艇船体结构的组成、潜艇船体结构的组成。

本章重点：舰艇的分类、水面舰艇和潜艇船体结构的组成与构件名称。

三、考核内容与考核要求

1. 舰艇分类方法

识记：舰艇分类的目的、方法与具体分类。

领会：船舶按照航行状态（支撑方式）的分类。

2. 舰艇船体结构的组成

识记：水面舰艇与潜艇船体结构的组成、上层建筑的概念与分类、板架的概念与分类、水面舰艇板架结构的构件名称。

第2章　船体结构的连接与图示方法

一、课程内容

- 船体结构的连接

- 船体结构的图示方法

二、学习目的与要求

本章主要学习船体结构的连接方法(焊接、铆接与螺钉连接等)、常见连接形式、船体结构图中的图线规定及常见船体构件的图示方法。通过本章的学习,考生应了解当前舰船结构连接的方法及值得注意的问题,并掌握初步的识图技能。

学习要求:

(1) 理解和掌握构件之间的连接方法、构件之间的连接形式;

(2) 掌握船体结构图中的图线规定、船体构件的图示方法。

本章重点:构件之间的连接形式、船体结构图中的图线规定。

三、考核内容与考核要求

1. 船体结构的连接

识记:连接方法的分类、常见构件之间的连接形式。

领会:焊接与铆接的优缺点。

2. 船体结构的图示方法

识记:船体结构图中的图线规定、船体构件的图示方法。

简单应用:根据图线规定等进行简单船体结构图识图。

第 3 章　船体材料与强度概念

一、课程内容

- 船体材料
- 舰艇船体强度概念

二、学习目的与要求

本章主要学习舰船常用船体材料、水面舰艇与潜艇船体强度概念,重点让考生从船体强度的角度了解水面舰艇与潜艇船体结构设计的特点和不同,为考生理解后续章节中的船体结构设计形式提供必要的基础知识。

学习要求:

(1) 掌握舰艇船体用钢分类与选用等级;

(2) 了解其他舰用材料;

(3) 掌握舰艇船体用钢的基本要求;

(4) 掌握并理解水面舰艇强度概念和潜艇强度概念。

本章重点:舰艇船体用钢的分类、基本要求、水面舰艇强度概念和潜艇强度概念。

三、考核内容与考核要求

1. 船体材料

识记:舰艇船体用钢分类与选用等级。

领会:舰艇船体用钢的基本要求。

2. 水面舰艇船体强度概念

识记：水面舰艇船体强度概念及分类、船体梁概念。

领会：水面舰艇漂浮在静水中的受力及内力分布、水面舰艇总纵强度的几种危险状态、水面舰艇总纵弯曲时船体梁横剖面的应力分布、提高船体总纵强度的措施。

3. 潜艇船体强度概念

领会：潜艇船体的受力、潜艇强度的计算状态及其与水面舰艇强度的区别、提高潜艇船体强度的措施。

综合应用：分析水面舰艇与潜艇船体结构强度危险状态及提高强度的设计方法的异同。

第 4 章　舰体结构基本要求与评价

一、课程内容

- 概述
- 舰体结构基本功能性要求
- 舰体结构扩展功能性要求
- 舰体结构保障性
- 舰体结构工艺性与经济性

二、学习目的与要求

本章主要学习舰船综合性能对舰船结构设计的基本要求，让自学者从总体综合性能的角度认识船体结构设计的要求，为理解后续章节中的船体结构设计形式奠定基础。

学习要求：

(1) 了解船体结构设计过程；

(2) 了解船体结构基本要求的主要内容；

(3) 了解船体结构的基本功能性、扩展功能性、保障性、工艺性与经济性。

本章重点：船体结构基本要求的主要内容。

三、考核内容与考核要求

1. 船体结构基本要求的主要内容

识记：船体结构基本功能性、扩展功能性、保障性、工艺性与经济性要求的主要内容。

第 5 章　水面舰艇船体板

一、课程内容

- 水面舰艇船体外板
- 甲板板
- 内底板
- 舱壁板

二、学习目的与要求

板是组成水面舰艇船体结构的重要部分，本章主要学习水面舰艇中部主船体中各类板的组成、作用、受力及布置原则。本章内容是本课程的重点内容之一。

学习要求：

(1) 熟悉并理解船体外板、甲板板、内底板和舱壁板的组成、作用、布置方式和连接；

(2) 掌握船体外板、甲板板、内底板和舱壁板的厚度变化规律。

本章重点：水面舰艇船体外板、甲板板、内底板与舱壁板的组成、作用、受力、布置方式与板厚变化规律。

三、考核内容与考核要求

1. 水面舰艇船体外板

识记：外板的概念、组成、受力与作用。

领会：外板的布置方式、外板厚度沿舰长和肋骨围长方向的变化规律。

2. 甲板板

识记：甲板的概念、命名、受力与作用，上甲板、梁拱、脊弧的概念。

领会：强力甲板的概念及常见船型中的强力甲板，甲板在纵向和横向的厚度变化规律，甲板边板与舷侧顶板的连接方法与形状，中间甲板间断和平台甲板结束处的结构形式。

3. 内底板

识记：内底板的概念、受力与作用，内底板终止时采用的结构措施。

领会：内底板沿横向与纵向的厚度变化规律。

4. 舱壁板

识记：舱壁的概念与分类，主舱壁、主横舱壁的概念，主横舱壁的作用与受力，保证主横舱壁紧密性的措施。

领会：一般舰船只设置主横舱壁的原因、主横舱壁的厚度变化规律。

第6章　水面舰艇船体骨架

一、课程内容

- 船体结构的骨架形式
- 底部骨架
- 舷侧骨架
- 甲板骨架
- 舱壁骨架
- 支柱

二、学习目的与要求

骨架是构成水面舰艇船体结构的重要组成部分，本章主要学习水面舰艇中部主船体的骨架形式、组成构件、构件作用与布置。本章内容是本课程的重点内容之一。

学习要求：

(1) 理解和掌握船体骨架形式的概念、分类及不同骨架形式的优缺点；

(2) 理解和掌握各部分骨架结构的作用、要求与设置原则等相关知识。

本章重点：水面舰艇的不同骨架形式的优缺点及各部分骨架的作用。

三、考核内容与考核要求

1. 船体结构的骨架形式

识记：船体骨架、骨架形式的概念及骨架形式的分类。

领会：水面舰艇不同骨架形式的特点和优缺点。

简单应用：水面舰艇最常用的骨架形式及其原因。

2. 底部骨架

识记：底部骨架的各构件的名称、作用与受力。

领会：底部骨架的骨架形式及各构件的设置方式。

3. 舷侧骨架

识记：舷侧骨架各构件的名称、作用与受力。

领会：舷侧骨架的骨架形式及各构件的设置方式。

4. 甲板骨架

识记：甲板骨架各构件的名称、作用与受力。

领会：甲板骨架的骨架形式及各构件的设置方式。

5. 舱壁骨架

识记：舱壁骨架各构件的名称。

领会：舱壁骨架的骨架形式及各构件的设置方式。

6. 支柱

识记：支柱的作用、受力。

领会：支柱的设置方式。

第7章　水面舰艇船体首尾端部结构

一、课程内容

- 首端部结构
- 尾端部结构

二、学习目的与要求

水面舰艇首端部与尾端部的结构形式，与第5、第6章中介绍的水面舰艇主船体中部的典型结构形式有所不同，具有独特性。本章主要学习水面舰艇首尾端部的典型结构形式、组成构件及各构件的设计方式。本章内容是本课程的重点内容之一。

学习要求：

(1) 掌握水面舰艇舰首与舰尾的常用形状，并了解各自优缺点；

(2) 理解和掌握水面舰艇首尾端部的骨架形式、各构件的名称、布置方式与结构特点。

本章重点：水面舰艇首尾端部的常用形状、骨架形式和骨架布置方式。

三、考核内容与考核要求

1. 首端部结构

识记：水面舰艇舰首的主要形状分类、优缺点及应用、首端部结构骨架的构件组成与作用。

领会:水面舰艇首端部的骨架形式及骨架的布置方式。

2. 尾端部结构

识记:水面舰艇舰尾的主要形状分类、优缺点及应用、尾端部结构骨架的构件组成与作用。

领会:水面舰艇尾端部的骨架形式及骨架的布置方式。

第8章 水面舰艇上层建筑结构

一、课程内容

- 概述
- 船楼结构
- 甲板室结构

二、学习目的与要求

本章主要学习水面舰艇上层建筑的主要结构形式,骨架形式及结构组成构件的名称、作用与设置原则。本章内容是本课程的重点内容之一。

学习要求:

(1) 掌握水面舰艇上层建筑的常用结构形式(船楼与甲板室)的概念;

(2) 掌握和理解水面舰艇强力上层建筑和轻型上层建筑的概念和设计要求;

(3) 掌握水面舰艇上层建筑结构的骨架形式、构件设置原则等知识。

本章重点:水面舰艇强力上层建筑和轻型上层建筑的概念和设计要求、上层建筑的骨架形式。

三、考核内容与考核要求

1. 水面舰艇强力上层建筑与轻型上层建筑

领会:水面舰艇上层建筑设计为强力上层建筑与轻型上层建筑的条件、设计要求、材料与骨架形式要求。

2. 船楼结构

识记:船楼的概念,首楼、桥楼、尾楼、长首楼的概念。

领会:船楼作为强力上层建筑时的骨架形式与骨架设置的变化规律。

3. 甲板室结构

识记:甲板室的概念。

领会:轻型甲板室与强力甲板室的设计要求、伸缩接头的设计原则。

第9章 潜艇耐压船体结构

一、课程内容

- 潜艇耐压壳体
- 耐压水舱结构

- 耐压指挥室结构

二、学习目的与要求

潜艇船体结构主要由耐压结构、非耐压结构及耐压壳体内部和端部的舱壁结构组成，本章主要学习潜艇的耐压结构。

学习要求：

(1) 理解和掌握耐压壳体结构的作用、受力、结构形式与构件的布置原则；

(2) 了解耐压水舱结构、耐压指挥室结构的作用、受力与结构形式。

本章重点：耐压壳体结构的作用、受力、结构形式与构件的布置原则。

三、考核内容与考核要求

1. 潜艇耐压壳体

识记：潜艇耐压壳体的作用、结构要求、一般形状与组成构件。

领会：潜艇耐压壳体的肋骨的作用、形式与布置；耐压壳体锥、柱结合部常见过渡结构及优缺点。

2. 耐压水舱结构

识记：舷间耐压水舱、耐压壳体内部耐压水舱的作用、结构形式与构件组成。

3. 耐压指挥室结构

识记：耐压指挥室结构的作用、结构形式与构件组成。

第 10 章　潜艇舱壁结构

一、课程内容

- 舱壁结构的作用、结构要求及其分类
- 球面舱壁结构
- 平面舱壁结构

二、学习目的与要求

本章主要学习潜艇的舱壁结构。

学习要求：

(1) 理解和掌握舱壁的作用和分类；

(2) 了解平面舱壁结构、球面舱壁结构的结构形式及特点等相关知识。

本章重点：舱壁的作用和分类，耐压舱壁的结构形式、构件组成与布置原则。

三、考核内容与考核要求

1. 舱壁结构的作用、结构要求及其分类

识记：潜艇舱壁结构的作用、要求与分类。

综合应用：水面舰艇舱壁与潜艇舱壁结构的区别。

2. 球面舱壁结构

识记:球面舱壁的构成及相关构件的设计要求。

领会:球面舱壁的工作条件(救生舱室的布置)。

3. 平面舱壁结构

识记:平面舱壁的构成及其构架的受力与布置要求。

第 11 章 潜艇非耐压船体结构

一、课程内容

- 非耐压舷间结构
- 上层建筑结构
- 指挥室围壳结构
- 潜艇首尾部结构
- 坞龙骨结构
- 耐压船体内部非耐压舱柜结构

二、学习目的与要求

潜艇船体结构主要由耐压结构、非耐压结构及耐压壳体内部和端部的舱壁结构组成,本章主要学习潜艇非耐压船体结构。

学习要求:

(1) 掌握非耐压舷间结构、上层建筑结构、指挥室围壳结构与首尾部结构的结构形式及构件的组成和布置;

(2) 了解潜艇坞龙骨结构、非耐压舱柜结构的结构形式和特点。

本章重点:非耐压舷间结构、上层建筑结构、指挥室围壳结构和首尾部结构的结构形式、构件的组成与布置。

三、考核内容与考核要求

1. 非耐压舷间结构

识记:非耐压舷间结构的壳板布置及其厚度分布,构架的结构形式、组成构件与构件的布置方式。

2. 上层建筑结构

识记:潜艇上层建筑的截面形状、壳板的布置及其厚度分布、构架的结构形式与组成构件。

3. 指挥室围壳结构

识记:指挥室围壳的作用、形状、构架形式与组成构件。

4. 潜艇首尾部结构

识记:潜艇首尾部的形状与主要结构。

5. 坞龙骨结构

识记:坞龙骨的作用、结构形式。

Ⅳ 关于大纲的说明与考核实施要求

一、自学考试大纲的目的和作用

自学考试大纲是根据专业自学考试计划的要求，结合自学考试的特点而制定的，其目的是对个人自学、社会助学和课程考试命题进行指导和规定。

自学考试大纲明确了课程自学内容及其深度和广度，规定了课程自学考试的范围和标准，是编写自学考试教材的依据，是社会助学的依据，是个人自学的依据，也是进行自学考试命题的依据。

二、关于自学教材

自学教材：《舰艇结构》，李华东、梅志远、吕岩松等主编，武汉：华中科技大学出版社，2019年版。

三、关于考核内容及考核要求的说明

(1) 课程中各章的内容均由若干知识点组成，在自学考试命题中知识点就是考核点，自学考试大纲中规定的考核内容是以分解为知识点的形式给出的。因各知识点在课程中的地位、作用以及知识自身的特点不同，自学考试将对各知识点分别按四个认知(或能力)层次确定其考核要求(认知层次的具体描述请参看第Ⅱ部分“考核目标”)。

(2) 按照重要程度不同，考核内容分为重点内容和一般内容。为有效地指导个人自学和社会助学，本大纲已指明了课程的重点，在各章的“学习目的与要求”中一般也指明了本章内容的重点。在本课程考试卷中重点内容所占分值一般不少于60%。

(3) 课程分为11章，分别为舰艇分类与结构组成，船体结构的连接与图示方法，船体材料与强度概念，船体结构基本要求与评价，水面舰艇船体板，水面舰艇船体骨架，水面舰艇船体首尾端部结构，水面舰艇上层建筑结构，潜艇耐压船体结构，潜艇舱壁结构和潜艇非耐压船体结构。各部分在考试试卷中所占的比例大致为10%、5%、15%、5%、10%、20%、5%、10%、10%、5%和5%。

本课程共5学分。

四、自学方法指导

“舰艇结构”课程主要学习水面舰艇和潜艇的船体结构，涉及的名词与概念较多，需要记忆和理解的知识较多。学习本课程可遵循以下思路。

(1) 从总体的角度去学习船体结构的组成：要在头脑中形成典型水面舰艇和潜艇的船体结构总体图像，遵循“从总体中来，到每个船体结构的构件中去”的思路，首先掌握船体的总体构成，掌握船体每个部分的概念和作用，再由此细化学习每部分结构的结构形式、组成构件和每个构件作用和布置方法。

(2) 从船体结构设计者的角度去理解船体结构的结构形式与布置方式。

实际工程中的每一个船体结构都是由舰艇设计者按照船体结构设计要求设计得来的，其在进行设计时，均是从舰艇总体或结构的要求出发(如力学承载要求、功能性要求(如隐身、紧密性)、工艺性与经济性等),得出某部分船体结构及其构件的作用、受力与要求,进而确定此处船体结构的骨架形式、布置方式与厚度变化等设计信息。因而,对于船体结构每个部件的形式、布置方式和厚度变化等知识,均应从设计者的角度,基于船体结构设计的基本要求进行理解和把握。

在学习时请注意下面几个问题:

(1) 按照章节顺序进行学习。首先通过前四章的学习,掌握舰艇结构设计的相关基础知识,再开始分别学习水面舰艇和潜艇的船体结构。

(2) 综合前后章节进行学习。在自学时,可采用对比学习的方法,对比水面舰艇和潜艇船体结构设计要求、受力、作用、结构形式和布置要求等的异同点,加深理解,增强学习效果。

(3) 在开始学习某一章时,应先阅读考试大纲中的相关章节的要求,了解该章各知识点的考核要求,做到心中有数。学完一章后,应对照考试大纲检查是否达到了大纲所规定的要求。

(4) 通过课后习题,指导学习和检验学习效果。建议各章需做的练习题数如下表所示。

章节序号	内容	习题数
1	舰艇分类与结构组成	8
2	船体结构的连接与图示方法	8
3	船体材料与强度概念	8
4	船体结构基本要求与评价	14
5	水面舰艇船体板	10
6	水面舰艇船体骨架	10
7	水面舰艇船体首尾端部结构	5
8	水面舰艇上层建筑结构	6
9	潜艇耐压船体结构	5
10	潜艇舱壁结构	4
11	潜艇非耐压船体结构	5
合计		83

(5) 保证并合理安排学习时间。下表是建议的各章学习实践(包括做习题)时间,仅供参考。

章节序号	内容	学习实践时间/h
1	舰艇分类与结构组成	6
2	船体结构的连接与图示方法	5
3	船体材料与强度概念	8
4	船体结构基本要求与评价	7
5	水面舰艇船体板	12
6	水面舰艇船体骨架	12
7	水面舰艇船体首尾端部结构	6
8	水面舰艇上层建筑结构	6
9	潜艇耐压船体结构	6

续表

章节序号	内容	学习实践时间/h
10	潜艇舱壁结构	5
11	潜艇非耐压船体结构	7
合计		80

五、考试指导

（1）有计划的学习是考试成功的必要条件。

良好的计划和组织是学习成功的法宝。如果你正在接受培训学习，一定要跟紧课程并完成作业。若有不理解的内容或不会做的题，要及时请教教师，若有遗漏的内容需及时补上。如果你是自学者，要制订切实可行的学习计划，制订学习计划表，并按计划学习，遇到不理解的问题可向学过的人请教或利用网络等工具解决。

（2）如何考试。

卷面整洁非常重要。书写工整，段落与间距合理，卷面整洁清晰有助于教师评分，教师只能为他看得懂的内容打分。对于选择题，可先把明显错误或不合理的选项排除，再考虑余下的选项。做题时，一般先做简单的题。做题时要看清题目要求，理清解题思路再开始答题。注意不要漏题。

（3）如何处理紧张情绪。

正确处理紧张又惧怕失败的情绪，要正面思考。如果可能，请教已经通过该科目考试的人。考试前合理膳食，保持精力旺盛，保持冷静。在考试中，若看到试卷后出现脉搏加快、慌张失措等现象，不要忙于动笔，先强迫自己冷静下来，深呼吸放松，这有助于使头脑清醒，缓解紧张情绪。

（4）答题技巧。

考试前根据考试大纲的要求将课程内容总结为“记忆线索”，当你阅读试卷时一旦有思路就快速记下；按自己的步骤进行答题，为每个考题或部分合理分配时间，并按时间安排进行答题。

六、对社会助学的要求

（1）要熟悉考试大纲对本课程总的要求和各章的知识点，准确理解考试大纲对各知识点的要求、认知层次和考核要求，并在辅助过程中帮助考生掌握这些要求，不要随意增删内容和提高或降低要求。

（2）要结合典型案例，讲清楚舰艇结构的基本概念、分类、作用和设置要求，重点和难点更要讲透，引导考生注意基本理论的学习；更要十分重视基本的计算方法和计算技巧的讲解，帮助考生真正达到考核要求，并培养良好的学风，提高考生自学能力。

（3）要使考生认识到辅导课只能起到“领进门”的作用，听懂不等于真懂，关键还在于自己学习，应要求考生课后抓紧复习，认真做题。

（4）助学单位在安排本课程辅导教学时，授课时间建议不少于 20 h。

七、关于考试命题的若干规定

（1）考试时间为 120 min，闭卷考试。

(2) 本大纲各章规定的基本要求、知识点及各知识点下的知识细目，都属于考核的内容。考试命题既要覆盖到章，又要避免面面俱到。要注意突出课程的重点，加大重点内容的覆盖度。

(3) 不应命制超过大纲考核知识点范围的题目，考核目标不得高于大纲中所规定的最高能力层次要求。命题应注重自学者是否了解或掌握基本概念、基本知识和基本理论，是否会用或熟练使用基本方法。不应命制偏题或怪题。

(4) 在试卷中本课程不同能力或层次要求知识点的分数比例大致为：识记占25%，领会占25%，简单应用占30%，综合应用占20%。

(5) 要合理安排试题的难易程度，试题的难度可分为易、较易、较难和难四个等级。试卷中不同难度的试题的分数比例一般为2∶5∶2∶1，即易的试题占20%，较易的试题占50%，较难的试题占20%，难的试题占10%。

必须注意试题的难易程度与能力层次有一定的联系，但二者不是同等的概念，各个能力层次都应有不同难度的试题。

(6) 课程考试命题的主要题型一般有判断题、单项选择题、简答题与综合论证题等。

Ⅴ 题型举例

一、判断题

1. 舰体结构的骨架形式包括纵骨架式和横骨架式。(　　)

2. 桥楼骨架应采用与主船体一致的纵骨架式结构，材料采用与主船体相同的材料。(　　)

二、单选题

1. 在波浪中航行，舰体所受的最大总纵弯曲力矩在舰体的(　　)。

A. 首部　　B. 尾部　　C. 中部　　D. 首尾端1/4舰长处

2. 舰体外板对舰体结构的作用不包括(　　)。

A. 分隔舰体内部空间与海水　　B. 分隔舱室

C. 参与保证舰体的局部强度　　D. 参与保证舰体结构强度

三、简答题

1. 甲板骨架的主要作用是什么？

2. 船体外板为什么多采用纵向布置方式？

四、综合论证题

综合本课程的内容，试阐述在进行水面舰艇与潜艇的船体结构设计时，需主要考虑的强度问题有何不同。

目　　录

第1章　舰艇分类与结构组成

1.1　舰艇分类

舰艇，亦称军舰，是指配有一定数量的人员、武器或专用装备，主要在海洋进行战斗和提供勤务保障的海军船只。通常分为水面舰艇和潜艇，有时也泛指所有的军用船只。可以说，舰艇是用于军事用途的一类特殊船舶，其既具有船舶的一般属性，又独具特色。本节将首先介绍船舶的一般分类方法，再阐述舰艇的具体分类。

1.1.1　船舶分类

船舶是指能航行、停泊于水域，从事运载、作战、作业和科研等活动的构造物，是各种船、舰、艇、舢板、筏以及水上浮动作业平台等的统称。

船舶的种类繁多，可以从不同的角度进行分类，主要分类角度包括使用功能、航行区域、航行状态、动力装置、推进形式、上层建筑形式或机舱位置、主船体结构形式、船体线型以及主船体材料等。其中，船舶按照使用功能(用途)可分为军船和民船两大类。用于军事目的的称为军用舰船(简称军船)，如驱逐舰、护卫舰等；用于交通运输、水生物捕捞、海洋矿藏勘测、港湾服务、科学调查及测量、工程作业等用途的船舶称为民用船舶(简称民船)，如运输船、工程船、渔业船等。船舶按照航行区域可分为远洋船、沿海船、海峡船、内河船等；按照动力装置可分为帆船、蒸汽动力装置船(包括蒸汽机船和蒸汽轮机船)、内燃机动力装置船(包括柴油机船和燃气轮机船)、核动力船、电力推进船等；按照推进形式可分为常规螺旋桨推进船、喷水推进器船、吊舱螺旋桨推进器船和喷气推进器船等；按照主船体材料可分为木质船、水泥船、钢质船、铝质船、纤维增强复合材料船等。下面重点介绍船舶按照航行状态分类时的种类。

船舶航行状态是由船舶在航行中船体所受的支承力的不同来区分的，它分为静水力支承、水动力支承、空气静力支承及空气动力支承4种(见图1-1-1)。

(1) 静水力支承型的船舶为排水型船，包括水面排水型船和水下排水型船(潜艇)。排水型船舶的船体重力由船体排开海水所产生的静浮力支承。在排水型船中，除常规排水型船以外，还包括双体船(多体船)、小水线面船、深排水型船等特殊排水型船。

(2) 水动力支承型的船舶主要是滑行艇、水翼艇等船舶，它们在水面高速航行时，船体吃水很小或离开水面，船体重量主要靠与水接触的部分船体或水翼产生的水动升力支承。

(3) 空气静力支承型的船舶是指气垫船，气垫船航行时船底的高压空气室把船体抬起，使船底与水面之间形成空气垫，并借助空气螺旋桨的驱动高速行驶。

(4) 空气动力支承型的船舶是指冲翼艇，或称气翼艇及地效翼船，它利用冲入翼下的高速气流所产生的升力，以及船体和机翼贴近水面高速航行时产生的地面效应升力支承船体重量，因而又称地效翼船。

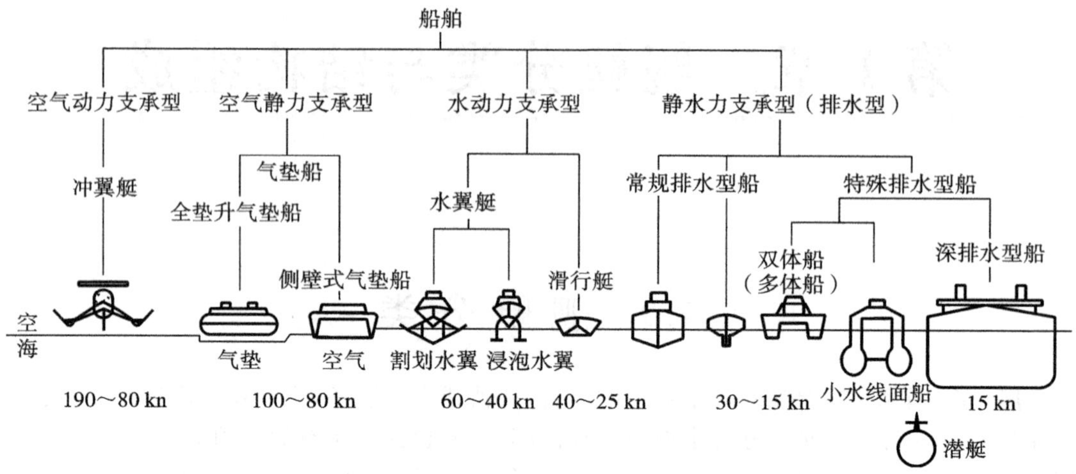

图 1-1-1　按照船舶航行状态分类的船舶种类

注：kn 为专用于航海的速率单位，后延伸至航空方面。1 kn＝1 n mile/h＝1.852 km/h。

学习指导：了解船舶的分类方法，重点掌握和理解船舶按照航行状态的分类方法；请做习题 1-1。

1.1.2　舰艇分类

海军通常将舰艇分为水面舰艇和潜艇两大类。水面舰艇是在水面遂行作战和完成战斗保障任务的舰艇的统称；潜艇是指能潜入水下活动和作战的舰艇。

舰艇通常按照使用功能和吨位（正常排水量的大小）进行分类，其目的是为了在平时能妥善维护管理舰艇与组织训练，在战时能正确使用舰艇，充分发挥各种舰艇所具有的性能与特点，协同配合，以争取海战的胜利。

学习指导：掌握和理解舰艇的分类方法和目的。请做习题 1-2。

1. 水面舰艇分类

水面舰艇按吨位划分为 8 个吨级，正常排水量为 500 t 及其以上的水面舰艇称为舰，正常排水量小于 500 t 的水面舰艇称为艇，如表 1-1-1 所示。

表 1-1-1　水面舰艇的 8 个吨级

吨级	正常排水量 Δ/t	吨级	正常排水量 Δ/t
1	10 000≤Δ	5	500≤Δ<1 000
2	5 000≤Δ<10 000	6	200≤Δ<500
3	2 500≤Δ<5 000	7	50≤Δ<200
4	1 000≤Δ<2 500	8	Δ<50

水面舰艇另一种分类方法是按舰艇使命任务的不同进行划分，并分为不同的舰类、舰种和舰级（型）。水面舰艇通常分为水面战斗舰艇、两栖舰艇和辅助舰船三大类，而每一舰类又可根据基本任务的不同，划分为不同的舰种，同一舰种根据排水量大小不同或武器装备的不同分为不同的舰级（型）。关于“舰级”和“舰型”，其内涵往往根据习惯的不同而有所不同。我国在同

一舰种下，可以分大型、中型和小型三个“级别”的舰艇，而每个“级别”下面又有不同的“型号”。但是美军将舰艇“型号”称为“舰级”，如“伯克”级驱逐舰、“尼米兹”级航母等。下面分别介绍。

1）水面战斗舰艇

具有直接作战能力的水面舰艇称为水面战斗舰艇。水面战斗舰艇根据基本任务、功能及吨位的不同，又可分为下列几个舰种。

（1）航空母舰：简称航母，是以舰载机为主要武器并作为其海上活动平台的大型水面战斗舰艇，主要用以攻击敌舰船，袭击敌海岸设施和陆上目标，夺取作战海区的制空权和制海权，支援登陆和抗登陆作战。按作战任务（功能），其分为攻击航空母舰、反潜航空母舰和多用途航空母舰；按动力，其分为常规动力航空母舰和核动力航空母舰；按排水量可分为小型航空母舰（排水量为 10 000～30 000 t）、中型航空母舰（排水量为 30 000～60 000 t）、大型航空母舰（排水量在 60 000 t 以上）。

（2）战列舰：第二次世界大战以前的海军主力舰，以大口径火炮为主要攻击武器，火炮口径最大达 420 mm，其排水量为 20 000～90 000 t。该舰种在第二次世界大战后由于航空母舰的崛起而被淘汰。20 世纪 80 年代以后，美国重新启用和改装了两艘战列舰，并在海湾战争中显示了巨大的威力，但其高昂的建造费和维护保养费使其不再成为军事家的首选舰种。

（3）巡洋舰：装有导弹、鱼雷、舰炮和直升机等武器系统，具有多种作战能力，能在远洋活动的大型水面战斗舰艇。其按排水量分为轻型巡洋舰和重型巡洋舰；按动力分为常规动力巡洋舰和核动力巡洋舰。其主要用以掩护航空母舰编队或其他舰艇编队，保卫己方海上交通线或破坏敌方海上交通线，攻击敌方舰艇和岸上目标，支援登陆和抗登陆作战等。其排水量为6 000～30 000 t。

（4）驱逐舰：以导弹、鱼雷、舰炮、舰载直升机为主要武器，装备有作战指挥控制系统，具有多种作战能力的中型水面战斗舰艇。其按担负任务的不同，可分为对海型、防空型、反潜型和多用途等驱逐舰。主要用以攻击敌方水面舰艇和潜艇，担负己方舰艇编队的防空、反潜、护航、侦察、巡逻、警戒、支援登陆和抗登陆作战等任务。目前正向着大型化和综合化发展，并有取代巡洋舰的趋势。排水量一般为 3 000～12 000 t，其中 8 000 t 以上称为大型驱逐舰。

（5）护卫舰：以导弹、舰炮和反潜武器为主要装备的轻型或中型水面战斗舰艇。其按担负任务的不同，分为对海型、防空型、反潜型和多用途等护卫舰。主要用于为舰艇编队护航，担负反潜、防空、巡逻、警戒、侦察、支援登陆和抗登陆作战等任务。其排水量为 500～4 000 t，按排水量可分为大型、中型和小型三个级别。

（6）猎潜舰艇：装有反潜武器，以近海反潜为主要任务的小型水面战斗舰艇。主要用以在近海担负搜索与攻击敌潜艇，以及巡逻、警戒、护航和布雷等任务。猎潜舰艇的主要武器有反潜直升机、反潜鱼雷、深水炸弹等。

（7）布雷舰艇：专门用于布设水雷的水雷战舰艇，分为远程布雷舰、基地布雷舰和布雷艇等。其主要任务是在重要海域、航道、港口布设水雷，以封锁敌港口、航道，或阻止敌舰进攻。

（8）反水雷舰艇：使用扫雷、猎雷设备搜索和排除水雷或直接依靠舰艇物理场引爆水雷的水雷战舰艇，包括扫雷舰艇、猎雷舰艇和破雷舰等。

（9）快艇：通常将速度较快、吨位较小的舰艇统称为快艇。其按武器装备的不同可分为导弹艇、鱼雷艇、护卫艇等；按航行状态不同可分为滑行艇、水翼艇、气垫船和冲翼艇。快艇作为海岸防卫的突击力量，在近海防御中发挥着积极的作用。

2）两栖舰艇

两栖舰艇是指主要用于对岸登陆、支援和攻击的两栖作战舰艇。两栖舰艇主要包括两栖指挥舰、两栖攻击舰、两栖运输舰、两栖火力支援舰、登陆舰艇等。我国以近海防御为主，两栖舰艇发展较少，目前只有登陆舰艇，并常与水面战斗舰艇合称水面战斗舰艇。登陆舰艇按排水量分为大型、中型和小型三个级别，其吨位范围如表 1-1-2 所示。

表 1-1-2　登陆舰艇吨位范围

名称	正常排水量 Δ/t
大型登陆舰	$\Delta \geqslant 1\,500$
中型登陆舰	$500 \leqslant \Delta < 1\,500$
登陆艇	$\Delta < 500$

3）辅助舰船

凡以直接或间接方式为战斗舰艇提供各种支援、保障和承担训练、试验等任务的军用舰艇，称为辅助舰船。辅助舰船按其使命可划分为三个大类，即战斗支援类、后勤保障类和科研试验训练类。

（1）战斗支援类舰船主要从事军事情报收集、海战救难、援助等活动，并为战斗舰艇提供各种战斗支援。它包括电子侦察和电子对抗船、卫星通信船、打捞救生船、援潜救生船、深潜救生艇及航标船、测量船等。

（2）后勤保障类舰船是指为舰艇部队、基地建设提供运输、供应、维修、居住、卫勤、工程等服务的舰船。它包括运输船、补给船、供应船、综合修复船、拖船、浮船坞、工程船、医院船、救护艇、交通舰艇、消磁船等。

（3）科研试验训练类舰船是指在海上进行科学试验及各类新武器试验测量，对官兵进行海上训练的舰船。它包括水声试验船、航天测量船、武器试验船、鱼雷跟踪试验船、训练船、靶船等。

学习指导：了解水面舰艇的分类方法及常见舰类、舰种。

2. 潜艇的分类

潜艇是各种水下舰艇的总称。各种潜艇的任务及战术技术因素各不相同，需要对潜艇进行分类，以便于潜艇的作战使用和日常管理。世界各国对潜艇的分类方法也各不相同，而且不同的历史阶段也有不同的分法，但这些并不影响我们对潜艇本质的了解。

潜艇的分类通常是按潜艇的某些特征如排水量的大小、动力装置的类型、武备的种类、所担负的任务及结构形式等来区分的。

1）按排水量的大小分类

潜艇按排水量的大小可分为三个级别：大型潜艇、中型潜艇和小型潜艇。由于排水量的大小在一定程度上反映了潜艇的任务及其主要战术技术性能（如活动半径、自持力、武器装备数量等），因此这种分法在常规动力潜艇中被普遍采用。对于核潜艇，因为其排水量都很大，因此都为大型潜艇。由于潜艇战术技术性能的不断改进以及新技术和新装备的不断采用，因而在不同时期潜艇级别划分的标准也是有差别的。目前我国通常按下列标准划分。

（1）大型潜艇。水面正常排水量在 2 500 t 以上的称为大型潜艇。这类潜艇具有较大的自持力、续航力，能携带较多的武器装备，能在远海、远洋进行长期的活动。这种潜艇比较典型的如苏联“F”级潜艇，该艇排水量为 2 000 t（水面）/2 300 t（水下），长×宽×吃水＝90.5 m×

7.3 m×5.8 m，下潜深度为 300 m，航速为 20 kn（水面）/15 kn（水下），续航力为 20 000～26 000 n mile，自持力为 90 昼夜，装备 10 具鱼雷发射管（首 6、尾 4），携带 22 枚鱼雷。

（2）中型潜艇。水面正常排水量在 600～2 500 t 的称为中型潜艇。它主要活动于中海、远海，其自持力、续航力比大型潜艇要小，所携带鱼雷也少些，但活动较为灵活，生产也比较方便。这种潜艇在目前世界各国常规潜艇中占有相当大的比例，如日本的"亲潮""大潮"型潜艇，苏联的"R""W"级潜艇。

（3）小型潜艇。水面正常排水量在 100～600 t 的称为小型潜艇。它主要活动于近海及浅水区，其自持力、续航力均较小，武器装备相对也较少。这种潜艇体积小、活动灵活、使用隐蔽而且建造成本低，便于战时成批生产。这种潜艇的代表有苏联的"Q"级，瑞典的"阿伯伦"级，联邦德国的"201""205""206"和"207"级潜艇等。其中典型的"206"级潜艇，其排水量为 500 t，长×宽×吃水＝45 m×4.7 m×4.0 m，水下航速为 17 kn，首部装备 8 具 533 鱼雷发射管。

此外，尚有一种排水量很小（水面正常排水量小于 100 t）的袖珍潜艇。这种潜艇多用来奇袭敌人的基地以及进行侦察等活动。在使用时，通常由其他潜艇、水面舰艇或直升机等运送到战斗活动区，然后自行活动。在第二次世界大战期间，德国、日本曾大量生产过，如日本的"回天"（自杀鱼雷）袖珍艇，德国的"莫尔克（Molch）"型袖珍艇。第二次世界大战后，作为战斗使用的袖珍潜艇很多国家仍在研制，但有关报道较少。联邦德国制造了一艘 70 t 的袖珍潜艇，能深潜 100 m，水下航速为 11 kn，艇员 7～10 名，能发射长雷 2 枚、短雷 4～6 枚，能布雷和两栖作战，具有多种用途。

2）按动力装置类型分类

潜艇按动力装置类型通常分为常规动力潜艇和核动力潜艇两类。

（1）常规动力潜艇，简称常规潜艇，是以柴油机、电动机或不依赖空气动力（AIP）装置为推进动力装置的潜艇。常规动力潜艇按其原动机的种类又可分为两种：混合动力装置潜艇与单一动力装置潜艇。

混合动力装置潜艇分别设有供水面、水下航行的两套动力装置。这种动力装置目前使用最多而且已经标准化的只有柴油机-蓄电池动力装置，其传动方式一般分为直接传动与间接传动两种。直接传动是指柴油机、电动机、推进器串联布置在同一轴线上，在水面航行时，柴油机直接带动电动机、推进器推动潜艇航行，在水下航行时，将柴油机与电动机之间的离合器脱开，由蓄电池供电给电动机，推动潜艇航行。间接传动是指潜艇在水面航行时，由柴油机带动发电机供电给推进电动机，再由推进电动机带动推进器航行，在水下航行时，则由蓄电池供电给推进电动机，推动潜艇航行。这两种传动方式反映了两种不同的设计思想和使用观点。概括地说，间接传动的主要设计思想是以求得最佳水下航行性能为主，而直接传动则兼顾水面与水下的航行性能。

单一动力装置潜艇在水面、水下航行时都用同一动力装置。为了提高常规动力潜艇水下航速和续航力，自第二次世界大战以来，各国进行了大量的研制工作。这种动力装置主要是闭式循环的柴油机动力装置，又称为不依赖空气动力装置。这种装置在水下工作时，由储存的气态或液态氧供氧，另外设一套废气还原装置，使发动机的废气经过清洗和渗氧后重新使用，剩余的废气则排出舷外。德国早在第二次世界大战末期就进行过这种装置的试验，但当时由于氧储存困难和危险性大，而且由于在水下其功率往往发挥不出来，因此没能正式采用。但目前该技术已经成熟，我国于 20 世纪末进行了研究，并已装备某型新型潜艇。

（2）核动力潜艇，简称核潜艇，是以核能为推进动力的潜艇。核动力装置主要由核反应堆、蒸汽发生器、加压器、主循环泵和主汽轮机等组成。现代潜艇上反应堆大多采用轻水型压水反应堆，核燃料在反应堆内产生链式裂变反应，释放出巨大的热量，利用主循环泵使载热剂（高压水）通过堆芯把热带走，通过蒸汽发生器把水加热成蒸汽，供给汽轮机驱动推进器，推动潜艇航行。为了提高潜艇的生命力，通常核动力潜艇上还配置电力传动装置，作应急机动手段，有的还装有辅助推进装置，既可作应急动力，又可使潜艇做低噪声超低速水下航行。核动力潜艇的出现使潜艇真正做到了不依赖大气而能在水下长期活动，实现了人们多年来所追求的目标，因此发展很迅速。但由于核动力技术复杂、价格昂贵以及受到排水量的限制，因此，尽管其有很多无可争辩的优点仍不能完全代替常规动力潜艇。

3）按武器装备种类分类

潜艇上通常装备有多种武器，而且随着武器装备的发展，所装备的武器亦在不断地改变。第一次世界大战前后建造的潜艇主要的武器是鱼雷和火炮，到第二次世界大战火炮的作用逐渐减小，因而第二次世界大战后，各国相继拆除了潜艇上的火炮。同时随着导弹武器的发展，潜艇上逐步装上了导弹。因此，就目前来说，潜艇按主要武器一般分为两种。

（1）鱼雷潜艇，它是以鱼雷作为主要攻击武器的攻击潜艇。在两次世界大战中，鱼雷主要是蒸汽瓦斯鱼雷。近几年来，鱼雷有了新的发展，不仅航程、航速有了提高，而且种类也越来越多，出现了电动鱼雷、火箭助飞鱼雷、尾流制导鱼雷、自导和线导鱼雷等，鱼雷的命中率大大提高，特别在鱼雷战斗部上采用核装料以后，其威力有质的提高。因此，在对水面舰船进行攻击的武器中，尽管出现了各种导弹、火箭武器，但鱼雷仍为有效的武器。在反潜战斗中，潜艇唯一可以使用的武器还是鱼雷，同时在各种导弹潜艇上，一般也装有鱼雷以供反潜和自卫用。

（2）导弹潜艇，它是以导弹作为主要攻击武器的潜艇。装备在潜艇上的导弹一般有两类：巡航导弹与弹道导弹。巡航导弹潜艇的主要任务是攻击水面舰船和运输船只。20 世纪 50 至 60 年代巡航导弹安装在潜艇上，其方式主要是在常规动力潜艇上进行改装，导弹发射时，潜艇必须浮出水面，导弹发射后还需依靠其他舰艇或飞机进行引导。20 世纪 70 年代以后，出现了潜用巡航导弹，这种导弹可以在水下发射，依靠潜艇本身的声呐站发现目标，由导弹本身自导进行攻击。这样就发挥了潜艇在隐蔽及突然攻击方面的长处。巡航导弹不仅装备在常规潜艇上，而且开始装备在核潜艇上。弹道导弹潜艇的主要任务是攻击对方岸上的战略目标。虽然常规潜艇也有装备弹道导弹的，但这只是过渡性的，目前大多数弹道导弹都装备在核潜艇上。弹道导弹核潜艇的出现，改变了传统的潜艇战斗使用概念。由于它具有一系列的优越性，并能在广阔的海域上完成战略使命，因此，它的发展一直受到各国的重视。随着战略核导弹的发展，导弹核潜艇已经历了几个发展阶段。目前，新型的弹道导弹核潜艇能携带 16～24 枚装有分弹头的弹道导弹，其射程也由过去的 2 000～5 000 km 提高到 7 000～10 000 km，现在，弹道导弹核潜艇已成为海军的一支重要战略力量。

这里顺便指出，现在潜艇也可按动力装置与武器装备相结合的观点来进行分类，如：常规攻击潜艇指的是装备鱼雷或巡航导弹的常规动力潜艇；攻击型核潜艇指的是装备鱼雷或巡航导弹的核动力潜艇；而战略导弹核潜艇则指装备弹道导弹的核动力潜艇。

4）按船体结构形式来分

（1）单壳体潜艇，如图 1-1-2(a)所示。单壳体潜艇是指只有耐压艇体（或称耐压壳体）的潜艇。在单壳体潜艇上，各种液舱（除首尾端主压载水舱外）和设备全部布置在耐压壳体内，导致艇内设备布置拥挤，空间狭小，艇员的工作和居住条件均很差，同时也降低了布置更多设备的可能性。由于液舱使用上的需要，单壳体潜艇的耐压壳体上会有一系列开孔和突出体，同时因受当时耐压壳体制造工艺的限制，艇体的型线不易光顺。这不仅影响艇的水动性能，而且潜艇在坐沉海底、进坞等情况下容易遭到损坏。单壳体潜艇因储备浮力小，抗沉性特别是水下抗沉性比双壳体潜艇的差；但因水下全排水量相对较小，故其快速性、机动性等均优于双壳体潜艇。目前，欧美国家多采用单壳体潜艇。

（2）双壳体潜艇，如图 1-1-2（b）所示。双壳体潜艇是指在耐压艇体外设有一层非耐压艇体（或称非耐压壳体）结构，形成双层壳体的潜艇。非耐压壳体的形式较为简单，易于弯曲加工，可使潜艇的型线趋于光顺，从而有利于满足流体动力性能方面的要求，并能保护耐压壳体和布置在耐压壳体外的设备。双壳体潜艇因储备浮力大，双层壳体可以减弱反潜武器攻击时的破坏，故其抗破裂能力强，抗沉性好，生命力强。俄罗斯与我国多采用这种结构形式。

（3）单双混合壳体潜艇，如图 1-1-2（c）所示。单双混合壳体潜艇指在沿艇长方向某些部位采用单壳结构，某些部位采用双壳结构的潜艇。采用这种结构形式是为了保证在固定浮容积不变，且满足一定的储备浮力要求的前提下，潜艇的水下全排水量尽量小，从而减小艇体浸湿面积以提高水下航速，同时使潜艇具备较强的抗沉能力并能达到在舷间布置某些特殊部件的目的。随着现代建造工艺水平的提高，目前已有能力将耐压艇体板材按照型线的要求进行弯曲，使潜艇型线光顺，而部分双壳体结构又可弥补单壳体潜艇的某些不足。所以，当前有相当多的大、中型潜艇采用此类结构形式。这种结构形式多用于某些弹道导弹潜艇和中型潜艇上，以满足设备布置需要。

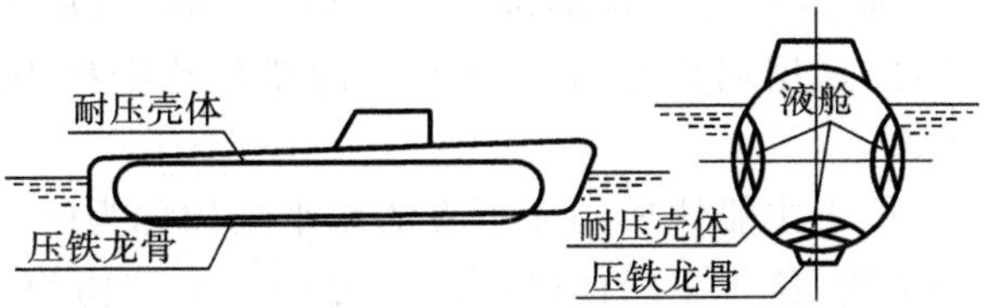

(a)

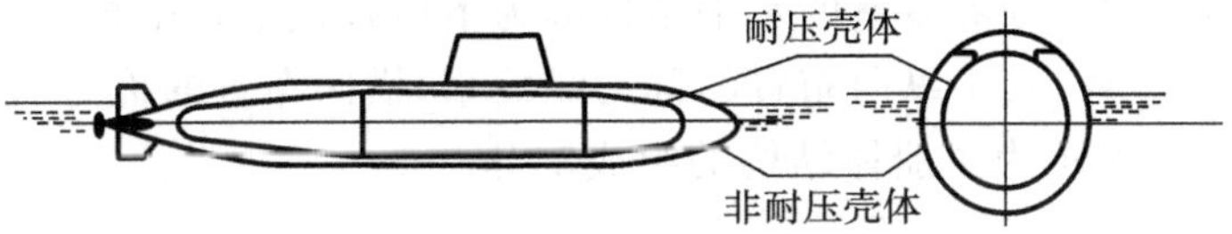

(b)

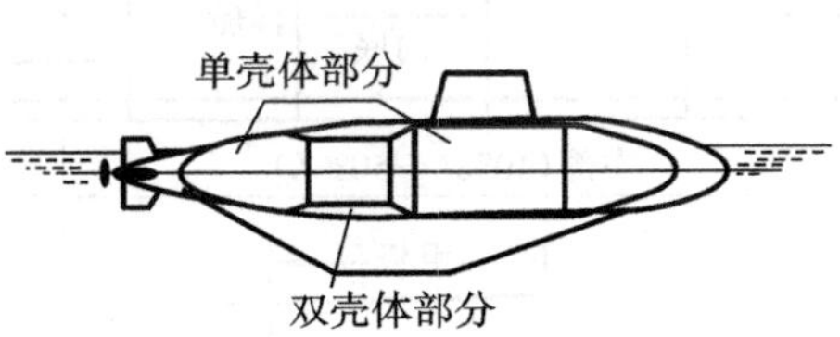

(c)

图 1-1-2　潜艇按船体结构形式的分类

(a)单壳体潜艇　(b)双壳体潜艇　(c)单双混合壳体潜艇

潜艇按船体结构形式的分类方式通常只是在从技术角度来叙述某些特征时才采用，本书在研究潜艇结构时经常用到相关概念，因此需要有这种分类的概念。

此外，也有把潜艇按航行区域划分为远洋潜艇、近中海潜艇与近岸潜艇的。不过这种划分通常与按排水量大小的划分相对应，即远洋潜艇通常指的是大型潜艇，而近中海与近岸潜艇则分别指的是中型与小型潜艇。也有一些国家，对潜艇是依据其所担负的主要任务来进行分类的，如分为攻击型潜艇、反潜型潜艇、雷达警戒型潜艇、布雷型潜艇、运输型潜艇等。

学习指导：了解潜艇的分类方法，重点掌握潜艇按照船体结构形式的分类。

1.2 舰艇船体结构的组成

舰艇船体是指舰艇上除各种设备和装置系统以外的船身构造物，而舰艇船体结构是组成船体各种具体构件（板和骨架）的统称。舰艇船体结构可分为基本结构和专用结构两大类：船体基本结构是组成船体所必需的主要构件，船体专用结构是因某些特殊需要而设置的局部性构件。

1.2.1 水面舰艇船体结构的组成

1. 水面舰艇船体结构的分解

1）基本结构

水面舰艇船体基本结构包括主船体结构和上层建筑结构两部分。

（1）主船体结构，指上甲板及其以下的船体基本结构。通常将船体中最上一层从首至尾连续贯通全舰的甲板称为上甲板。

从主船体纵向来看，主船体可分为首端部、中部和尾端部：通常将从首端算起的25%～35%的船长范围称为首端部，从尾端算起的大约25%的船长范围称为尾端部，船体中部40%～50%的船长范围称为中部。

从主船体横剖面来看，位于主船体横剖面下方的水平结构称为船底结构，位于主船体横剖面左右的垂直结构为舷侧结构，位于主船体横剖面上方的水平结构为甲板结构。船底与舷侧之间的过渡区域称为舭部。

此外：主船体内部用于分隔舱室的水平结构称为下甲板或平台甲板；主船体内部用于分隔舱室的垂直结构称为舱壁，其中纵向布置的称为纵舱壁，横向布置的称为横舱壁。舱壁也属于主船体结构。图1-2-1所示为主船体结构的组成部分。

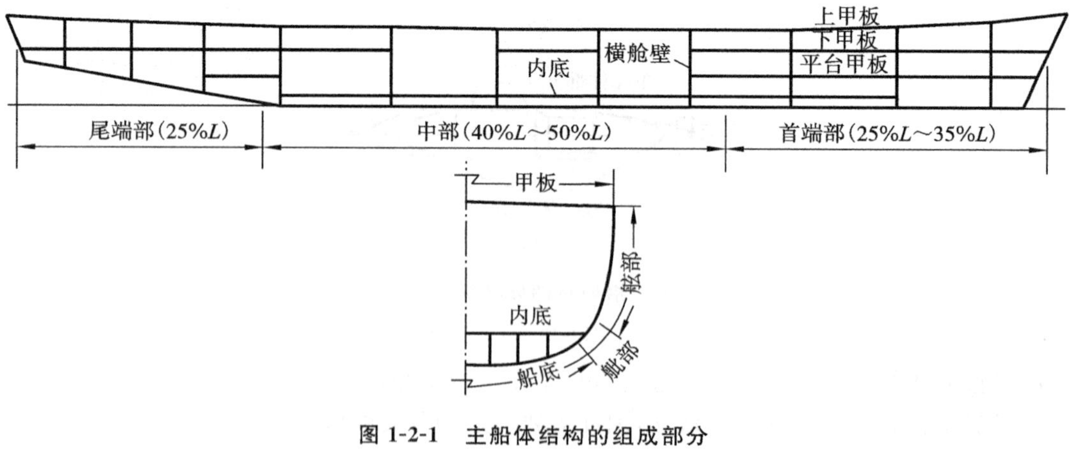

图 1-2-1 主船体结构的组成部分

（2）上层建筑，指上甲板以上各种围蔽结构及其附属结构（如舷伸平台等）的统称。上层建筑的主要结构是船楼和甲板室。宽度由一舷伸至另一舷的上层建筑结构称为船楼；宽度不伸到两舷的上层建筑结构称为甲板室。

2）专用结构

水面舰艇船体专用结构主要包括各种武器装备下的基座结构及其加强结构、动力机械设备下的基座结构及其加强结构、桅杆结构、烟囱结构及装甲防护结构等。

学习指导：理解水面舰艇船体结构的分解方法，重点掌握水面舰艇船体基本结构的组成与各结构的定义。请做习题 1-3、1-4、1-5。

2. 水面舰艇船体板架结构

水面舰艇船体结构中除了首柱、尾柱及各种支柱等构件以外，一般其结构都是由板材和型材按一定结构要求连接而成的。其中，用于支承外板、甲板板、舱壁板、内底板及平台板的一切型材统称为船体骨架，因此通常认为船体结构是由板和骨架组成的。

在船体结构中，由板和骨架组成的近似平面的结构称为板架结构，船体板架结构主要有船底板架结构、舷侧板架结构、甲板板架结构和舱壁板架结构。各板架结构所处的位置不同，其结构形式也不同，因而组成构件的名称也各不相同。下面分别介绍船体各板架结构的组成构件及其名称。

1）船底板架结构

船底结构有单底和双底之分，因此船底板架结构也有单层和双层之分。单底船只有外底；通常型深 3 m 以上的舰艇中部可以设双层底，称为双底船，里面一层称为内底，外面一层称为外底，其船体结构主要构件及名称分别如图 1-2-2 和图 1-2-3 所示。

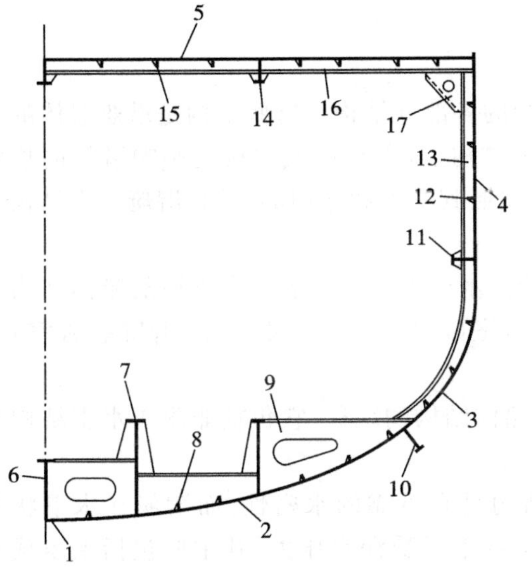

图 1-2-2　单底船船体结构主要构件及名称

1—平板龙骨；2—船底板；3—舭板；4—舷侧板；5—甲板板；6—中内龙骨；7—旁内龙骨；8—底纵骨；9—肋板；10—舭龙骨；11—舷侧纵桁；12—舷侧纵骨；13—肋骨；14—甲板纵桁；15—甲板纵骨；16—横梁；17—肘板

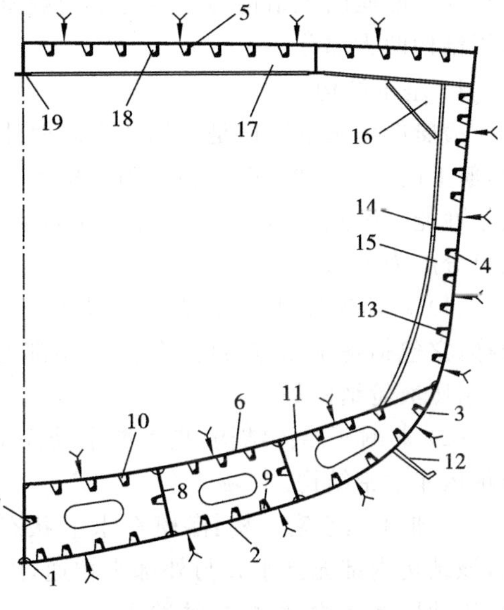

图 1-2-3　双底船船体结构主要构件及名称

1—平板龙骨；2—外底板；3—舭板；4—舷侧板；5—甲板板；6—内底板；7—中底桁；8—旁底桁；9—外底纵骨；10—内底纵骨；11—肋板；12—舭龙骨；13—舷侧纵骨；14—舷侧纵桁；15—肋骨；16—肘板；17—横梁；18—甲板纵骨；19—甲板纵桁

单底船船底结构主要构件：板包括平板龙骨、龙骨翼板、船底板、舭板；纵向骨架包括中内龙骨、旁内龙骨、底纵骨；横向骨架是肋板。

双底船船底结构主要构件：板包括平板龙骨、龙骨翼板、外底板、内底板、舭板；纵向骨架包括中底桁、旁底桁、内底纵骨、外底纵骨；横向骨架是肋板。

2）舷侧板架结构

舷侧板架结构主要构件：板包括舷侧顶板（或称舷顶列板）、舷侧板；纵向骨架包括舷侧纵桁、舷侧纵骨；横向骨架是肋骨。

3）甲板板架结构

甲板板架结构主要构件：板包括甲板边板、甲板板；纵向骨架包括甲板纵桁、甲板纵骨；横向骨架是横梁。

4）舱壁板架结构

舱壁板架结构主要构件：板是舱壁板；垂向骨架有扶强材和竖桁；水平骨架有扶强材和水平桁。

学习指导：牢记水面舰艇船体板架结构和构件组成，本部分是本节的难点，是后续章节学习的基础。请做习题1-6、1-7。

1.2.2　潜艇船体结构的组成

1. 潜艇船体结构的分解

尽管潜艇有各种类型，但由于其布置、外形和受力等有共同特点，因此它们的结构组成基本相同。潜艇船体结构的分解与水面舰艇船体结构的分解基本类似，通常也分为基本结构与专用结构两大部分。

1）基本结构

潜艇船体基本结构是指构成潜艇船体不可缺少的各部分结构。这些结构是潜艇船体的基础，艇上的一切装置、设备和专用结构都安装在基本结构上，它直接或间接地影响潜艇的战术技术性能。因此，它是潜艇结构研究的主要对象。按照其受力和作用的不同，潜艇基本结构一般可分解为下列几部分。

（1）耐压船体结构：指在水下状态下，能够承受深水压力并保证船体水密性的船体结构的统称，它包括耐压壳体结构（含首尾端部舱壁）、耐压室（耐压指挥室、设闸室、升降装置室）结构、耐压液舱结构等。

（2）非耐压船体结构：指不能承受深水压力的船体结构的统称，它包括非耐压水密结构和非耐压非水密结构。

① 非耐压水密结构：潜艇在水上状态时，该结构具有可靠的水密性，而潜艇在水下状态时，该结构内部充满水并与外部水相通，因而结构本身不承受深水压力，其主要包括主压载水舱、燃油压载水舱、舷外燃油舱等。

② 非耐压非水密结构：该结构既不承受深水压力，又不保证水密性，主要保证艇体形状和保护内部设备，主要包括首端和尾端的透水部分、上层建筑、指挥室围壳、锚链舱等。

（3）耐压船体内部结构：耐压壳体以内的结构，主要包括内部横舱壁、液舱、平台等。

2）专用结构

所谓专用结构（又称特殊结构或专门结构）是指潜艇上为某些专门用途而设置的结构。专用结构种类很多，在潜艇上分布很广，其按特点大致可分为以下几类。

（1）开孔专用结构：在耐压船体上开孔的专用结构，如出入舱口、鱼雷装载舱口、耐压船体可拆板等。

（2）凹穴与附体结构：非耐压船体上的凹穴结构或突出的附体结构，如鱼雷发射管前的减阻板、水声仪器导流罩、锚穴、稳定翼等结构。

（3）基座结构：如主机基座、电机基座等。

应该指出，所有的专用结构都不是孤立设置的，它总是与基本结构密切相连的。

学习指导：了解潜艇基本结构和专用结构的分类及组成。请做习题 1-8。

2. 潜艇耐压船体结构的组成

与水面舰艇船体结构相比，潜艇耐压船体结构虽然也是由板和骨架组成的，但是潜艇耐压船体结构一般是由圆柱曲面壳板及环向支撑型材（肋骨）组成的环肋圆柱壳结构。为了避免潜艇耐压船体结构在环向产生弯曲应力，确保其环向为均匀压缩应力状态，耐压船体圆柱壳通常不设纵向加强骨架，壳板与环向肋骨共同保证潜艇耐压船体结构的应力强度和稳定性。

习　　题

1-1　船舶的分类方法通常有哪些？

1 2　舰艇分类的日的是什么？水面舰艇主要分类方法是什么？

1-3　水面舰艇船体结构中基本结构与专用结构是怎样定义的？它们分别包括哪些结构？

1-4　什么是主船体结构、上层建筑结构和上甲板？

1-5　主船体结构中首端部、中部、尾端部是如何划分的？

1-6　什么是船体板架结构？主船体结构由哪几大板架结构组成？组成构件分别有哪些？

1-7　船体底部结构中，单底与双底组成构件的名称有何异同？

1-8　潜艇结构中基本结构与专用结构是怎样定义的？它们分别包括哪些结构？

第 2 章　船体结构的连接与图示方法

2.1　船体结构的连接

2.1.1　构件之间的连接方法

船体结构构件之间的连接方法，按结构要求可分为坚固连接、紧密连接、坚固紧密连接和可拆卸连接；按结构连接元件可分为焊接、铆接和螺钉连接。

学习指导：熟悉船体结构构件之间的连接方法，请做习题 2-1。

1. 按结构要求分

（1）坚固连接：为了保证船体的总强度和局部强度，要求构件之间的连接是坚固的，并要求构件的连接强度不小于构件强度，使构件能共同承受外力并相互传递载荷。坚固连接并不要求构件间保持紧密性，如船体内的非水密舱壁与四周的连接，骨架（除水密肋板和底纵桁）与板的连接等。

（2）紧密连接：紧密是水密、油密和气密的统称，舰艇上有些结构受力不大（不要求坚固性），但必须具有满足要求的紧密性。如在舰艇内部医疗站的洗消室，舱室结构由轻围壁构成，其受力较小，连接强度要求不高，但必须保证结构的气密性要求。

（3）坚固紧密连接：指构件的连接必须同时满足坚固性和紧密性要求。舰艇结构中绝大部分水密构件的连接都是坚固紧密连接，如舰艇外板、甲板板、舱壁板中各列板之间的连接，水密肋板和底纵桁与内外底板的连接，各板架相交处的连接等。这些水密构件要承受舷外水压力或破损水压力的作用，同时又参与保证船体总强度，其受力很大，必须坚固连接；而且它们需排开外水以提供浮力，或需分隔舱室以提高抗沉性，这就要求其连接必须是紧密的。

（4）可拆卸连接：舰艇结构中绝大部分构件的连接在使用中是不拆卸的，为永久性连接，修理时要切割拆开。但是船体结构中某些构件的连接，如舱口盖、人孔盖及模块化设计中的结构模块与船体结构的连接等，必须保证可以随时拆卸和复原，通常采用可拆卸的螺钉连接，称为可拆卸连接。

学习指导：理解构件之间的连接方法按照结构要求的分类。

2. 按连接元件分

为实现上述不同要求的结构连接，在舰船建造中采用了不同的连接元件，按此可分为以下连接方法。

（1）焊接：20 世纪 40 年代才得以广泛采用的造船连接方法，在此之前，造船工业在很长时间里一直采用铆接方法，因此焊接连接方法是现代造船技术的重要标志。

焊接连接方法具有明显的优点，主要是：①连接强度高（焊接强度可以达到构件母材强度)；②易于保证紧密性要求；③焊接构件之间可直接焊接，一般不需要其他的连接件，构件简单，可减轻结构重量；④便于施工，易于采用自动化作业，可降低造船成本，改善施工人员劳动条件和提高生产效率。

但焊接方法也存在以下不足和缺陷：①位于焊缝附近热影响区的材质易出现变脆问题；②在焊接的结构中会产生焊接残余应力和残余变形，对结构性能产生不利影响；③焊接时易产生焊接缺陷和裂纹，从而对船体结构抗疲劳断裂性能不利，且焊接使结构连为整体，对于裂纹扩展的止裂作用较差。尽管如此，现代造船工业普遍采用焊接连接方法，上述缺点可通过对焊接工艺、焊接材料及造船材料的控制和选择来避免。

(2) 铆接：虽然用铆钉来实现船体构件的连接是过去传统的连接方法，目前已不经常采用，但船体结构中的一些可焊性差的构件，如铝合金围壁与钢质船体的连接，我国有时仍采用铆接；另外，为了提高舰艇的抗损性，也在部分结构处采用铆接。如在舰艇舷侧顶板与甲板边板的连接处设置止裂器，以防止舷侧裂纹扩展至甲板，或甲板裂纹传至舷侧。该止裂器采用较多的是铆接。

(3) 螺钉连接：以螺钉、螺栓和螺母为连接件，将两个或两个以上的构件连接在一起。螺钉连接方法主要用于有可拆要求的构件的连接。

学习指导：理解和掌握焊接、铆接的优缺点。请做习题 2-2。

2.1.2　构件之间的连接形式

船体结构主要由板和骨架组成，因此其构件与构件之间的连接形式概括起来有三种类型：板材与板材之间的连接，型材与型材之间的连接，以及板材与型材之间的连接。每种类型的连接又有很多具体的连接形式，在此仅介绍最基本、最典型的一些连接形式。

1. 板材与板材的连接

船体结构中板与板的连接可概括为两种形式：板在同一平面(或曲面)内的连接和板在不同平面(或曲面)相交时的连接。

1) 在同一平面(曲面)内板的连接

传统的铆接方法多采用搭接接头，如图 2-1-1 所示。

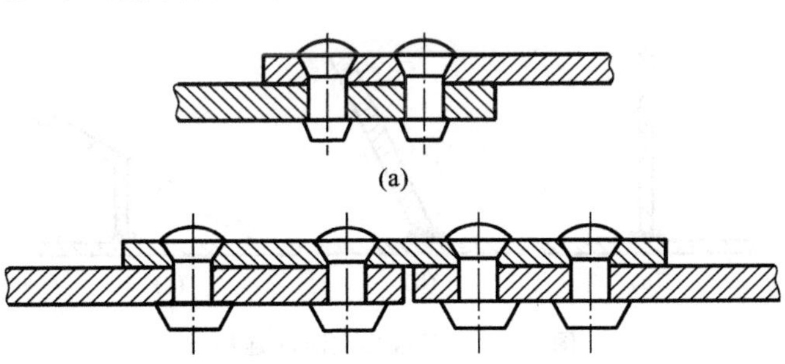

(a)

(b)

图 2-1-1　铆接搭接接头

(a)搭接　(b)搭板连接

现代造船工艺多采用焊接对接接头，又称为对接焊接头。目前钢板的对接焊接头的静强度大多超过钢板母材的强度，加上其具有紧密性好、工艺简便、成本低等优点，从而成为钢板对接的首选连接形式。

钢板对接焊时，要根据钢板的厚薄及强度要求确定是否需要在钢板上开坡口，并选择采用单面焊或双面焊以保证对接焊接头能焊透，且无虚焊等缺陷。对接焊钢板坡口形式如图 2-1-2 所示。

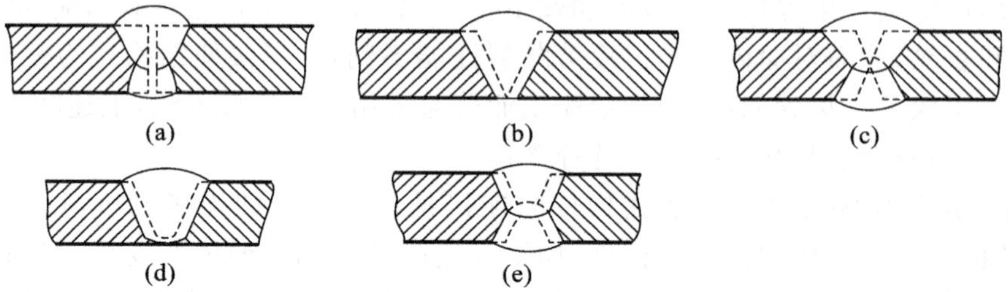

图 2-1-2　对接焊钢板坡口形式

(a)直接对接　(b)单面 V 形坡口　(c)双面 V 形坡口　(d)单面 U 形坡口　(e)双面 U 形坡口

另外，当两板厚度相差较大(厚度差 $t_1-t_2\geqslant 30\%t_2$ 或 $t_1-t_2\geqslant 4$ mm)时，较厚一块板的边缘应削斜，斜坡长度 $l\geqslant 4(t_1-t_2)$(即坡度不大于 1∶4)，如图 2-1-3 所示。

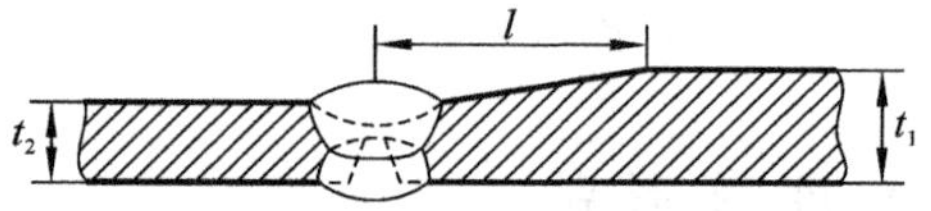

图 2-1-3　两板厚度相差较大时的边缘削斜

2）板相交时的连接

一块板的一边与另一块板的板面相交有垂直相交和斜交两种，分别如图 2-1-4(a)、(b)所示。两板相交的焊接接头称为填角焊接头。根据结构强度要求的不同，填角焊接头有单面焊、双面焊和连续焊、间断焊之分。两板斜交时，其交角不能太小，要避免成尖锐角相交。尖锐角相交的主要问题在于：①无法采用双面焊，对强度不利；②尖锐角单面焊易产生未焊透裂纹的严重缺陷，使结构易产生断裂破坏。在结构上若两板必须成尖锐角相交，可将其中一板边转折或弯曲，以改变相交角度，并确保双面焊的施焊空间(见图 2-1-4(c))，填角焊在垂直相交板边上是否开坡口取决于板的厚度。

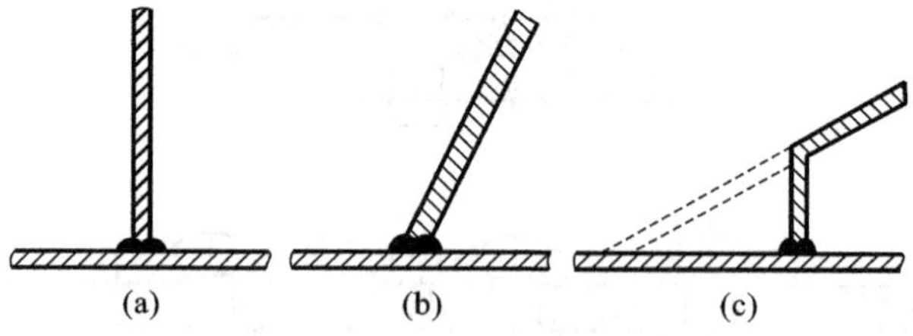

图 2-1-4　两板相交时的连接

(a)垂直相交　(b)斜交　(c)一板边转折或弯曲

两板相交也可采用铆接连接，其方法是将一板折边与另一板铆接，或用角钢将两板铆接在一起。

船体结构中，上层纵舱壁与下层横舱壁在甲板处的相交形式称为“刀刃”式垂直相交。该交点在结构上称为“硬点”，其集中应力很大，因此应该尽量避免结构的“刀刃”式相交，否则必须从结构上采取措施，将两板的点接触改变为线连接，加装肘板，以减轻应力集中效应，防止结构破坏。图 2-1-5 所示为两板“刀刃”式相交连接示意图。船体结构中时常遇到“刀刃”式相交构件的连接问题，例如，纵舱壁端部与首部平台端部的相交，纵、横构件的腹板“刀刃”式相交等。这些结构上的“硬点”必须通过加装肘板过渡的方法予以消除，否则结构有开裂的可能。

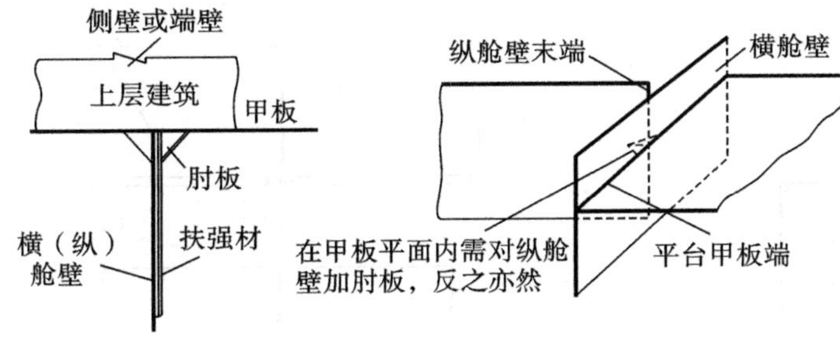

图 2-1-5　两板“刀刃”式相交时的连接

2. 型材与型材的连接

船体结构中，骨架之间的连接主要有三种：型材腹板在同一方向对接、型板腹板在同一平面内垂直相交、两型材腹板平面垂直相交。

1）型材腹板在同一方向对接

这种对接可以直接将相同腹板高度的型材对准后焊接，如图 2-1-6 所示；对于 T 型材，可将腹板与面板接缝交错，形成阶梯形对接。

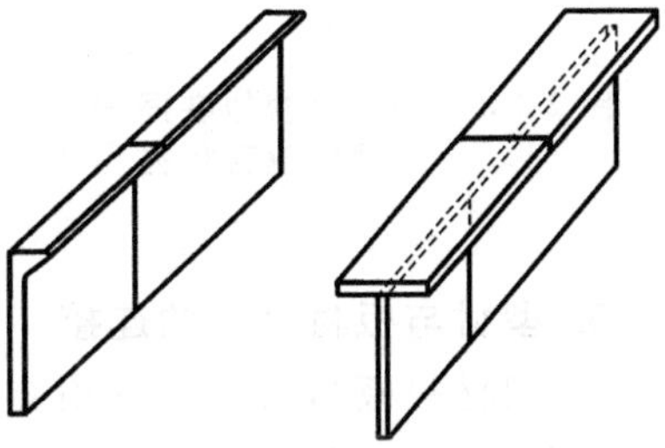

图 2-1-6　型材腹板在同一方向对接

当型材尺寸不同时，必须将尺寸较大的型材腹板高度逐渐减小到小型材腹板高度，以避免产生集中应力。过渡区长度 l 应满足 $l \geqslant 5(H_2 - H_1)$，其中 H_1、H_2 分别为小、大型材腹板高度，如图 2-1-7 所示。型材对接还可以采用搭接焊，但应注意避免应力集中现象。

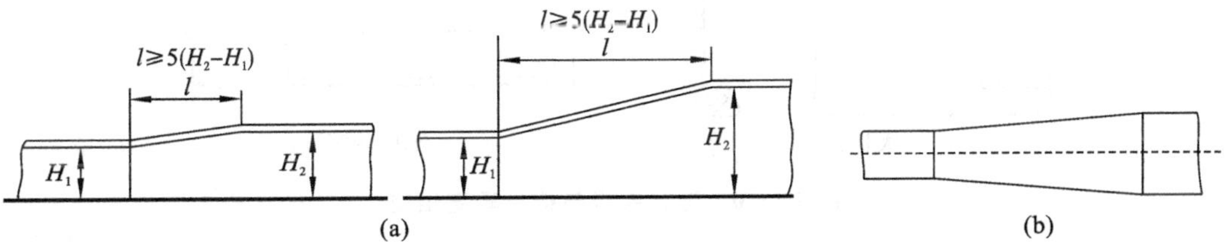

图 2-1-7　不同尺寸型材对接

(a)角钢对接　(b)T 型材对接

2）两型材腹板在同一平面内垂直相交

这种连接在船体结构中较多，例如，横梁与肋骨、甲板纵骨与舱壁扶强材等。根据结构强度要求的不同，两型材腹板在同一平面内垂直相交时可采用加肘板坚固连接、直接焊接或削去端部自由连接，如图 2-1-8 所示。

3）两型材腹板平面垂直相交

船体结构中同一板架内的纵、横骨架的相交都属于此种连接。对于腹板高度相同的两型材，则一根连续(用符号“←→”表示)，另一根间断(用符号“→←”表示)并沿交线直接焊接。其原则是重要的连续，次要的间断。若腹板高度不等的两型材相交，则小型材间断于大型材，并加肘板坚固连接，保证小型材的连续性；或在大型材腹板上开口，让小型材连续穿过，开口形状视小型材断面形状而定，如图 2-1-9 所示。

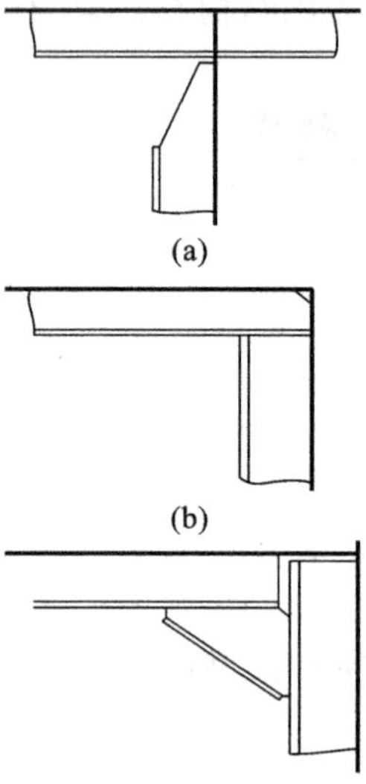

图 2-1-8　两型材腹板在同一平面内垂直相交

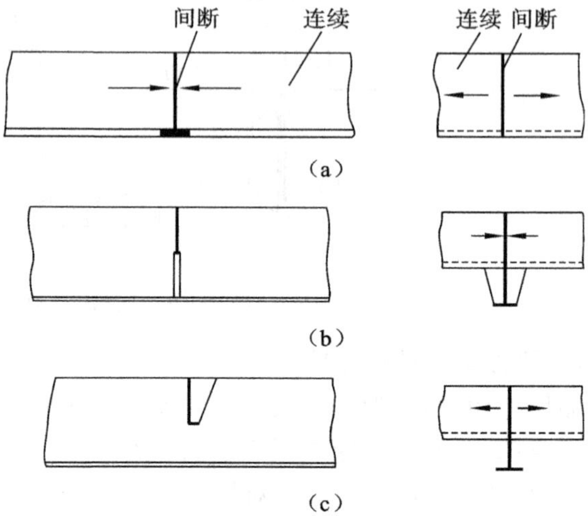

图 2-1-9　两型材腹板平面垂直相交

（a）腹板高度相同的两型材相交　（b）小型材间断于大型材

（c）小型材连续穿过大型材

3. 型材与板材之间的连接

1）型材腹板与板材垂直相交

船体结构中最长的焊缝是用于支承板材的骨架与板的连接焊缝，相应的焊接方式为填角焊，如图 2-1-10 所示。根据强度与紧密性要求，可以采用单面焊、双面焊和连续焊、间断焊。

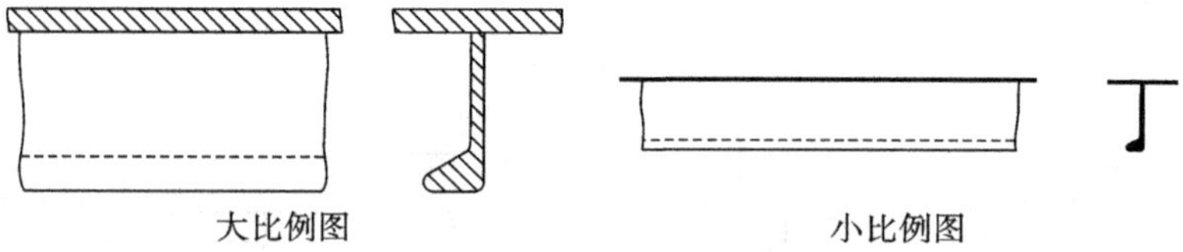

图 2-1-10　型材腹板与板材垂直相交

2）型材终止于板材

根据强度要求，型材终止于板材的连接可采用型材端部切口自由连接，或加肘板坚固连接，也可沿接触线直接焊接，如图 2-1-11 所示。

3）型材垂直于板材相贯连接

型材与板材相交时，通常保持型材连续，贯穿板材进行连接。贯穿连接根据板材（舱壁、肋板等）的紧密性要求，分为非紧密连接和紧密连接两种。非紧密连接只需在板材上开与型材断面形状相似的切口，让型材穿过，并在型材腹板处与板材焊接，如图 2-1-12 所示。其中切口顶角处必须为圆弧形，以防止开裂，保证结构的完整性。

当型材穿过水密板时，水密板上开的孔必须用补板封补，以保证板的水密性，也可采用镶嵌型直接焊接来保证水密性，如图 2-1-13 所示。另外，T 型材穿过水密板时，可让腹板穿过而

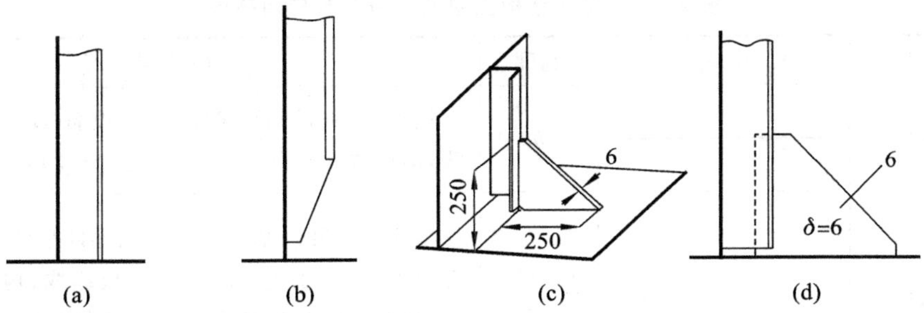

图 2-1-11　型材终止于板材

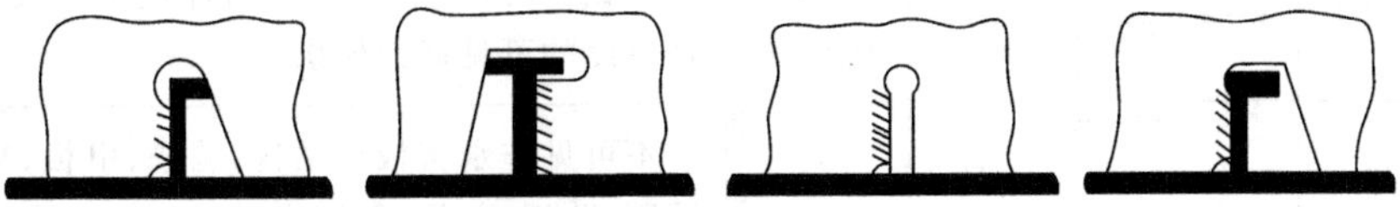

图 2-1-12　型材垂直于板材相贯连接

面板间断于板材，这样可保证型材的连续性要求。

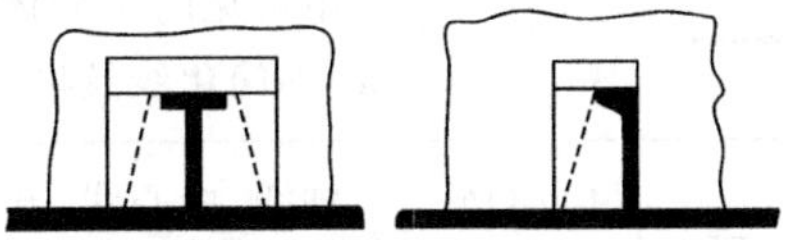

图 2-1-13　型材穿过水密板时的镶嵌型直接焊接

学习指导：了解构件之间的连接形式及各连接形式中应注意的问题。请做习题 2-3 至 2-7。

2.2　船体结构的图示方法

船体是一个复杂的工程建筑物，无论是在设计建造阶段，还是在使用维修阶段，都要经常使用船体结构图。大比例的局部结构图的绘制方法与机械制图基本相同，但较小比例的复杂船体结构图的制图方法与机械制图相差较远。本节将介绍有关船体结构图的基本知识，主要包括舰艇船体结构图的图线规定、尺寸标注方法和符号规定等。

学习指导：了解船体结构图的特点，牢记不同构件的图示方法，能看懂船体结构图(可结合后续章节的知识进行学习)。请做习题 2-8。

2.2.1　船体结构图中的图线规定

在船体结构图中，通常用一些规定的图线来表示某种构件及其相互关系，这就简化了图面，且使图示的意义更为清晰。表 2-2-1 给出了船体结构图中的常用图线及其应用范围，表中 b 为线的宽度，其大小为 0.4～1.2 mm。图 2-2-1 给出了细实线、粗实线、细点画线的应用示例;图 2-2-2 给出了粗虚线、细虚线、粗双点画线、轨道线、波浪线的应用示例。

表 2-2-1 船体结构图中的图线及其应用范围

序号	名称	形式	宽度	应用范围举例
1	粗实线		b	钢板、型材的可见截面线及设备部件的可见轮廓线,图框线和特种线条,允许用(2～3)b
2	细实线		(1/3)b 或更细	型线、格子线、基线、剖面线、零件号圆及引出线、局部放大线、尺寸线、尺寸界线、板缝线、构件可见轮廓线、总布置图及设备图样中的船体轮廓线、总布置图中设备的可见轮廓线等
3	双细线		(1/3)b 或更细	大比例时,表示板和型材厚度的可见轮廓线,表示板厚度的可见截面轮廓线
4	粗虚线		b	不可见非水密板材结构(舱壁、甲板、平台及甲板间围壁、肋板、龙骨、舷侧桁材以及肘板等)的简化线
5	细虚线		(1/3)b 或更细	不可见次要构件(肋骨、扶强材、横梁、纵骨等)的简化线,不可见构件的投影轮廓线
6	轨道线		b	不可见的主船体水密构件(舱壁、甲板、平台、肋板等)的简化线及机、炉舱花铁板(铺板)的可见截面线
7	细点画线		(1/3)b 或更细	轴线、中心线、开口对角线、转角线、折角线,可见的纵骨、扶强材等次要构件的简化线
8	粗点画线		b	可见的强构件(纵桁、强横梁、强肋骨、龙骨、竖桁、水平桁等)及钢索、缆索、起货索、锚索等的简化线
9	细双点画线		(1/3)b 或更细	假想构件的投影轮廓线,非本图所属构件及零部件的投影轮廓线
10	粗双点画线		b	不可见的强构件(纵桁、强横梁、强肋骨、龙骨、竖桁、水平桁等)的简化线,以及非本图所属构件的截面线
11	波浪线		(1/3)b 或更细	断裂边界线
12	折断线		(1/3)b 或更细	长距离断裂边界线
13	斜栅线		(1/3)b 或更细	分段线(斜栅线的短线的倾斜角度为 30°～60°,高度为 2～4 mm,间隔为 1～3 mm)
14	阴影线		(1/3)b 或更细	焊接腹板四周的轮廓线(阴影线的短线的倾斜角度为 30°～60°,高度为 2～4 mm,间隔为 1～3 mm)

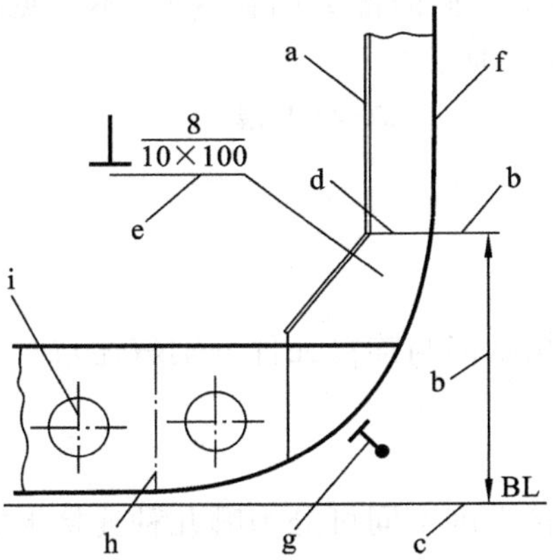

图 2-2-1　横骨架式双底舭部局部结构

细实线：a 为可见轮廓线；b 为尺寸线与尺寸界线；c 为基线；d 为接缝线；e 为引出线。粗实线：f 为板材剖面线；g 为骨材剖面线。细点画线：h 为可见次要构件；i 为中心线。

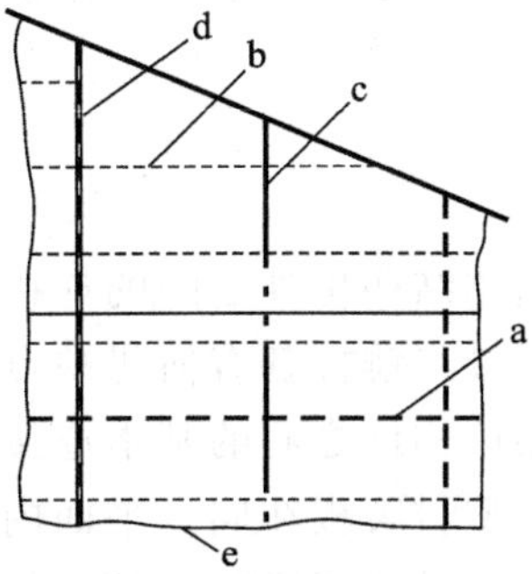

图 2-2-2　内底板局部结构

粗虚线：a 为不可见非水密板材简化线。细虚线：b 为不可见次要构件简化线。粗双点画线：c 为不可见主要构件简化线。轨道线：d 为图内不可见水密板材简化线。波浪线：e 为构件断裂边界线。

2.2.2　船体构件的图示方法

1. 钢板与肘板的图示方法

对于船体钢板的绘制，船体结构图相关标准做出了如下规定：①按大比例绘制表示钢板厚度的可见轮廓线时，采用双细线表示，双线之间宽为 0.4～1.2 mm；②按小比例绘制钢板的截面线时，采用粗实线表示，线宽为 0.4～1.2 mm。

肘板是船体结构中构件之间的连接加固构件，使用十分广泛。肘板通常有三种形式：无折边肘板、有折边肘板、T 型肘板。肘板的表示方法如图 2-2-3 所示。

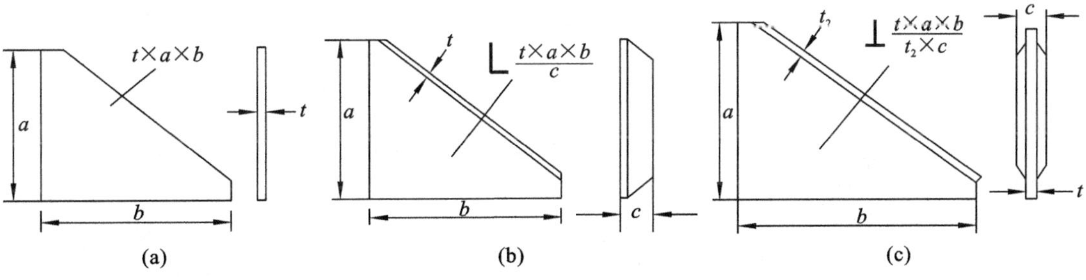

图 2-2-3　肘板的表示方法

(a)无折边肘板　(b)有折边肘板　(c)T 型肘板

2. 型材的图示方法

造船用的型材有很多，如球扁钢、工字钢、圆钢、角钢、扁钢、槽钢等，从制作方法来看，主要是轧制型材和焊接型材。

型材的尺寸标注方法：先画一个型材断面形状符号，然后注出断面尺寸或型钢的型号。如 ◤18 表示型钢为球扁钢，型号为“18”号。

型材的断裂画法如下。断裂画法有以下两点规定：一是型钢断开时两端的断面腹板线应稍有弯曲(波浪线);二是绘制型钢两端断面面板形状时,将可见的部分画在内侧,不可见部分画在外侧,好像将型钢端部偏斜一个角度时所看到的图像一样。

球扁钢具体尺寸和几何参数可查相关标准(如 GB/T 9945—2012)求得。

习　题

2-1 船体结构构件之间的连接方法有哪几种(按结构功能与连接元件分别叙述)?

2-2 焊接与铆接各有何优缺点?

2-3 船体构件之间的基本连接形式有哪几种?

2-4 两型材腹板在同一平面内垂直相交,根据其连接强度不同可分为哪几种连接形式?

2-5 什么是两板成"刀刃"式相交?此时应采取什么措施?

2-6 大、小型材腹板在两平面垂直相交时的连接方法有哪几种?

2-7 型材与水密板材(水密舱壁或肋板)相贯时的连接形式有哪几种?

2-8 试写出图 2-2-2 中 a～d 构件的名称。

第 3 章　船体材料与强度概念

3.1　船体材料

3.1.1　船体钢分类

现代造船工业仍以钢材为建造舰艇船体的主要材料。船体钢主要分为轧制钢材、铸钢、锻钢等，其中轧制钢材使用最广。

1. 轧制钢材

轧制钢材按强度等级分为三个级别，即一般强度结构钢、较高强度结构钢和高强度结构钢。下面分别介绍。

1) 一般强度结构钢(碳素钢)

舰艇船体用一般强度结构钢与民船用一般强度结构钢使用同样的等级标准。舰艇船体用一般强度结构钢，按韧性的不同分为 A、B、D、E 四个等级，E 级韧性最好。一般强度结构钢的力学性能如表 3-1-1 所示。

表 3-1-1　一般强度结构钢力学性能

<table>
<tr><th rowspan="4">级别</th><th colspan="3">拉伸试验</th><th rowspan="4">常温弯曲试验</th><th colspan="7">夏比 V 形缺口冲击试验</th></tr>
<tr><th rowspan="3">屈服强度 σ_s/MPa</th><th rowspan="3">抗拉强度 σ_b/MPa</th><th rowspan="3">断裂伸长率 δ_s/(%)</th><th rowspan="3">试验温度 /℃</th><th colspan="6">三个试样冲击功平均值/J(不小于)</th></tr>
<tr><th colspan="2">10 mm×10 mm</th><th colspan="2">7.5 mm×10 mm</th><th colspan="2">5 mm×10 mm</th></tr>
<tr><th>纵向</th><th>横向</th><th>纵向</th><th>横向</th><th>纵向</th><th>横向</th></tr>
<tr><td>A</td><td rowspan="4">≥235</td><td rowspan="4">400～490</td><td rowspan="4">≥22</td><td>$d=2t$,180°
不裂</td><td>—</td><td>—</td><td>—</td><td>—</td><td>—</td><td>—</td><td>—</td></tr>
<tr><td>B</td><td rowspan="3">$d=3t$,120°
不裂</td><td>0</td><td rowspan="3">27</td><td rowspan="3">20</td><td rowspan="3">22</td><td rowspan="3">17</td><td rowspan="3">18</td><td rowspan="3">13</td></tr>
<tr><td>D</td><td>−10</td></tr>
<tr><td>E</td><td>−40</td></tr>
</table>

注：(1) 厚度大于 25 mm 的 A 级钢材，屈服强度可不小于 220 MPa；

(2) 冲击试验一般可用纵向试样；

(3) 3 个冲击试样中，允许有 1 个试样的冲击功低于规定值，但不得低于规定值的 70%；

(4) 不裂是指试样弯曲后，用 5 倍放大镜或肉眼检查试样弯曲处外表面无裂纹。

2）较高强度结构钢（低合金钢）

较高强度结构钢是指屈服强度为 315～440 MPa 的船体结构钢。较高强度结构钢分为四个级别：A32、D32、E32 是屈服强度不小于 315 MPa 的较高强度结构钢，其中 E32 级的韧性最好；D36、E36 是屈服强度不小于 355 MPa 的较高强度结构钢，其中 E36 级的韧性最好；D40、E40 是屈服强度不小于 390 MPa 的较高强度结构钢，其中 E40 级的韧性最好；D45、E45 是屈服强度不小于 440 MPa 的较高强度结构钢，其中 E45 级的韧性最好。我国已有的舰艇专用较高强度结构钢分别对应 E36、E40 和 E45 三个级别；舰艇船体用 A32、D32 和 E32 钢仍然选用民船用结构钢。较高强度结构钢的力学性能如表 3-1-2 所示。

表 3-1-2　较高强度结构钢力学性能

级别	厚度/mm	拉伸试验				常温弯曲试验
		σ_s/MPa 不小于	σ_b /MPa	δ_s/(%) 不小于	ψ/(%) 不小于	
A32、D32、E32	≤50	315	440～590	22	—	$d=3t$，120° 不裂
D36、E36	≤50	355	490～620	21	—	
D40、E40	4～32	390	530～685	19	50	$d=2t$，120° 不裂
D45、E45	—	440	550～685	20	—	

注：(1) D40、E40 钢的断裂伸长率应不小于 21%，D45、E45 钢的断裂伸长率应不小于 22%；

(2) A32 钢板及各级钢的弯曲试验，要求 $d=2t$，弯曲 180°不裂。

3）高强度结构钢（低合金钢）

舰艇船体用高强度结构钢按成分和规格分为 G60 中板、G60 型钢、G52 厚板及 G52 薄板，其中 G60 中板和 G60 型钢分别为屈服强度不低于 590 MPa 的调质高强度中等厚度钢板和型钢（球扁钢）；G52 厚板和 G52 薄板分别为屈服强度不低于 510 MPa 的调质高强度厚钢板和薄钢板。我国目前已有舰艇船体用高强度结构钢为 G60 中板级别，以及 G52 厚板和 G52 薄板级别。

舰用轧制钢的板材规格及厚度公差如表 3-1-3 所示。

表 3-1-3　舰用轧制钢的板材规格及厚度公差(mm)

级别	钢板厚度 t	厚度公差			
		板宽 ≤1 500	板宽 1 501～1 700	板宽 1 701～1 800	板宽 1 801～2 000
A、B、D、E、A32、D32、E32、D36、E36	≤15	+0.3，−0.4			
	16～45	+0.5，−(0.1+0.02t)			
	>45	+2%，−1.0			

续表

<table>
<tr><th rowspan="2">级别</th><th rowspan="2">钢板厚度 t</th><th colspan="4">厚度公差</th></tr>
<tr><th>板宽
≤1 500</th><th>板宽
1 501～1 700</th><th>板宽
1 701～1 800</th><th>板宽
1 801～2 000</th></tr>
<tr><td rowspan="5">D40、E40、
D45、E45</td><td>3</td><td>+0.3
−0.22</td><td>—</td><td>—</td><td>—</td></tr>
<tr><td>4</td><td>+0.40
−0.40</td><td>—</td><td>—</td><td>—</td></tr>
<tr><td>5～6</td><td>+0.30
−0.50</td><td>+0.40
−0.50</td><td>+0.60
−0.60</td><td>—</td></tr>
<tr><td>7～9</td><td>+0.30
−0.75</td><td>+0.40
−0.75</td><td>+0.60
−0.75</td><td>—</td></tr>
<tr><td>10～32</td><td>+0.30
−0.75</td><td>+0.40
−0.75</td><td>+0.60
−0.75</td><td>+0.65
−0.75</td></tr>
<tr><th rowspan="2">级别</th><th rowspan="2">钢板厚度 t</th><th colspan="4">厚度公差</th></tr>
<tr><th colspan="2">板宽 1 000～1 500</th><th colspan="2">板宽 1 000～2 000</th></tr>
<tr><td rowspan="2">G52 薄板</td><td>5～7.6</td><td colspan="2">+0.3,−0.5</td><td colspan="2">+0.3,−0.6</td></tr>
<tr><td>7.6～9.0</td><td colspan="2">—</td><td colspan="2">+0.4,−0.6</td></tr>
<tr><td rowspan="2">G60 中板</td><td>10～19</td><td colspan="2">—</td><td colspan="2">+0.6,−0.6</td></tr>
<tr><td>20～35</td><td colspan="2">—</td><td colspan="2">+0.6,−0.6</td></tr>
<tr><td>G52 厚板</td><td>36～70</td><td colspan="2">—</td><td colspan="2">+2%,−2%</td></tr>
</table>

2. 舰艇船体用铸钢

舰艇船休用铸钢分为一般强度铸钢和高强度铸钢两个类别。一般强度铸钢屈服强度不小于 200 MPa,为碳素钢铸钢。高强度铸钢分为 ZG40 和 ZG52 两个级别,铸件厚度分别不大于 250 mm 和 130 mm,ZG40 屈服强度不小于 390 MPa,ZG52 屈服强度不小于 510 MPa,为低合金钢铸钢。

3. 舰艇船体用锻钢

舰艇船体用锻钢分为一般强度锻钢和高强度锻钢两个类别。一般强度锻钢屈服强度不小于 215 MPa,为碳素钢锻钢。高强度锻钢为 DG52 级别,其屈服强度不小于 510 MPa,与 G52 高强度结构钢对应。

4. 舰艇船体用低磁钢

舰艇船体用低磁钢屈服强度为 300～450 MPa。

5. 舰用防弹钢板

我国采用的舰用防弹钢为 4～15 mm 厚的薄装甲钢板,分两个级别:高硬度防弹钢板F-1G 和中硬度防弹钢板 F-1Z,主要用于防子弹和防弹片。

学习指导:了解船体用钢的分类,重点掌握轧制钢材按强度和韧性的等级划分,请做习题 3-1。

3.1.2 舰艇船体用钢的基本要求及选用等级

1. 基本要求

自 20 世纪 40 年代焊接代替铆接而广泛用于造船以后，曾出现过不少断裂事故，其中有设计上的原因，但更多的是材料方面的原因，即材料的抗断裂性能，特别是低温冲击韧性较差的原因。因此，现代造船对选材的要求更为严格，在材料的力学性能、工艺性和耐腐蚀性方面提出了更高的要求。

学习指导：理解和掌握对船体用钢的基本要求，请做习题 3-2。

1）应具有良好的力学性能

材料力学性能的主要指标是强度、塑性和冲击韧性。材料强度通常用屈服强度 σ_s 和抗拉强度 σ_b 来表示。目前材料屈服强度是船体结构强度计算时的主要依据。现代舰艇随着综合性能的提高，舰艇船体结构自身重量较第二次世界大战时期明显减小，为了保证舰艇船体强度，要求材料屈服强度 σ_s 也相应提高。另一方面，材料抗拉强度 σ_b 表征材料的抗断裂能力和塑性抗拉强度储备的大小，材料屈强比 σ_s/σ_b 越大，则舰艇船体结构抗拉强度储备越多，抗疲劳断裂的能力越强。

塑性是指钢材在外力作用下产生塑性变形而不破坏（断裂）的能力。常用材料断裂伸长率 δ_s 和断面收缩率 ψ 来表示。一般舰艇船体用钢应有很好的塑性性能，其断裂伸长率 $\delta_s>18\%$，断面收缩率 $\psi>50\%$。

冲击韧性表示钢材在已有初始裂纹情况下的抗断裂破坏的能力。由于焊接舰艇船体结构的整体性特点和容易产生焊接缺陷等问题，现代舰艇对船体用材料冲击韧性指标的要求更加重视和严格。另外，舰艇工作环境的恶劣和易受爆炸攻击而破损的特点，也要求足够重视冲击韧性指标。

冲击韧性指标以冲击试验来测定，即考核带缺口试件在冲击力作用下的断裂情况，并用参数 a_k（a_k 为单位断口面积的吸收能量）表示材料的冲击韧性。不同级别材料对 a_k 值的要求不同。例如，船体用一般强度结构钢要求 $a_k>2.7\times10^5\ \mathrm{J/m^2}$（$-40$ ℃）；E36 级别较高强度结构钢在 -40 ℃下要求 $a_k>3.4\times10^5\ \mathrm{J/m^2}$；G60 高强度结构钢在 -20 ℃下要求 $a_k>6.4\times10^5\ \mathrm{J/m^2}$。目前船体材料规范要求用夏比 V 形缺口冲击试验的试样吸收能量来表示材料的冲击韧性。

2）应具有较好的工艺性

工艺性主要指钢材对生产工艺的适应性。在现代造船生产中，钢材的工艺性主要指可焊性和可加工性。可焊性有两层含义：一是材料适合焊接，对焊接工艺条件要求不高；二是材料焊接后，焊接接头强度和母材强度相当，同时产生焊接裂纹的可能性小。现代舰艇船体结构的连接几乎都采用焊接，可焊性好坏已成为材料选用的主要依据之一。可加工性主要指生产过程中对材料进行切割、冷弯、热弯等加工的难易程度，以及在加工过程中材料不改变原有性能或不产生开裂等破坏的能力。一般舰艇船体用钢在弯心直径为 2 倍板厚、冷弯 180°的条件下，要求板材不会产生裂纹。

3）应具有良好的耐大气和海水腐蚀性

舰船的活动区域在海洋，船体结构始终处于海水、盐雾及内部油水等腐蚀性介质中，因此要求舰艇船体结构材料具有良好的耐腐蚀性。虽然一般船用碳钢在海水中的平均腐蚀率为

0.10 mm/年，而含镍低合金钢平均腐蚀率仅为 0.08 mm/年，但是，由于材料冶炼质量不均匀，钢材的局部腐蚀和坑点腐蚀十分严重的问题至今没有得到很好的解决。20 世纪 60 年代，我国开始研制的以锰为主要合金元素的舰艇船体用较高强度结构钢和以镍铬为主要合金元素的高强度结构钢，是我国第一代舰艇船体用钢，其主要问题是耐腐蚀性较差。为解决这一问题，20 世纪 70 年代末又研制了以镍铬为主要合金元素的第二代船体用钢。总体来看，第二代船体用钢在耐腐蚀性上优于第一代，且其综合性能也有相应提高，但在耐腐蚀性能方面与国外同类船体结构钢相比仍有明显差距。当然，舰艇船体结构防腐蚀问题不仅仅是材料问题，还与结构设计和使用维护有关。

除此以外，在选用舰艇船体用钢时，还应充分考虑经济性因素。

2. 舰艇船体结构钢选用等级

由船体结构用轧制钢材的分类方法可知，舰艇船体结构钢在满足塑性、冲击韧性、工艺性和耐腐蚀性要求的情况下，主要以强度等级来划分类别，这样划分较好地适应了舰艇船体结构选材的需要。对一般舰艇而言，舰长越长，其可能受的外力越大，因而所需的船体材料强度等级就越高。我国舰艇船体规范对船体结构材料的选取等级做了规定，如表 3-1-4 所示。该规定与 1993 年实施的《舰船材料规范 船体材料》(GJB 15.1—92)中所规定的结构钢强度等级不一致。另外，表 3-1-4 中的舰艇船体材料选材强度等级规定总的来说所用材料强度偏高，这对于舰艇船体结构的经济性，以及舰艇船体结构刚度和振动的控制都是十分不利的。表 3-1-5 所示为俄罗斯目前对舰艇船体结构材料强度等级的规定。

表 3-1-4　我国舰艇船体结构材料强度等级规定

舰长 L/m	$40 \leqslant L < 80$	$80 \leqslant L < 120$	$120 \leqslant L < 140$
材料屈服强度 σ_s/MPa	235.2～343	294～392	343～441

表 3-1-5　俄罗斯舰艇船体结构材料强度等级规定

舰长 L/m	$L < 80$	$80 \leqslant L < 130$	$130 \leqslant L < 160$	$L \geqslant 160$
材料屈服强度 σ_s/MPa	235	315	390	>500

3.1.3　其他舰用材料

随着海军装备的不断发展，我国其他造船材料在船体结构和其他舰艇装置中也有较多的应用，主要有铝合金、铜合金、铁合金、不锈钢、金属复合材料及非金属材料等。

1. 船体结构用铝合金

自 20 世纪 60 年代以来，铝合金逐渐在造船业中得到广泛应用。它们主要用于小型舰艇的主船体和中小型舰艇的上层建筑。

铝合金用作舰艇船体材料的主要优点如下：

(1) 比强度高。铝合金的强度接近中、低碳钢，而密度仅为钢的 1/3，所以与钢材相比，在满足同等强度要求的条件下船体重量要轻得多。

(2) 低温韧性好。在低温下铝合金无脆性破坏倾向，而且强度和断裂伸长率都略有提高。

(3) 无磁性。这一特征对于某些舰艇(如扫雷艇等)尤为重要。

(4) 有良好的耐腐蚀性。纯铝及铝-镁系、铝-镁-硅系和经适当热处理的某些铝-锌-镁系合金在海水中具有良好的耐腐蚀性。

(5) 具有良好的成形性。舰艇用铝合金一般均能满足船舶零件成形加工的要求,可方便地加工成各种构件。

对于军用舰艇,航速、续航力及稳性是重要的战术技术性能。采用铝合金材料,减轻船体的重量和减轻上层建筑的重量,对改善这些战术技术性能是十分有效的。当然,值得提出的是,铝合金的弹性模量较低,约为钢的 1/3,因此用铝合金制造的结构,与同样尺寸的钢结构相比,刚度低得多。设计人员必须在设计中通过增加结构惯性矩的办法予以弥补。

铝合金按化学成分可分为铝铜合金、铝锰合金、铝硅合金和铝镁合金等。铝合金加工方法又可分为铸造铝合金和变形铝合金。变形铝合金按热处理后是否可以强化又可分为:

①不可热处理强化型合金,例如铝锰合金、铝镁合金(我国统称为防锈铝)等;

②可热处理强化型合金,例如铝铜镁合金(硬铝)、铝铜镁锌合金(超硬铝)等。

目前,国内舰船船体结构常用铝合金有 5A02、5083、5086、5456、6061 等。

2. 玻璃钢

玻璃钢是玻璃纤维增强树脂基复合材料的俗称。由于目前大部分船仍采用玻璃纤维作为增强材料,所以玻璃钢这个名字仍在广泛地使用。自 20 世纪 60 年代以来,我国就开始采用玻璃钢作为某些小艇的船体材料。玻璃钢在舰船上应用的主要优点如下。

(1) 比强度高。玻璃钢的密度为 1.5～1.9 g/cm^3,约为钢的 1/5,其比强度为钢的 3～4 倍。在相同强度的情况下,玻璃钢船体的重量远小于钢船。因此,采用玻璃钢材料有利于提高航速,增强续航力等。

(2) 耐海水腐蚀、耐酸、耐碱和油,不受海生物污损,便于维护和保养。

(3) 无磁性,有良好的电绝缘和隔热性能,所以用玻璃钢造船,能提高电子设备的精确性,可避免被磁性水雷攻击和被雷达发现,因此用来制造扫雷艇和上层建筑是很合适的。

(4) 容易成形为各种尺寸的复杂的无缝结构,成形工艺和设备简单。

(5) 冲击韧性高,吸收冲击能量大,防弹性强,透声性能好且修补方便。

但同时,玻璃钢也存在以下缺点:

(1) 弹性模量低,刚度小,因此仅适合于小型舰船;

(2) 长期浸泡在水中会产生老化。

(3) 加工时,手工操作占很大比例,效率低、性能不稳定。

由于玻璃钢是以合成树脂为基体,以玻璃纤维为增强材料组成的复合材料,因此在玻璃钢船体结构设计中有很多不同于钢、铝船体结构的设计特征,如材料性能的可设计性、各向异性、铺层参数可优化等。设计人员可以利用这些特征,对具体结构做出最佳设计。

3. 舰艇用铜合金、钛合金和不锈钢

铜合金是制造舰艇螺旋桨和管路系统的重要材料。我国的螺旋桨用铜合金材料发展较快,20 世纪 60 年代就研制出了耐空泡腐蚀的高锰铝青铜螺旋桨材料,近年来又研制出了抗空蚀性能更好的铍铝青铜和镍铝青铜,牌号分别为 ZQAL8-1-1 和 ZQAL9-4-4-2。相对来说,舰艇管道用铜合金材料发展较慢。目前绝大多数舰艇的海水管道仍使用不耐流动海水腐蚀的 TUP 紫铜管,而国外大多使用性能更好的白铜管材。

钛及其合金具有比强度高、无磁性、耐海水腐蚀等优异性能,因而为各国海军所重视,但由于价格昂贵,其推广应用受到影响。我国已用钛合金制造球鼻首声呐导流罩、螺旋桨、小型深潜器等。

舰艇用不锈钢以其耐腐蚀性和透波性，在声呐导流罩、鱼雷发射装置、核动力的主蒸发器及舰艇的管道系统中得到了较成功的应用。

3.2　舰艇船体强度概念

舰艇在服役期间会受到各种外力的作用，为了保证舰艇能够顺利执行各种航行和战斗任务，船体结构必须具备抵抗这些外力作用的能力，不发生过大的变形并保证完整性。船体结构在各种外力作用下抵抗变形和破坏的能力称为船体强度。各种舰艇都必须具有与其使命要求相适应的船体强度，结构设计的目的就是使该船体强度既能满足船体结构强度标准的要求，在各种受力状态下船体结构不会产生大于允许值的变形和应力，又能保证船体结构重量最轻。

舰艇船体所受的外力主要有自然环境外力，包括静水压力、浮力、重力、波浪冲击力等，以及由于浮力与重力分布不同而产生的弯矩、扭矩与剪力等；非自然环境外力，如爆炸冲击力、碰撞和触礁时的撞击力等。舰艇船体强度主要研究在自然环境外力作用下，船体结构抵抗变形和破坏的能力。本节将分别简要介绍水面舰艇强度和潜艇强度。

3.2.1　水面舰艇强度概念

1. 水面舰艇强度的分类

根据长期的使用经验及对海损事故的分析研究，外力作用于水面舰艇船体所引起的船体结构的变形和破坏特征及其所对应的船体强度问题，可概括为四大类：

（1）船体纵向的变形和破坏，对应船体总纵强度；

（2）船体横向的变形和破坏，对应船体横强度；

（3）船体扭转变形和破坏，对应船体扭转强度；

（4）船体局部变形和破坏，对应船体局部强度。

其中，前三种为船体总体的变形与破坏问题，其对应的船体总纵强度、横强度、扭转强度统称为船体总强度。

一般说来，水面舰艇由于快速性的要求，船体都比较细长，船体结构的总纵强度问题较为突出。而舰艇在海上航行时，船体各部分结构可能会承受静水压力，波浪冲击力和武器装备的重力、惯性力等的作用，也应考虑船体结构局部强度问题。由于舰艇抗沉性要求较高，横舱壁设置较多，而甲板开口较小，一般水面战斗舰艇船体结构的横强度和扭转强度问题不突出。

学习指导：了解水面舰艇强度的分类与水面舰艇主要关心的强度问题。

2. 舰艇漂浮在静水中的受力

舰艇漂浮于静水中时，作用于船体上的外力主要是重力和浮力。重力由舰艇上各种机械装备和油、水、弹药的重量，以及船体结构自身的重量组成，重力大小等于舰艇的总重量，其方向垂直向下，合力作用在重心处；浮力是由舰艇排开外水而产生的水对舰艇的支承力，浮力大小等于船体排开外水的总重量，其方向垂直向上，合力作用在浮心处。舰艇在重力和浮力作用下静力是平衡的，因而船体总体所受到的合力为零。那么，船体结构在此状态下为什么会产生弯曲变形呢？下面做进一步分析。

舰艇的重力和浮力都是沿舰长分布的，如图 3-2-1 所示。如果把船体沿纵向分成若干段（重力分布曲线通常按船长的 20 等分给出），则对于每一段船体，其所受的重力和浮力一般是不相等的，这是因为重力和浮力沿舰长的分布不可能完全一致。浮力分布曲线是一条光顺曲线，并由船体水下部分形状确定；重力曲线不会是光顺的，通常将各理论段的总重量的平均值绘成阶梯分布曲线，如图 3-2-1(b)所示。由于每段上重力与浮力不相等，则将重力减去浮力就得到船体各段所受的载荷，船体沿舰长所受的载荷分布曲线如图 3-2-1(c)所示。事实上，如果舰艇船体各段之间没有船体结构的连接，船体各段能自由起浮，则船体各段在上述载荷作用下将呈七上八下的漂浮状态，如图 3-2-1(d)所示。然而，实际上船体是一个连续的整体，各段船体之间的约束力使船体不可能产生上述现象。该船体之间的约束力就是作用在船体结构横剖面上的正应力和剪应力。

由材料力学知识可知，如果横向分布载荷为 $q(x)$，则梁横剖面的剪力 $N(x)$ 和弯矩 $M(x)$ 可通过对分布载荷 $q(x)$ 进行积分求得。沿船体长度分布的载荷 $q(x)$ 将产生沿船长分布的剪力 $N(x)$ 和弯矩 $M(x)$，剪力和弯矩的计算公式为

$$\begin{cases} N(x) = \int_0^x q(x)\,\mathrm{d}x \\ M(x) = \int_0^x \int_0^x q(x)\,\mathrm{d}x \end{cases}$$

剪力和弯矩的分布曲线如图 3-2-1(e)和 3-2-1(f)所示。弯矩的最大值在船长的中部区域，向首尾逐渐减小至零；剪力的最大值在船长的 1/4 和 3/4 附近区域。

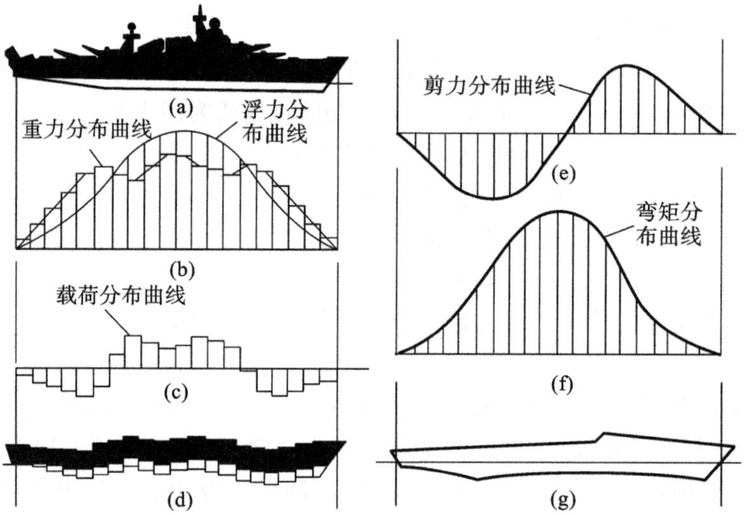

图 3-2-1　舰船在静水中的浮力、重力、载荷、剪力和弯矩分布曲线

船体产生弯曲变形时，船体剖面受到弯曲正应力作用，在船体弹性变形条件下，弯曲正应力沿横剖面高度方向呈线性分布，如图 3-2-2 所示，图中船体梁的概念将在下面阐述。

根据外载荷分布的不同，舰艇可能向上弯曲，也可能向下弯曲。在船体总纵强度描述中将船体(中部)向上弯曲称为中拱，在中拱状态下，其上部构件受到拉应力的作用，下部构件受到压应力的作用；船体向下弯曲称为中垂，在中垂状态下，其下部构件受到拉应力的作用，上部构件受到压应力的作用。在船体剖面上，甲板和底部的正应力最大，当该应力值大于船体材料许用应力值时，船体结构就可能产生塑性变形、失稳或断裂破坏。

学习指导：掌握和理解水面舰艇漂浮在静水中的弯矩、剪力及弯曲正应力的分布。请做习题 3-3。

3. 船体总纵强度的几种危险状态

1）舰艇在波浪中

舰艇在波浪中航行时，舰艇遭遇的波浪大小和波浪与舰艇的相对位置都是随机的。为了研究问题的方便，通常假设舰艇静置在一定的波浪之上，将波浪的随机性化为确定性，将船体结构的随机强度问题转化为一般的静强度问题来考虑。显然，波浪的波高和波长对于船体水线面及浮力分布影响较大，这里仅就几种典型情况进行讨论。

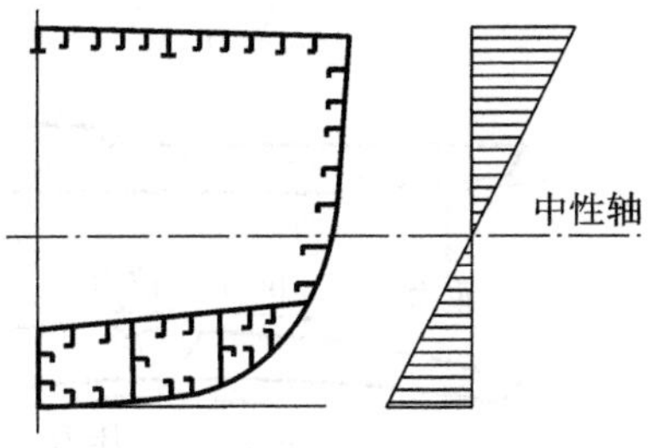

(a)　(b)

图 3-2-2　船体梁中的弯曲正应力

(a)船体梁横剖面　(b)弯曲正应力

第一种情况，波长远大于船长，此时船体水线可近似为一条直线，即此时浮力的分布情况与静水时并无多大变化，船体受力也与在静水中的受力情况相似。该受力状态不是舰艇的危险受力状态，如图 3-2-3(a)所示。

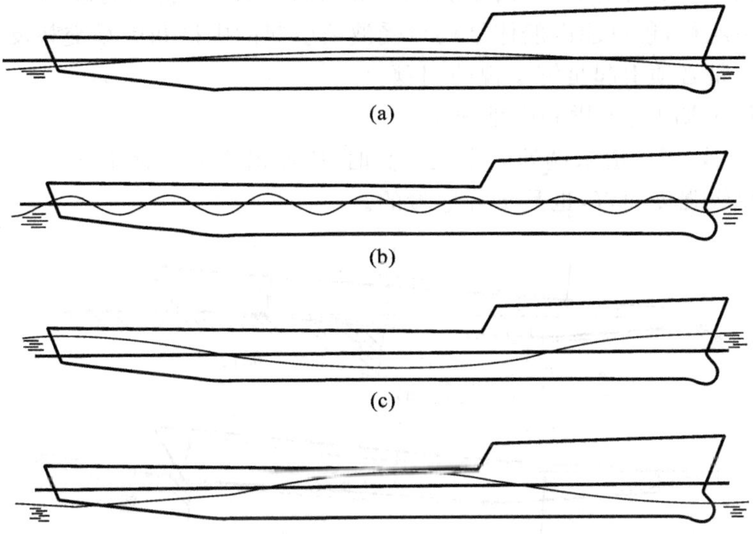

图 3-2-3　舰艇在波浪中的典型情况

(a)波长远大于船长　(b)波长远小于船长　(c)波长近似等于船长(中垂)　(d)波长近似等于船长(中拱)

第二种情况，波长远小于船长，此时在船长范围内会出现很多个波峰和波谷，总的来看，浮力沿船长的分布变化并不大，船体结构的受力情况仍与在静水中船体受力相差不大，如图 3-2-3(b)所示。

第三种情况，波长近似等于船长，而波高近似与波长成正比，此时的波高与舰艇型深相当。当船体中部位于波谷时，中部吃水很小，重力远大于浮力，而船体首尾部的吃水很大，浮力远大于重力，此时将产生严重的中垂现象，如图 3-2-3(c)所示。

如果船体中部位于波峰处，则中部吃水很大，浮力远大于重力，首尾部吃水很小，重力远大于浮力，因而产生中拱现象，如图 3-2-3(d)所示。可见，当波长近似等于船长，而波峰或波谷位于船体中部时，船体浮力分布与静水中船体浮力分布相比，其变化是很大的，此时船体剖面中产生的弯矩和剪力，将远大于静水中船体的受力。船体中部位于波峰或波谷时，极端情况下船体将由于产生中拱或中垂而破坏，如图 3-2-4 所示。

理论与实践都表明，波长近似等于船长，波峰或波谷位于船体中部的情况，是舰艇在波浪

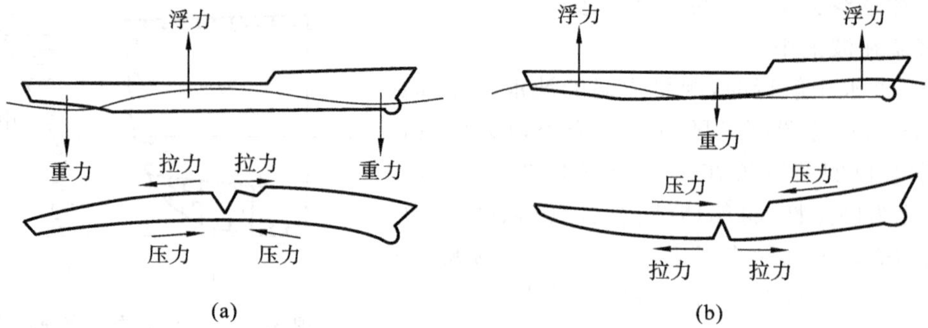

图 3-2-4　船体中拱和中垂破坏示意图

(a)中拱　(b)中垂

上航行时所遇到的最危险情况，船体静置于波浪上的总纵强度的计算就对应该波浪状态。在波浪上处于中拱、中垂状态的舰艇，由于船体中部的弯矩较大，船体的破坏多发生在中部。此外，舰艇在波浪中航行，还可能因船体结构承受波浪引起的中拱和中垂交替反复作用而产生疲劳断裂破坏，这也是必须引起足够重视的问题。

2）纵向滑道下水时的中拱和中垂现象

如图 3-2-5 所示，当滑道末端处的水位不高时，舰艇沿纵向滑道下水会产生中拱和中垂现象，这对舰艇的总纵强度而言，也是十分危险的。

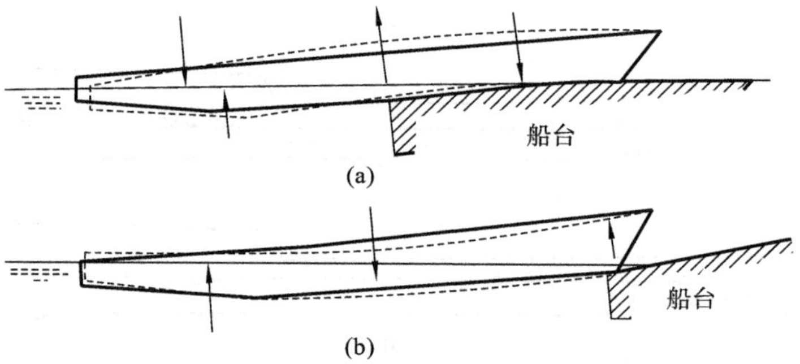

图 3-2-5　沿纵向滑道下水产生的中拱和中垂

(a)中拱　(b)中垂

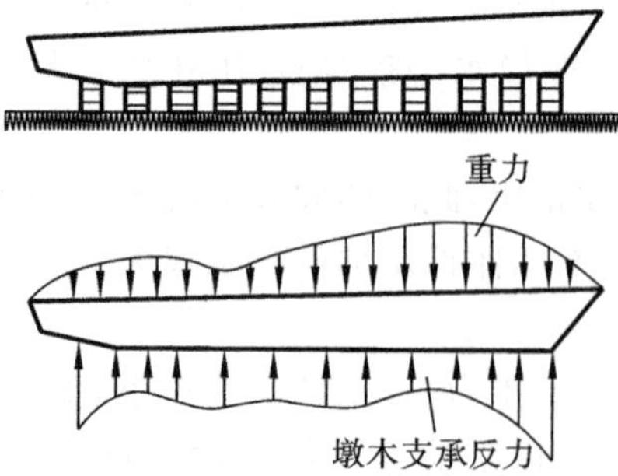

图 3-2-6　舰艇在墩木上的受力

3）船体在坞修过程中的总纵强度

舰艇在建造和修理中都要搁置在墩木上，墩木支承反力在墩木设置较密时也可视为连续的分布支承力，它与船体重力的分布不同时，船体结构就将受到外载荷的作用而产生纵向弯曲变形，如图 3-2-6 所示。

舰艇建造时，可以随时调整墩木的支承情况，船体总纵强度较容易保证。船体在坞修中的总纵强度是必须要考虑的，其原因是：①坞修舰艇坐墩时，墩木为一次性设置的，墩木材料的不均匀性及墩木布置的不准确性，使得实际墩木支承反力分布与船体重力的分布有很大差距；②船体结构在坞修时，由于割换板、甲板开口起吊设备等，船体结构的完整性受到破坏，船体强度有所削弱。

综上所述，船体在入坞前应尽量减小舰上的装载，严格检查墩木布置的准确性及墩木的质量，并适当增设支撑，及时调整墩木受力，力求减小坞修中船体的纵向变形。

学习指导：了解水面舰艇总纵强度的几种危险状态。请做习题 3-4。

4. 船体梁的概念及提高船体总纵强度的措施

1）船体梁的概念

在船体总纵强度计算中，将船体结构视为一根由纵向连续构件组成的变截面梁，该梁的抗弯能力与实际船体的抗弯能力是等值的，因而称为船体等值梁，又称为船体梁。从梁的弯曲理论可知，梁的抗弯能力是由梁的剖面模数、剖面惯性矩、剖面面积静矩等几何参数及材料强度决定的。而剖面模数、剖面惯性矩和剖面面积静矩只与梁横剖面的各部分面积及其距中和轴的距离有关，与各部分面积在宽度上的位置无关。可将参与总纵弯曲的所有纵向构件的剖面面积平移集中到横剖面中线面处，不改变构件剖面面积在高度上的位置，则可得一根实心的相当梁，该梁的抗弯能力与实际船体的抗弯能力是等值的，如图 3-2-7 所示。

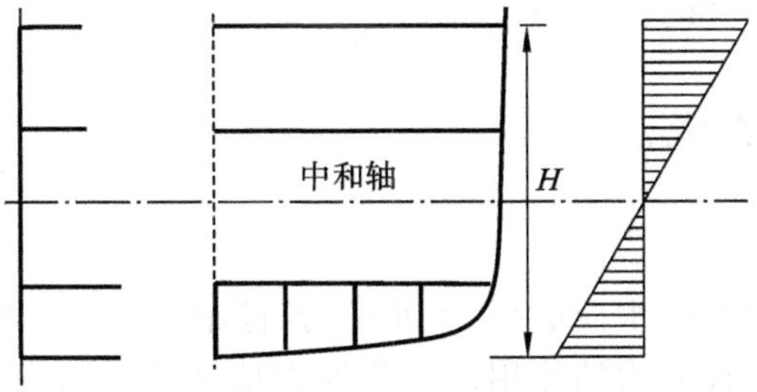

图 3-2-7　船体梁剖面示意图

分析船体梁的剖面可看出，船体梁可以反映船体各构件在抵抗总纵弯曲时的作用。具体为：①船体梁越高，船体抗弯惯性矩越大；②船体横剖面的各部分构件距中和轴越远，其对船体抗弯能力的贡献越大；③计入船体梁的纵向连续构件越多，则船体结构的抗弯能力越大。

因此要求船体的型深要大，尽量增大上甲板和船底构件的尺寸，尽量增加船体纵向构件的数量，并保持其连续性。

2）提高船体总纵强度的措施

船体总纵强度的应力计算方法是采用梁的弯曲理论，将船体视为变截面的船体等值梁，船体的总纵强度问题实质上是梁的抗弯强度问题。从梁的弯曲理论可知，梁弯曲时横剖面上的弯曲正应力计算公式为

$$\sigma = \frac{M}{I}Z$$

式中：M——计算剖面所受的弯矩，N·m；

I——计算剖面的剖面惯性矩，m^4；

Z——计算剖面上计算应力点到剖面中和轴的距离，m。

在校核梁的抗弯强度时，要求抗弯强度满足下列强度条件：

$$\sigma_{max} = \frac{M_m Z_m}{I} \leqslant [\sigma]$$

即要求梁横剖面上的最大正应力 σ_{max} 小于或等于梁材料的许用应力$[\sigma]$。从这个强度条件可

知，要提高船体总纵强度可从下面三个方面加以考虑。

(1) 正确选用船体结构的材料。船体结构选材时，还要考虑材料的经济性、工艺性、耐腐蚀性等。一般中、小型舰艇，由于舰长较小，外力也相应较小，采用低碳钢(一般强度结构钢)就可以保证船体强度。若选用较高强度结构钢，其经济性要差很多，而且会造成船体强度的剩余，这显然不可取。

(2) 尽量增大船体抗弯惯性矩。选择纵向连续构件多的骨架形式——纵骨架式结构；尽量保证纵向构件的连续性，使其参与船体梁；加厚加大船体梁上下缘构件的尺寸等。

(3) 减小船体所承受的弯曲力矩。在设计阶段合理布置舰艇的装载，在使用中利用合适的航向，避免波长近似等于舰长时产生中拱和中垂状态。

除了上述三个方面以外，合理的结构设计和良好的建造质量，也是提高和保证船体总纵强度的重要因素。船体结构与均质梁的不同在于，船体结构中存在构件的间断与终止，以及存在因焊接而造成的缺陷与裂纹。这些都是造成船体结构在较小应力状态下产生断裂破坏的根源，因而必须足够重视。

学习指导：理解并掌握船体梁的概念及提高水面舰艇船体总纵强度的措施，本部分知识是本章节的重点内容。请做习题3-5、3-6。

3.2.2 潜艇强度概念

1. 潜艇船体的受力

潜艇在服役过程中，要经历水面航行、下水航行、停泊、战斗以及修理等过程。在这些过程中，潜艇船体结构会受到各种外力的作用。这些外力按其性质可分为两类：①静力，包括船体及各种设备的重力、静水压力和墩木支承反力等。②动力，包括波浪冲击力、机械工作时由于不平衡而产生的惯性力、各种武器装备发射时的后坐力、爆炸冲击波压力及碰撞等。

在潜艇结构设计中，主要以作用在船体上的静力作为结构强度计算的依据，而对于船体结构的动力强度，只在静力强度计算的基础上做某些校核。因此，潜艇船体结构所受的静力是潜艇强度计算所考虑的主要受力。潜艇船体结构所受的静力按其航行状态可分为水面状态的受力和下水状态的受力。

潜艇在水面状态的受力分析与水面舰艇的受力分析是一样的，包括在静水中与在波浪中两种情况，其受力都是由于潜艇重力与浮力沿船长分布不同而产生的分布载荷，对分布载荷进行积分可计算得沿船长分布的剪力和弯矩。

潜艇处于水下状态时，作用在船体上的外力是深水静压力，其次是由于各段上重力和浮力不一致而产生的分布载荷、剪力和弯矩。然而由这些剪力和弯矩所确定的应力相对由深水静压力所确定的应力是很小的，可以忽略不计。

潜艇处于水下状态的深水静压力是由耐压船体来承受的。从耐压船体横剖面来看，压力分布沿高度方向呈线性变化，可分为两部分，即均布载荷 p_0 和按三角形分布的载荷 p_1，如图3-2-8所示。因此，作用在耐压船体上的载荷为

$$p = p_0 + p_1 = \gamma h + \gamma R\cos\alpha \tag{3-2-1}$$

式中：γ——水的重度，在潜艇强度计算中通常取 $\gamma=9.8\ \mathrm{kN/m^3}$；

h——自由水面至耐压船体轴线距离，即潜艇下潜深度，m；

R——耐压船体半径，m；

α——耐压船体各点位置的角度。

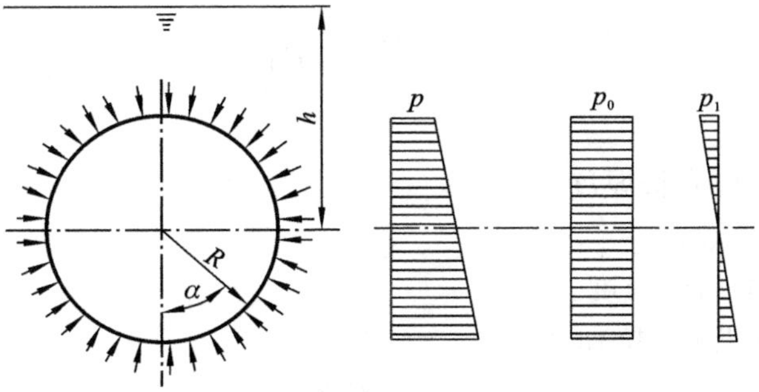

图 3-2-8　耐压船体横剖面压力分布

比较上述两部分载荷可以看出，p_1/p_0 的最大值为 R/h，对于现代潜艇，其耐压船体半径一般为 3～5 m，而极限下潜深度一般为 300～450 m，R/h 的值一般小于 2%，因此，为了计算方便通常忽略 p_1 的影响。

由此可见，潜艇在不考虑纵倾时，其在深水中的受力，相当于耐压船体受到一个均匀载荷，其值等于耐压船体轴线至自由水面高度的水柱压力，即

$$p = \gamma h = 0.0098h \text{ (MPa)} \tag{3-2-2}$$

2. 潜艇强度的计算状态

由上面分析可以看出，潜艇的主要受力是水面状态的总纵弯曲力矩和深水状态的深水静压力。总纵弯曲力矩与深水静压力对船体的作用效应是不同的，前者使船体沿纵向破坏，而后者将使船体沿横向破坏。但使用实践及理论计算表明，如果耐压壳体在深水静压力作用下横向强度有保证，那么，在水面状态的总纵弯曲力矩作用下的强度也一定有保证。表 3-2-1 列举了某潜艇在水面（波浪中）状态和深水状态船体结构内部的最大应力。

表 3-2-1　某潜艇船体结构内部最大应力

工作状态	纵向应力 σ_1/MPa	周向应力 σ_2/MPa	壳板失稳理论临界应力 σ_e/MPa
深水中	168	336	$\sigma_c=\dfrac{p_E R}{t}=608$
水面波浪中（中拱）	74.1	—	$\sigma_e=\dfrac{Et}{R\sqrt{3(1-\mu^2)}}=1050$
水面波浪中（中垂）	11.1	—	$\sigma_e=\dfrac{Et}{R\sqrt{3(1-\mu^2)}}=1050$

由表 3-2-1 可以看出，纵向应力比周向应力小得多。因此，潜艇设计中都以深水静压力作为耐压船体强度计算的依据，也就是说，潜艇耐压船体强度的计算状态仅考虑深水静压力状态。

学习指导：理解潜艇强度的计算状态（危险状态）及其与水面舰艇强度的区别。请做习题 3-7。

3. 提高潜艇船体强度的途径

在深水静压力载荷作用下，耐压船体圆柱壳板周向应力和纵向应力近似为

$$\begin{cases} \sigma_2 \approx \dfrac{pR}{t} \leqslant K\sigma_s \\ \sigma_1 \approx \dfrac{pR}{2t} \leqslant K\sigma_s \end{cases} \tag{3-2-3}$$

式中：p——深水压力；

t——耐压船体圆柱壳板厚度；

K——许用应力系数；

σ_s——壳板材料的屈服强度。

耐压圆柱壳失稳临界(欧拉)应力为

$$\sigma_e = \frac{p_E R}{t} \tag{3-2-4}$$

耐压壳体环肋圆柱壳失稳临界(欧拉)压力为

$$p_E = \frac{3EI}{R^3 l}\chi \tag{3-2-5}$$

式中：l——单位圆柱壳长度，对于环肋圆柱壳，l 为肋骨间距；

I——单位圆柱壳长度的壳板剖面惯性矩；

E——壳板材料的弹性模量；

χ——与圆柱壳长度等几何参数相关的系数。

潜艇船体结构设计的目的是保证船体结构的应力强度和稳定性。由式(3-2-3)可以看出，在保证潜艇耐压船体结构强度的前提下，潜艇的下潜深度(即外载荷 p)主要取决于圆柱壳板的厚度、耐压船体的半径 R 以及壳板材料的屈服强度 σ_s。显然，潜艇壳板的厚度愈大，耐压船体的半径愈小、壳板材料的屈服强度 σ_s 愈大，则潜艇耐压船体结构强度也就愈大，艇的下潜深度愈大，反之则愈小。但是这里需要特别指出：确定潜艇耐压船体结构强度时，壳板内部的应力强度只是一个方面，另一个方面是潜艇耐压船体结构的壳板稳定性，实践证明壳板稳定性是主要影响因素。

由式(3-2-5)可以看出，耐压壳体环肋圆柱壳失稳临界压力 p_E 与耐压船体半径 R 的 3 次方和单位圆柱壳长度(肋骨间距)l 成反比，与壳板材料的弹性模量 E 和单位圆柱壳长度(肋骨间距)的壳板剖面惯性矩 I 成正比。显然，潜艇壳板剖面惯性矩 I 愈大，壳板材料的弹性模量 E 愈大，耐压船体的半径 R 愈小，则耐压壳体环肋圆柱壳失稳临界压力 p_E 就愈大，潜艇耐压船体结构稳定性强度也就愈大，潜艇的下潜深度愈大，反之则愈小。总之潜艇耐压船体强度，除了需考虑应力强度条件以外，还应考虑稳定性强度条件。

对于实际潜艇，由应力强度条件所确定的壳板厚度与由稳定性强度条件所确定的壳板厚度基本上是一致的，因为总可以通过选取适当的肋骨尺寸和间距，以及采用合适的材料，使应力强度与稳定性强度之间得到协调。现代潜艇耐压船体壳板厚度，一般小型潜艇为 8～14 mm，中型潜艇为 16～28 mm，大型潜艇为 22～32 mm，核潜艇可达 40 mm 以上。

学习指导：理解提高潜艇船体强度的措施。请做习题 3-8。

习　　题

3-1　船体轧制结构钢分为哪三个级别？

3-2　对船体用钢的基本要求是什么？

3-3　舰艇漂浮在静水中，船体结构为何会受到弯曲力矩和剪力的作用？

3-4　在波浪中航行，什么状态下船体所受的总纵弯曲力矩最大？最大弯曲力矩出现在什么位置？最大剪力出现在什么位置？

3-5　什么是船体梁？在总纵弯曲中，船体梁横剖面上何处正应力较大？

3-6　提高船体总纵强度的措施有哪些？

3-7　潜艇强度和水面舰艇强度有何区别？

3-8　提高潜艇强度的措施有哪些？

第 4 章　舰体结构基本要求与评价

4.1　概　　述

随着现代舰船技术的不断发展，专业门类的分工越来越细，且相互交叉关联程度不断提高，高性能舰船的设计已被公认为是一个巨系统工程，总体技术（舰船综合集成技术）的作用已日渐突出。

在舰艇设计、使用与管理工作中，通常将舰艇总体分为平台、动力和作战三个大系统，舰体结构技术是舰艇总体技术的重要组成部分，属于舰艇平台系统的研究范畴。舰体结构既是各种舰载武器系统的发射平台，又是各种机械装备的装载平台；既是官兵战斗的阵地，又是官兵生活的场所；既是舰艇设计与建造的主体，又是舰艇使用、维修、改装的主要对象。因此，对舰体结构功能和性能的基本要求必须反映其对舰艇战斗能力和生存能力的支撑作用，同时，还应兼顾舰艇的适用性要求。

评价是对某个对象进行体系性的综合分析研究和评估，以确定对象的意义、价值或状态。对舰艇结构的评价，就是对舰艇结构满足基本要求的各个方面及其程度，根据评价指标和标准进行量化或非量化的度量过程，最终得出一个可靠并且符合逻辑的结论。正确构建对舰艇结构的基本要求与评价体系，可梳理对舰艇结构设计、使用和维修管理的要求，也可在一定程度上引导舰艇结构技术的未来发展。

4.1.1　舰艇研制管理要求

根据 GJB 4000—2000 的规定，舰艇研制主要分为方案和工程研制阶段。

方案阶段主要进行舰船研制方案论证、设计和验证，初步确定舰船主要总体性能、总体布置、主要系统和设备的配置，确定系统、设备的性能、功能要求，提出舰船的主要系统、设备清单及研制要求，解决关键技术（或找到可靠的技术途径），落实保障条件，编制研制任务书。

工程研制阶段一般可分为初步设计、技术设计和施工设计。

初步设计应提出舰船设计所采取的各种技术措施，进一步确定舰船性能，提供为实现舰船性能而进行的计算（估算）、试验结果和图样等资料。初步设计图样和技术文件送审图机构审查后，由使用部门和研制主管部门组织召开初步设计审查汇报会。

技术设计根据研制任务书、初步设计（或方案设计）进行，以提出技术设计图样和技术文件，编制技术规格书为目标。技术设计图样和技术文件送审图机构审查后，由使用部门和研制主管部门组织召开技术设计审查汇报会。总体设计单位应按审查意见和审查汇报会结论对技术设计图样和技术文件进行修改，后送交审图机构复审并盖章认可。技术规格书由承造船厂、总体设计单位、驻承造船厂军事代表室的代表和舰艇总体总设计师或主任设计师签署。

施工设计根据研制任务书审查认可的技术设计和技术规格书进行。施工设计应提交施工设计图样和技术文件。施工设计结束后，将进入建造、试验试航以及定型(鉴定)环节并交付部队使用。

舰体结构的性能主要取决于舰体结构的设计，并主要体现在方案设计、技术设计和施工设计三个阶段中。在方案设计阶段，结构设计的主要任务是确定整个舰体结构设计的基本原则，如确定舰体结构材料，确定骨架形式和主要构件的间距与布置，新材料与新结构形式的采用，估算结构重量、重心等；技术设计阶段结构设计的主要任务是解决结构设计中的主要技术问题，如协调构件布置与总布置之间的关系，确定所有构件的尺寸、构件的连接形式与方法，完成舰体结构图的绘制与舰体结构强度计算书的编制，计算较准确的结构重量及重心位置，提出材料订货预估单等；施工设计阶段结构设计的主要任务是绘制全部结构及零部件的施工图，编制施工工艺文件，详细计算结构重量及重心位置。建造完工后，还要根据施工修改情况，绘制完工结构图。

4.1.2　舰体结构基本要求的主要内容

舰艇是产品，部队是使用者，也是最终用户，用户的要求就是对产品的要求。从使用者的角度来看，舰艇属于船舶的一个分支，因此，舰艇结构的设计首先应满足船舶结构设计的一般性要求或通用性要求；其次，作为武器装备，舰艇的战斗力和生命力是衡量其先进性的最重要的性能要求，舰艇结构必须围绕战斗力和生命力的提高，满足其扩展性功能要求；舰艇结构的固有可用性取决于设计水平的高低，而使用可用性则主要取决于舰艇结构的保障性和可维修性；最后，舰艇结构的全寿命周期费用在很大程度上制约着舰艇的采购数量与战术运用，也是舰艇结构设计、使用、维修，甚至退役阶段必须综合考虑的重要因素和基本要求。

根据以上所述舰艇使命特征以及舰体结构的主要特点，将舰体结构功能和性能的基本要求分为以下四大方面：

(1) 舰体的基本功能性要求，主要包括可用性、可靠性、坚固性、完整性、紧密性、防护性等。

(2) 舰体结构的扩展功能性要求，主要包括安全性、隐身性、重量性和居住性。

(3) 舰体结构的保障性要求，主要包括保障性、维修性、结构模块化等。

(4) 舰体结构的工艺性与经济性要求，主要包括工艺性、全寿命周期费用管理等。

学习指导：了解舰艇结构功能和性能基本要求的四个方面的内容。请做习题 4-1。

4.2　舰体结构基本功能性要求

舰体结构的基本功能性要求是指舰艇作为船舶的一种类型，在服役周期内履行规定水域内正常航行、装载等基本任务所需满足的基本功能特性要求。它反映舰体结构与舰艇总体各项性能之间，舰体各部分结构与舰体整体结构之间的最为基本的相互协调和匹配特性。

舰体结构的基本功能性要求包括舰体结构可用性、舰体结构可靠性、舰体结构坚固性、舰体结构完整性、舰体结构紧密性、舰体结构防护性等。

学习指导：了解舰体结构基本功能性要求的概念及其内容。请做习题 4-2。

4.2.1 舰体结构可用性

可用性是指产品在任意随机时刻需要和开始执行任务时，处于可工作和可使用状态的程度。对舰艇结构而言，可用性可用于评价舰艇结构在任意随机时刻需要和开始执行任务时，处于可工作或可使用状态的程度，一般用可用度指标加以定量描述与评价。常用可用性参数有固有可用度和使用可用度。

固有可用度：
$$A_i=\frac{\mathrm{MTBF}}{\mathrm{MTBF}+\mathrm{MTTR}}$$

使用可用度：
$$A_0=\frac{\mathrm{MTBM}}{\mathrm{MTBM}+\mathrm{MDT}}$$

式中：MTBF——平均故障间隔时间；

MTTR——平均修复时间；

MTBM——平均修复间隔时间；

MDT——平均不能工作时间。

4.2.2 舰体结构可靠性

产品在规定的条件下和规定的时间内，完成规定功能的能力称为可靠性。舰体结构的可靠性则是舰体结构在规定的服役年限内和规定的环境条件（包括航行海域、海况，维修次数、等级等）下，实现其设计功能的能力。因为舰体结构的设计功能是多方面的，所以其可靠性是反映结构实现各种功能的可能性的定量表示，并用可靠度或失效概率来衡量。

舰体结构属于可修复产品，它的可靠性应包括固有可靠性和使用可靠性。固有可靠性是设计和建造等环节赋予舰体的，是新舰体结构的可靠性；使用可靠性则是舰体结构使用过程中，受到环境条件、操作状况、维修方式和维修技术等因素影响以后所具有的可靠性。因此，舰体结构使用可靠性与设计、建造过程中的质量控制和管理，使用维护、维修制度，修理技术与方法等有直接的关系。

目前，舰体结构强度可靠性分析方法已有较成熟的理论，它以舰体所受的波浪载荷是随机的，舰体承载能力是随机的（如材料强度不是定值、焊接质量的不确定等），舰体结构产生强度破坏是可能的为依据，并用概率统计的方法来描述波浪载荷、舰体承载能力、舰体结构强度的变化规律，求解舰体结构的破坏概率或可靠度，并要求其在可接受的概率水平内。

要保证舰体结构的可靠性，舰体结构强度可靠性设计、计算仅仅是措施之一，更重要的是通过材料质量控制和建造过程中的各种工艺质量的控制和管理措施，保证建造出达到设计可靠性水平的舰体结构，以及在舰艇服役过程中，通过建立合理的使用维护制度和计划修理制度来保持舰体结构的可靠性。

4.2.3 舰体结构坚固性

舰体结构坚固性是指在各种外力，包括静水压力、浮力、重力、波浪冲击力、枪炮后坐力、惯性力及机械和螺旋桨引起的周期性作用力等各种正常工作载荷的作用下，舰体结构抵抗变形、振动、塑性屈服、开裂等破坏，并将其控制在允许限度以内的能力。舰体结构坚固性是舰体结构最基本和最重要的性能要求，没有坚固性，舰体结构将无法保证舰艇的正常装载和在规定海域安全航行。舰体结构坚固性的内容十分广泛，根据舰体结构破坏状态的不同，舰体结构坚固性可分为总纵强度、横强度、扭转强度和局部强度等；而根据舰艇受力特点和强度问题的差异，则可分为应力强度、刚度和稳定性三个方面。其中应力强度包括静强度、振动及疲劳强度、冲击强度；刚度包括变形挠度和固有频率；稳定性则包括静载稳定性和冲击稳定性。

通常舰体结构首先要保证舰体梁有足够的强度和刚度，如在波浪中的中拱、中垂状态下，舰体梁的最大应力应不大于结构材料的许用应力，GJB 4000—2000 中规定船体梁总纵强度校核时许用应力$[\sigma]<0.38\sigma_s$，σ_s 为船体用钢的屈服强度；舰体梁的刚度则通常要求在波浪中的中拱、中垂状态下的最大挠度值不大于舰艇设计水线长的 1/500。另外，上甲板和外板上的纵向骨架必须有足够的稳定性储备，如在舰体中部，上述纵向骨架的失稳临界应力应大于材料屈服应力的 2 倍。舰体结构强度设计的安全系数一般取得较大，这除了考虑到一些不确定因素和计算方法的近似等效以外，保证舰体在发生严重破损时不会出现剩余强度完全丧失也是主要因素之一。

舰体结构冲击强度要求主要有舰体首端部应能承受波浪的冲击力；舰体结构应具备一定的抗核爆炸冲击强度；炮下加强结构应能承受火炮后坐力的作用等。

舰体结构振动失效是舰艇结构动强度不足的另外一种重要表现形式。舰体结构振动对舰员的工作和生活，以及机械设备的正常运行都有直接的影响。另外，舰体结构振动还直接影响结构自身的疲劳断裂强度。

舰体结构振动主要有两种形式。一种为自由振动，如火炮射击的后坐力引起的舰体结构的振动。该振动与舰体结构（整体与局部）的刚度有关，结构刚度越大，振动幅值越小。另一种为强迫振动，如主机运转时的不平衡激振力使舰体结构产生的振动，其振动频率与主机运转不平衡力的作用频率一致。螺旋桨激振力作用下的舰体尾部结构产生的振动也是强迫振动。强迫振动的振幅大小与激振力大小和结构刚度的大小并没有直接的比例关系，对强迫振动的控制最重要的是要使舰体结构的固有频率与激振力频率错开，以避免产生共振。一般要求舰体结构的第一、二、三阶谐调固有频率值与干扰激振力频率错开 10％以上。

目前舰体结构的机舱振动和舰体尾部振动都属于强迫振动。因此，要求舰体板或板架结构的固有频率必须避开舰艇高速航行段主机激振力频率和螺旋桨激振力频率。

4.2.4　舰体结构完整性

按照舰体结构完整性创始人——美国海军舰船工程专家威廉 · S. 佩利尼的观点，舰体结构完整性是指舰体结构在环境载荷作用下的抗断裂和抗裂纹扩展的能力。通过对结构的断裂分析和裂纹扩展分析，可补充结构坚固性的内容，同时也可更好地保证舰体结构的可靠性。

舰体结构完整性将断裂和裂纹扩展作为新的、更为合理的特征参数。金属材料按裂纹敏感性（容易开裂或裂纹扩展的程度），分为三种类型。第一种是不敏感的，使用这种金属结构是可靠的，这种金属能确保结构完整性计划的实施。第二种是中等程度敏感的，设计和制造均需根据材料敏感水平做精确的控制，才能获得结构的完整性，对于这样的金属材料，一般需要做最严格的鉴定，必须精确地确定裂纹敏感性和检验容限。材料裂纹敏感性可以通过有关试验（如爆炸鼓胀试验、落锤试验或止裂温度试验 CAT 等）测定材料的 NDT、FTE 和 FTP 温度来确定。NDT(nil ductility transition)温度为无塑性转变温度(脆性转变温度)。若使用温度在该温度附近或以下时材料发生脆性断裂,则该材料为裂纹敏感性材料。FTE(fracture transition elastic)温度为弹性断裂转变温度,这是失稳断裂在弹性应力场传播时的最高温度,若使用温度在该温度附近或以上时材料发生弹塑性断裂,则该材料属中等程度裂纹敏感性材料。FTP(fracture transition plastic)温度为塑性断裂转变温度。当使用温度在 FTP 温度附近或以上,材料只有在应力大于材料强度极限 σ_b 时才会产生断裂,则该材料为裂纹不敏感性材料。第三种是裂纹非常敏感材料,除非在设计中用于非受力部位,否则无法获得可靠的结构完整性计划。

总之,把材料、设计、制造与断裂分析和裂纹扩展分析相联系并形成一个整体,是实现结构完整性的科学方法。要实现舰体结构完整性,必须把设计的细节和制造质量考虑进去。这些因素是至关重要的。如果结构的细节部分设计欠佳或制造不良,就会出现应力集中部位或缺陷,产生开裂和裂纹扩展的应力强度因子就会很大,从而必须使用裂纹敏感性很小的金属;相反,如果各部分的应力分布很平缓(无结构突变),连接处做得很光滑,在应力高的区域不出现焊缝,以避免严重的裂纹状态产生,那么,就可以容许金属舰体材料具有较高的裂纹敏感性。

综上所述,要获得具有良好结构完整性的舰体结构,必须全面考虑舰体材料的选取、裂纹状态的控制、结构设计的细节部分以及制造过程的质量控制和检验等各种因素。

我国水面舰艇舰体结构用钢材的 NDT 温度要求低于 −40 ℃,潜艇舰体结构用钢材的 NDT 温度要求低于 −20 ℃。

学习指导:了解舰体结构完整性的概念及其影响因素。请做习题 4-3。

4.2.5　舰体结构紧密性

舰体结构应具备排开外水,为舰艇提供浮力的功能;舰艇上的油、水要通过舰体结构来分隔和储存;舰艇“三防”要求舰体内设置防辐射、防污染的密闭舱室;舰艇破损后,要求舰体内部舱壁结构和甲板结构能阻止浸水区域的扩展,尽量保持舰艇的浮力等。由此可见,紧密性是舰体结构基本功能性要求的一个重要方面。

舰体结构的紧密性分水密性、油密性和气密性。如舰体外板、甲板板、内底板及舱壁板等,必须满足水密性要求;舰体的油舱、机舱的底部等结构应满足油密性要求;舰艇作战指挥、工作、居住等场所的密闭区和密闭舱室、洗消站、食品间、淡水舱等必须满足气密性要求,以防止毒气渗漏。有关舰体结构的紧密性将在舰体各部分结构的叙述中详细介绍。

4.2.6　舰体结构防护性

舰艇防护性专指舰体结构、设备及管路的防腐、防漏和防污损,是舰体结构的基本功能性要求。水线以下舰体结构长期浸泡在海水中,水线以上舰体结构以及舰载设备、管路将受到海浪冲刷、海上潮湿且含有盐雾空气的浸蚀,在电化学作用下,产生锈蚀,舰体结构失去应有的强度,设备损坏,管路泄漏;污损则指海生物在舰体水线以下部分结构及设备上生长、繁殖,加速船体锈蚀,增加结构重量,从而导致舰艇航行阻力增加、航速降低。腐蚀、泄漏和污损,也会影响舰艇完成任务,缩短舰体寿命。

舰艇的防护性具有可设计性,同时,在使用中也需通过维修、保养加以维持。从某种意义上讲，提高舰艇结构的防护性，也是提高舰艇的战斗力，延长舰体使用寿命。

舰体结构防腐蚀主要遵循针对产生腐蚀的原因，采取相应措施，消除或减缓腐蚀作用的原则实施，并根据舰体的不同部位及其所处的环境不同而有所差异，要求在同一部位采用的两种或两种以上保护方法之间，不能产生不利的相互作用，即要有相容性。目前舰体结构主要的防腐蚀方法有两种，一种是使用涂料覆盖船体结构，以隔离海水或盐雾空气的浸蚀；另一种为阴极保护，即使被保护舰体结构成为腐蚀电池中的阴极并极化到某一电位，以减小和防止船体结构腐蚀。阴极保护常用措施有两种：一是牺牲阳极阴极保护；一是外加电流阴极保护。因此，舰体结构的防腐设计主要有涂料防护设计和阴极保护设计。

船体结构防污损的措施目前主要为涂敷防污涂料、电解防污以及定期保养。其中电解防污是通过电解防污装置释放出有效氯，击晕或杀死附着的海生物幼虫或孢子，从而达到防污目的。电解防污措施主要用于舱内设施和船体结构的防污处理。

防漏措施目前主要针对管路泄漏问题。防腐和防漏是相关的，应在设计中综合考虑。

4.3　舰体结构扩展功能性要求

舰体结构扩展功能性要求是在已满足船舶基本功能的前提下，为适应舰艇履行特殊使命任务需求或船舶设计技术水平的提高，而对舰体结构性能和功能所提出的更高的或特殊的要求。扩展功能性要求是基本功能性要求的扩展和延伸。当技术成熟或用户要求明确时，某些扩展功能性要求甚至可以直接定义为基本功能性要求，如安全性要求中的抗沉性要求以及居住性要求中的舒适性要求等。舰体结构扩展功能性要求主要包括舰体结构安全性、舰体结构隐身性、舰体结构重量性以及舰体结构居住性要求。

学习指导：了解舰体结构扩展功能性要求的概念及其内容。请做习题 4-4。

4.3.1　舰体结构安全性

舰体结构安全性，是指舰体结构阻止和限制舰艇可能发生事故方面的能力，主要包括防火与防爆、抗沉、“三防”与抗毁伤等。

学习指导：了解舰体结构安全性的概念及其内容。请做习题 4-5。

1. 防火与防爆

对于舰艇防火与防爆，除了需配备足够的防火防爆设备与器材以外，针对舰体结构的防火与防爆措施也是必需和重要的。例如，舰体结构应采用不燃材料和耐火材料。目前，由于铝合金材料的易燃性，它在战斗舰艇上的使用受到严格限制。舰艇应通过舰体结构设置防火区划，防火区划的周界(包括舱壁、甲板等)应能阻止火苗和烟气的蔓延；防火区划周界上的门、盖等应能在其两侧迅速启闭，并分别配置专用加力把手等。

2. 抗沉

舰艇不沉性是指舰艇在舰体结构破损、舱室浸水后，仍能稳定漂浮于水面的能力。舰艇的不沉性主要是由舰体结构来提供和保证的。舰体结构的抗沉性是指舰体破损、舱室浸水后，舰体结构阻止浸水进一步漫延，并能有效防止舰艇因破损而沉没的能力。

提高舰体结构的抗沉性的途径主要有以下几种。

(1) 合理划分水密区划。舰体结构设置合理的水密区划是防止舰艇破损后沉没的基本保障,是舰体结构设计中必须足够重视的问题。目前我国舰艇采用以每个水密主横隔舱为一独立区划的方式,为了保证每个区划的绝对水密性,要求水密主横舱壁必须左右延伸到两舷外板,纵向从船底板延伸到纵通的上甲板或上甲板以上,并实施隔舱独立交通制,主横舱壁不开通道或水密门,主隔舱之间的交通由垂直通道及上甲板以上纵向通道实现。

舰艇不沉性要求当一定数量的相邻水密隔舱(对称或不对称)浸水时,舰艇能保持漂浮状态。浸水隔舱的最小数量、最小干舷高,以及舰体结构水密主横舱壁数的一般要求如表4-3-1所示。

表 4-3-1 水面舰艇不沉性要求

正常排水量 Δ/t	最小浸水隔舱数	最小干舷高/m	主横舱壁数	正常排水量 Δ/t	最小浸水隔舱数	最小干舷高/m	主横舱壁数
2500≤Δ<5 000	3	0.6	12～17	500≤Δ<1 000	2	0.5	8～10
1 000≤Δ<2 500	2	0.6	10～13	200≤Δ<500	2	0.4	6～8

(2) 采取结构加强措施。舰体壳板发生破裂,必引起舱室浸水,此时原来施加在舰体壳板上的静水压力又作用到浸水舱室内的舱壁上,因此需要对舱壁采取加强措施,以防止舱壁鼓出而破损。破损水线以下的舱壁要采用较厚的板,并设置更大的扶强材,除了做强度校核计算以外,还应做较高压力的密性试验。如果浸水舱室顶部的下甲板或水密平台位于破损水线以下,则该甲板或平台会受到向上的破损水压力的作用,因此应考虑对该甲板进行结构加强。

学习指导:了解提高舰体结构抗沉性的主要途径。请做习题 4-6。

3. 三防

舰艇对核武器、化学武器和生物武器的防护简称为“三防”。舰艇三防对舰体结构的要求很多,例如,上层建筑各层的围壁结构和露天甲板应能承受表 4-3-2 所示的冲击波超压值,并且在该空气冲击波超压作用下,主舰体结构应能保持水密,以及保证武器的正常使用;上甲板舷边结构及上层建筑的露天甲板应便于排放洗消后的污水;主舰体不宜设置舷窗等。

表 4-3-2 上层建筑结构承受冲击波超压要求

正常排水量 Δ/t	空气冲击波超压(自由场)/kPa
Δ≥5 000	70
5 000>Δ≥1 000	60

4. 抗毁伤

为了降低舰艇在遭受武器攻击或舰载弹药自爆条件下所产生的事故的严重性,舰体结构通常在重要部位设置一定等级的装甲防护。舰体结构装甲是提高舰艇安全性的重要手段之一。舰艇需要进行结构防护的部位有弹药库、导弹发射舱、作战指挥室以及舰桥等。目前驱逐舰以下中小型舰艇结构防护多以防高速破片为主。

舰体结构在遭受武器攻击或其他爆炸作用时,所具有的抵抗破损的能力称为舰体结构的抗毁伤性能,简称抗损性。舰体抗损性的含义是:①能经受住各种形式的攻击,阻止舰体结构产生严重破损;②在受到攻击时,舰体结构产生严重破损,但不出现完全失效(仍具有破损剩余强度);③受攻击产生严重破损后,舰体结构具有较好的阻止破损进一步扩大的能力,包括舰体结构的止裂性能、水密性和抗沉性。

上述第一种舰体结构抗损性一般在巡洋舰以上大型舰艇上才能实现,而对于驱逐舰及其以下舰艇，只要求它们具有第二和第三种结构的抗损性。

对舰艇来说，舰体结构抗损性是衡量舰体结构坚固性的重要指标，也是衡量结构设计质量优劣的指标之一。提高舰体结构抗损性的主要途径有以下三种。

(1) 采取必要的结构抗损与止裂措施。例如：舰体结构采用纵骨架式骨架结构，可以较好地阻止裂纹沿横向传播与扩展；舰体上甲板与舷侧顶板采用止裂结构进行连接；舰体首尖舱舱壁的扶强材布置形式必须考虑舰首破损后波浪冲击力的作用；破损水压力线以下的水密主横舱壁和下甲板必须能抵御破损后静水压力的作用等。

(2) 设置专门的装甲防护结构，以提高舰艇的抗损性。装甲防护结构是用于阻止反舰武器穿透舰体和限制舰艇攻击武器的爆炸毁伤效果，保护舰艇要害部位和区域安全，从而提高舰体结构抗损性的专门结构。一般随着舰艇尺度的增加，舰体和机械在整个排水量中所占的比例相对减小。因此，舰艇尺度越大，所能设置的专门装甲防护结构的数量越多。

(3) 设置专门防护舱室，提高舰艇的抗损性。对于大型舰艇，可设置水下防雷舱，用于抵御鱼雷和水雷爆炸的毁伤。对于中型舰艇，为加强弹药库的防护，通常将弹药库设置在内部，并采用装甲(多层复合装甲)和液舱、空舱构成立体防护结构来对弹药库加以保护，以抵御攻击武器爆炸的攻击。1.2～1.5 m 宽的液舱可有效减缓爆炸高速破片的速度，阻止高速破片对液舱内层舱壁的侵彻。

学习指导：了解提高舰体结构抗损性的主要途径。请做习题 4-7。

4.3.2　舰体结构隐身性

1. 概述

舰体结构隐身性以减小舰体结构固有可探测信息特征为目标。舰艇的隐身性是现代舰艇战斗力和生命力的重要评价指标，根据舰艇隐身性要求，舰体结构应力求降低可探测性，为此必须采用隐身技术。20 世纪 80 年代以来，以降低武器装备被探测性为目的的各种隐身技术的研究有了突破性进展，武器装备的隐身化趋势越来越明显。

舰艇的目标信息特征非常丰富，军事上可作为被探测信息特征的主要有六种：电磁波散射截面(雷达波反射特征)、磁场特征、水下声波特征、红外特征、可见光特征及尾流场特征。其中舰艇的电磁波散射截面、磁场特征和水下声波特征这三种信息与舰体结构有直接关系，三者均可以通过结构选材及结构设计加以控制。舰体结构磁场特征控制目前主要通过消磁站定期消磁和舰载消磁补偿设备现场消磁的方法实现。另外，采用低磁材料(如低磁钢等)或非磁材料(如玻璃钢等)作为舰体结构材料也是磁场特征控制的最有效方法。下面着重介绍舰体结构电磁波隐身和声隐身技术。

学习指导：了解舰体结构隐身性的主要内容。请做习题 4-8。

2. 舰体结构反雷达探测隐身技术

水面舰艇和潜艇在水面航行时都存在舰体结构反雷达探测隐身的要求，国内外对于电磁波隐身技术应用于水面舰艇和潜艇上都有深入研究并且该技术应用广泛。

雷达是目前使用最广、最普通的探测设备，在无干扰时，雷达的自由空间探测距离的计算公式为

$$R_t^4 = \frac{P_t G_t^2 \lambda^2 \sigma}{(4\pi)^3} P_{rmin}$$

式中：R_t——雷达探测距离；

P_t——雷达发射功率；

P_{rmin}——雷达最小接收功率；

G_t——雷达天线增益；

λ——雷达工作波长；

σ——目标的雷达散射截面积。

对于具有一定性能参数的雷达，其探测目标的能力即探测距离 R_t，是由目标在雷达波照射下的后向散射电磁波功率密度（雷达接收天线方向的散射信号强度）和目标的雷达散射截面积决定的。要想缩短雷达的探测距离，就要减小目标的雷达散射面积，降低反射电磁波的功率密度。当物体被电磁波照射时，能量将朝各个方向散射。能量的空间分布取决于物体的形状、大小、结构形式及入射波的频率等，而单位面积的反射功率密度则主要取决于目标的材料特性。因此，目前舰体结构反雷达探测隐身的主要途径是外形隐身和材料隐身。

3. 外形隐身技术

不同的几何形状对电磁波的反射强度是不同的，一般相互垂直的两个或三个平面构成的凹角反射器的回波最强。另外，任何结构边缘和尖顶，由于电磁波多次绕射和总存在一个外法线指向雷达而形成"镜面"条件，将成为"亮边"或"亮点"。在正射条件下，简单结构平板、圆柱和球的雷达散射截面积依次迅速减小。

合理设计舰体结构的外形是减小雷达散射截面积的重要措施，舰体结构隐身外形设计的原则是：

（1）在不影响舰艇的其他战术性能的条件下，尽量减小舰体上层建筑的尺寸；

（2）消除产生角反射器效应的外形组合，避免出现任何凹角、边缘、尖角等垂直相交面；

（3）消除产生镜面反射的表面设计，避免出现较大的反射平面；

（4）降低雷达波的后向散射强度，并尽量使回波向非探测方向散射；

（5）尽量减少舰体上甲板以上突出的独立散射源数量，并尽量采用光滑凸面体。

学习指导：了解舰体结构隐身外形设计的原则。请做习题 4-9。

目前，实际舰体结构的隐身外形设计主要以避免敌方雷达波的镜面反射和角反射为核心，其技术措施为改进舰体和上层建筑的结构外形，主要措施如下。

（1）外形用曲面板代替平面板。如美国"伯克"级导弹驱逐舰的主舰体和上层建筑都采用了圆弧形的外壳和过渡连接棱。

（2）各部分结构（舷侧和上层建筑侧壁）设计成倾斜式，使雷达波产生不同的散射方向。如法国"拉法耶特"级护卫舰和英国"23"型护卫舰，都采用了外倾式干舷和内倾式（10°）上层建筑侧面，避免海面与舷侧、甲板与侧壁垂直相交而形成凹角反射器。苏联"基洛夫"级巡洋舰将上层建筑外壁特意设计成由不同倾斜度的小块平面构成，虽然设计与施工均较复杂，但使雷达散射截面积减小了 2/3。德国供出口的"MEKO-3"型护卫舰的各层甲板间的上层建筑侧壁都有不同的倾斜度，从而获得了较理想的、使雷达波向不同方向散射的效果。

（3）外露相互垂直板架的连接采用圆弧过渡（倒角）连接。如英国"23"型护卫舰，法国"C-70"级驱逐舰，美国"伯克"级导弹驱逐舰，苏联"基洛夫"级巡洋舰等，其主舰体与上层建筑、甲板边板与舷顶列板及各层上层建筑侧壁连接处，普遍采用凸面圆弧过渡的倒角连接，可使雷达反射波强度降低 90%。

（4）避免电磁谐振。敌雷达入射波经舰体结构或部件反射可能造成"聚焦"，形成很强的反射波，可能造成谐振反射的构件主要是长度为入射雷达波波长若干倍的舰体细长件、陡沿等。

(5) 减少外露的武器装备和设备。如瑞典隐身试验艇“维斯比”号将所有通常外露的武器装备都尽量设计成可伸缩的，并使舱口盖与甲板齐平。

4. 材料隐身技术

材料隐身技术是使雷达探测手段完全失效的关键技术。目前研制出的隐身材料主要有雷达波吸波材料和雷达波透波材料。如果舰体表面涂敷隐身材料，则照射其上的雷达波或被吸收，或被透过，从而可减小雷达回波强度，达到舰艇隐身的目的。已进入实用阶段的隐身材料主要是吸波材料，按工作原理可将其分为三大类。

第一类材料可使雷达波作用于该材料时产生电导损耗、高频介质损耗和磁滞损耗等。该类吸波材料目前应用较多，它又分为吸波涂料和吸波结构两个类型。吸波材料性能特征参数主要是介电常数和磁导率。由于碳具有较好的导电性，铁氧化物(铁氧体)和羰基铁等因容易产生磁偶极矩而具有较好的磁性吸收特性，因此碳、铁氧体和羰基铁是该类吸波材料的基本原料。

第二类材料可使雷达波能量分散到目标表面的各部分，减小雷达天线方向上散射的电磁能。

第三类材料可使雷达波在材料表面的反射波与进入材料后在材料底层的反射波叠加发生干扰，相互抵消。

现代舰体结构仍以钢结构为主，因此将吸波涂料涂敷于舰体表面以达到吸波隐身的目的，是目前舰体材料隐身的主要方法。舰用吸波涂料要求具有吸收率高、重量轻、厚度薄、频带宽、耐海水腐蚀和耐火等性能，同时又要求有一定的塑性，不能太脆。目前舰体使用的吸波涂料是各种铁氧体，即氧化铁类陶瓷材料加入少量的锂、镍等过渡金属，而以碳为基本原料的吸波材料，因太脆而很难应用于舰体结构。吸波结构材料多是指以非金属为基体，填充吸波原料形成的既能减弱电磁波的散射，又能承受一定载荷的结构复合材料，通常采用以环氧树脂和热塑性材料为基体的纤维增强材料，填充铁氧体、炭黑等。它们具有重量轻、强度高、韧性好等特点，是用来制作舰体表面的某些壳板、构件的理想材料，如石墨纤维增强塑料等。

5. 舰体结构反声波探测隐身技术

水下探测的最有效手段是声波探测，相应的探测设备称为声呐。声呐分为主动声呐和被动声呐两种。主动声呐通过发射声波后接收目标的反射声波来探测目标；被动声呐通过接收目标自身产生的辐射声波(辐射噪声)来探测目标。反声波探测隐身技术就是控制目标的辐射声波和反射声波，降低声呐探测的距离和概率。

根据声源的不同，舰艇的水下辐射噪声分为机械噪声、螺旋桨噪声和水动力噪声三种类型。机械噪声是由机械设备的运转如不平衡旋转部件、往复部件等产生的振动引起的，该振动必然要通过基座传递给舰体，并引起舰体振动从而向水中辐射噪声，所以，机械噪声引起的水中辐射噪声是纯粹的舰体结构辐射噪声。螺旋桨噪声由两部分组成：一部分是螺旋桨转动造成的激振力引起舰体振动而产生的舰体结构噪声；另一部分是螺旋桨转动在叶片表面和尖部产生低负压区，并造成气泡空穴，而后气泡破碎，产生尖的声脉冲。水动力噪声是不规则海流流过运动舰体所产生的噪声，一方面海流经过开口、凹凸部位产生水流激励引起舰体结构振动而产生噪声辐射，另一方面与不规则海流联系在一起的压力起伏或在无凹凸的光滑表面上发生的流噪声也可直接产生声波辐射。从直接产生辐射噪声的主体来分，主要有舰体结构噪声和水压场噪声两种。

舰体结构噪声是舰艇辐射噪声的主要部分。目前，为了更好地研究舰体结构噪声的传播与辐射，美、俄等国已发展出一门新的学科即船舶结构声学。另外，主动式声呐的反射声波也来自舰体结构，在舰体结构表面敷设消声瓦等消声措施是减小舰艇被探测声目标强度的有效技术途径。因此，舰体结构的声隐身对于舰艇的反声呐探测隐身至关重要。

目前降低舰体结构水下噪声的主要方法和措施有两种。一是降低舰体结构振动，减小舰艇的辐射噪声；二是外加阻尼吸声结构等吸声层，减小舰艇的声目标强度。

降低舰体结构振动的途径主要有以下两种。

(1) 降低振动源的激振力强度。如选用超低噪声发动机、辅机和传动机械部件，改进螺旋桨设计(如大直径、大侧斜、低转速、多叶螺旋桨)等。

(2) 控制和降低舰体结构对振源激振力的响应。如对于机械振动采用双层隔振基座、浮筏平台隔振、隔声罩等隔振装置，减小机械振动引起的舰体结构振动；对于螺旋桨激振力则应加大舰体底部结构强度，同时局部采用消振隔振措施(加避振穴)；对于波浪和水流冲击力，则应以加强舰体结构的刚度与强度为主，同时尽量减小舰体的不光顺性。

减小舰艇的声目标强度的途径主要如下。

(1) 外加阻尼吸声结构。它是同时减小舰体结构辐射噪声和主动声呐反射声波的有效方法。例如，在舰体水下部分外表面安装消声瓦，可将主动声呐的声能变为热能耗散掉，同时也起到抑制结构振动的作用。美、俄、英等国的潜艇壳体上普遍安装了消声瓦。

(2) 外加主动式气幕。气幕降噪方法可以较好地屏蔽舰体结构振动辐射噪声和减少主动声呐反射声波。其降噪和隐身机理是：①利用声散射作用。机械振动引起的舰体结构噪声通常以平面波的形式向水中辐射，当声波遇到气泡幕时，其声阻抗将发生较大变化，由于阻抗不同，气幕中的大量气泡将入射的声波重新以球面波的形式向各个方向散射，迫使较为定向的辐射声波分解为空间声压分布不同的多种频率的散射声波，从而使透过气幕的噪声强度大为减弱。②利用对声波的吸收作用。水中气泡被声波激励后产生振动，在海水中振动的大量气泡将消耗声波的能量，而气泡振动导致气泡的体积发生脉动，并使声波动能化为气体分子的热能储存在气泡内，这就是气泡对声波的吸收作用。采用气幕降噪后，舰艇水下辐射噪声仅为同类舰艇辐射噪声的25%左右。如美国“斯普鲁恩斯”级驱逐舰、“佩里”级护卫舰都采用了气幕降噪方法。即在舰体机舱段的水下部分设几道喷气环，当舰艇航行时，由舰内的供气系统供气，通过喷气环连续喷出具有一定压力的空气，在水流作用下形成大量大小不一的空气泡，在舰体水下外表面形成一层具有一定厚度的气液二相流层，成为一个隔声的“幕罩”，从而有效地屏蔽舰艇结构振动噪声向水中的辐射。

学习指导：了解舰体结构声隐身的主要措施。请做习题4-10。

4.3.3 舰体结构重量性

对舰艇来说，减轻结构重量具有重要意义，舰体结构重量一直都是影响舰体结构与舰艇总体性能相适应的重要因素之一。近年来，随着轻质结构新材料(如铝合金、钛合金以及纤维增强复合材料)技术的日益成熟，大幅减轻舰体结构重量已成为可能，因此，提高舰体结构重量性也是舰体结构扩展功能性要求的重要方面之一。

传统钢质舰体结构提高重量性的主要途径是合理地开展结构优化设计。优化结构，减小结构重量，在保持排水量一定的条件下，可将减轻的结构重量转化用于增强武器装备或增大推进功率，从而改善舰艇的战术性能，提高其攻防能力；或减小舰艇的排水量和主尺度，从而节省材料，缩短建造周期，降低造价。因此，尽量减轻舰体结构的重量是保证舰体结构满足舰艇战术性能要求和经济性要求必须充分考虑的问题。

不同排水量的舰艇，对结构重量的要求及结构重量对舰艇性能的影响程度是存在差异的。一般小型舰艇和潜艇结构的重量指标更为严格，而大、中型舰艇则更强调舰体结构的坚固性，并由于有较充裕的浮力可用于装载机械设备和武器装备，从而对结构的重量限制有所降低。但是，对于大、中型舰艇，在保证舰体结构坚固性的前提下，减轻结构重量仍然是结构优化设计的目标之一。

对于现代大型舰艇，电子及武器装备被越来越多地安装于舰体重心以上部位，这为舰艇稳性设计带来了诸多困难。近年来采用轻质新材料开展舰艇上层建筑、围壳、机库、桅杆、烟囱等结构的设计，以降低重心，提高稳性，已得到设计人员的密切关注。在此方面，法国的“拉法耶特”级护卫舰、美国的“伯克Ⅲ”型驱逐舰均已采用复合材料机库，较原钢质结构，重量可减少30%以上。俄罗斯现代级驱逐舰整体采用铝合金上层建筑结构，大幅降低了结构重量，提高了舰艇稳性。

4.3.4　舰体结构居住性

一般而言，居住性应该属于船舶的基本功能性要求，有时甚至是总体技术要求中的重要指标，如豪华邮轮的居住性要求就非常重要。然而，对我国舰艇而言，居住性要求在总体技术要求中长期处于从属地位，而往往得不到重视。近年来，随着我国舰艇远洋巡航趋于常态化，居住性要求已得到关注，舰艇的大型化和自动化水平的提高也为居住性的显著改善提供了空间。舰体结构居住性是舰艇居住性对舰体结构的要求，它也是舰体结构扩展功能性要求的内容之一。舰体居住性与舰体结构的关系主要体现在以下两个方面：

(1) 舰体结构尺寸对居住性的影响。虽然舱室空间主要由总布置方案确定，但是当舰体容积一定时，舰体结构设计的好坏，对舰艇的可利用空间具有较大的影响。一般结构设计应采用合理的骨架形式，以减小构件的高度尺寸，从而保证舱室(特别是居住舱室)具有足够的可使用面积和空间高度。

(2) 舰体结构的振动与噪声对居住性的影响。舰艇的振动与噪声控制是舰艇居住性的一个重要方面。较大的振动与噪声，不仅会对舰员的工作与生活产生不良影响，而且对舰员的身体健康有很大的危害。舰艇的振动与噪声主要是由舰体结构传递和体现的。虽然振动与噪声源一般是动力与推进系统的不平衡力以及波浪冲击力等，但是舰体结构设计的好坏直接影响结构对振动与噪声源的响应程度。目前控制结构振动主要采用避开共振区、增加阻尼材料、采用减振装置和减小振源强度等措施和方法。降噪措施除了减小结构振动以外，可以采用吸声、隔声材料等。

4.4　舰体结构保障性

4.4.1　概述

舰艇保障性定义为保证全寿命周期内，舰艇平时战备完好性和战时完成任务要求的能力。

保障性是舰艇的一个重要系统特性，它对舰艇全寿命周期费用、使用效能和使用寿命具有重大影响，一般保障性也可称为综合保障工程，舰体结构保障性从属于舰艇保障性。

现代舰艇是高新技术密集的装备，为保证其能正常使用，除必须使其具有高可靠性外，在设计时也必须充分重视使用和维修问题。因此，对于舰体结构，保障性与可靠性、维修性、安全性等已成为舰体结构设计的重要性能指标。下面主要介绍舰体保障性和维修性的基本概念。

由于在装备设计阶段就要考虑设计对今后保障性的影响，因而保障性分析已成为舰艇装备设计的重要一环。保障性设计的作用在于：

(1) 考虑保障的有关问题以确定设计方案；

(2) 确定与战备完好性目标、设计状态及彼此之间有最佳关系的保障要求；

(3) 获得系统和设备所需的保障信息；

(4) 在使用阶段以最低的费用与人力提供所需的保障。

现代装备只有通过保障性分析，才能获得满足保障性要求的综合保障。

为了使舰艇装备的设计特性和计划的保障资源能满足平时战备完好性和战时使用的要求，在设计和计划保障资源时，应考虑以下综合保障要素：维修规划、供应品保障、人员与技术保障、设施与设备保障、技术资料保障、训练保障、计算机资源保障、储存与运输保障等。

舰体结构保障性是指舰体结构的设计特性和计划的保障资源，能满足平时战备完好性及战时使用要求的能力。其主要内容为制定合理的维修规划和维修技术标准，以及保养和修理过程中的物品供应保障和维修设备保障等。对于舰体结构保障性，应考虑的主要问题有是否具有合理的计划修理方案和先进的修理技术标准，是否拥有相应的维修场所和维修设备及满足技术等级要求的专业维修人员，舰体所用材料是否保证能供应或有代用品，维修中要用的技术资料如布置图、结构图、材料手册等是否妥善保管等。以上问题应能较好地得到解决，否则应改变结构设计方案。

维修性一般是指产品在规定的条件下和规定的时间内，按规定的程序和方法进行保养和维修时，产品保持和恢复到特定功能状态的能力。舰体结构的维修性主要涉及材料的耐蚀性、结构的防腐设计、结构的可达性等。其含义有两方面：一是在正常服役期间，舰体结构应设计成不需要或仅需要少量修理就能保持舰体结构的适用性与坚固性；二是当舰体结构需要维修时，应尽量减少维修内容，并且经简便、迅速维修后即可恢复舰体结构的设计功能。

学习指导：了解舰体结构的保障性和维修性的概念。

4.4.2 提高舰体结构维修的简易性

1. 舰体结构应具有良好的可达性

舰体结构的可达性是指舰艇或舰体结构在进行检查、维护和修理时，能保证有关人员的顺利进出，并到达任何需要到达的部位的一种性能。舰体结构设计时，应根据舰艇各部分装备故障率的高低、维修的难易、空间大小及安装特点等统筹安排各种通道、水密门、人孔等。另外，对于故障率高需经常维修的部位，应考虑人员进出的最佳路径及维修的人素工程要求，从而提供最佳的可达性。例如，为了便于维修检查，内底高度应不小于 700～800 mm，且每个底舱至少应开设两个人孔，其位置一般选在每个底舱内底板上，并呈对角分布，使人员能以最短的距离到达底舱的各个部位。

2. 应符合维修的人素工程要求

舰体结构设计时，应按照使用和维修时人员所处的位置、姿势与使用工具状况，以及操作时间长短及维修频率，提供适当的操作空间，使维修和使用人员有一个合理的操作和维修姿态，一般不宜使维修和使用人员采用跪、卧、蹲、趴等容易疲劳或致伤的姿势进行操作。另外，操作和维修环境，如噪声、振动等也是人素工程的重要内容。一般正常舱室，舰体结构的布置应能保证人员的站立与行走，特别是舱柜应保证人员的可操作性。例如，一般舱室高度不应小于 1.85 m，一般通道宽度不应小于 500 mm；双层底的底舱，其高度受布置和重心的严格控制，但为了便于底舱的施工和维修，要求内底高度不小于 800 mm，保证维修和施工人员可以蹲着和侧卧着进行操作。

3. 简化舰体结构

在保证舰体结构满足适用性和坚固性要求的前提下，应使舰体结构设计尽量简单，从而使维修简便、迅速。具体内容包括：选用的板材和型材应考虑可保障性，并尽量减少品种和规格，提高构件尺寸的标准化和通用化程度；简化结构形式，减少复杂曲面；采用简单的加工和连接方法等。

4.4.3　运用模块化设计技术

1. 模块化设计技术简介

所谓舰船模块化设计技术，目前最具代表性的就是美国的“可变有效载荷舰（VPS）”和德国的“多用途标准舰/功能单元（MEKO/FES）”，是指将舰船装备或系统按功能或层次体系划分成若干个有接口关系的相对独立单元，再按照通用化、系列化、组合化的设计和生产原则，以不同的方式排列和组合成舰船装备或系统的一种技术。简单地说，模块化设计技术主要是为了解决由于武器装备发展较快而带来的舰艇现代化改装问题。模块化设计将舰艇分为舰体平台和由单个武器系统组成的有效载荷两大部分，而且有效载荷是以一个整体模块拼装到平台上去的。这样，对于新研制舰艇，允许有效载荷（武器装备）与舰体平台同步研制。如果有效载荷研制周期更长，则只需在舰体平台上留有接口或用其他模块代替即可；对于舰体平台寿命较长，而有效载荷技术寿命较短的问题，可采用多次改换有效载荷的方法使舰艇获得现代化改装。

2. 模块化技术与舰体结构维修性

舰船维修包括正常修理和改换装，可以把改换装中舰体结构改造及更换的简易性作为舰体结构维修性的一项内容。模块化技术为保证舰体结构维修的简易性带来了以下好处。

（1）模块化技术可以大大降低换装和现代化改装的复杂性，甚至只需更换舰艇的有效载荷，而不需要改装舰体平台，这些对常规设计舰艇来说是不可能的。

（2）模块化技术在舰艇上的应用，可以使舰体结构平台维修和有效载荷模块的维修并行实施；由于有效载荷模块可吊离舰体平台检修，所以在缩短维修时间的同时，可以改善维修环境，降低维修难度。

（3）模块化设计技术可以简化舰体结构平台的各种基座和加强构件，因而可以提高舰体结构维修的简易性。由此可见，模块化设计不仅可以提高舰艇总体的维修性，同时也可提高舰体结构的维修性。

学习指导：了解提高舰体结构维修性的途径。请做习题 4-11。

4.5 舰体结构工艺性与经济性

4.5.1 舰体结构工艺性

舰体结构设计必须与现代造船工艺水平相适应。良好的结构设计方案应与造船厂的设备能力、工艺水平相适应，并力求施工方便、节省人力、提高效率、改善工人劳动条件、保证质量、缩短建造周期。对于舰体结构工艺性，主要需考虑以下几个方面的内容。

(1) 舰体分段和总段的划分。一般在能保证吊运、翻身和船台安装的条件下，舰体分段尺寸大一些为好，便于先进工艺方法和设备的利用。

(2) 连接方法应尽量采用焊接，减少铆接，焊接应采用自动焊和半自动焊，尽量减少手工焊。

(3) 尽量减少焊缝的总长度。在保证舰体坚固性的条件下，可以通过合理设计骨架形式和骨架间距，以及板接缝位置等，减少舰体结构的焊缝数量。

(4) 舰体结构的标准化、统一化。这是简化结构和提高工艺性能的又一个主要因素。舰体结构设计应尽量采用统一构件尺寸规格，减少构件类型；尽量根据原有标准板材尺寸布置板缝，减少下料、焊接工作量；尽量减少构件的曲线外形，简化加工和装配工艺；结构上的开孔、切角等应尽量选用标准尺寸和通用尺寸，便于加工，减少差错。

另外，模块化设计技术可改善舰体结构的工艺性，原因在于武器装备模块与舰体平台可以并行建造，从而缩短建造周期。舰体结构的工艺性好坏不仅影响舰艇的造价，更主要的是会影响舰体结构的建造质量和完整性。

除了上述影响舰体结构工艺性的因素以外，还必须考虑结构的可达性，满足施工的人素工程要求及便于质量检查和验收等因素。

学习指导：了解影响舰体结构工艺性的因素。请做习题 4-12。

4.5.2 舰体结构全寿命周期费用

经济性是装备建设的重要原则之一，也是舰体结构设计的重要指标之一。

舰体结构经济性的目标是在建造阶段应节约材料和工时，选用价格较低的材料，降低建造工艺的复杂性，缩短建造周期，从而达到降低造价的目的；在使用阶段应便于维护保养，具有很好的腐蚀耐久性，减小修理工程范围，延长修理间隔期，降低维修复杂性，缩短在修时间等，从而达到减少维修费用的目的。下面着重介绍舰体结构的全寿命周期费用以及模块化设计对舰艇寿命期维护费用的影响。

舰船全寿命周期费用是指舰船从论证设计开始到退役处理为止，整个寿命周期内的全部费用，它包括装备购置费、使用费、维修费、改装费、退役处置费等。现代舰艇全寿命周期费用中，通常装备购置费（包括论证设计费和制造费）占总费用的 25%～30%，使用费（人员给养、燃料、弹药、备品等的费用）占 45%～50%，维修费（维护保养、计划修理、改换装、器材的费用及其他费用）占 25%～30%。

舰艇全寿命周期费用中与舰体结构有关的主要是装备购置费和维修费，舰体结构全寿命周期费用主要是设计制造费和维修费。其中设计制造费约占舰艇装备购置费的 20%，主要是舰体材料费和工时费。与舰体结构维修有关的舰艇维修费，主要包括舰员自修保养费（约占总维修费的 10%）和厂修费用（包括计划修理、改换装、临时修理等的费用，约占总维修费的 65%）。其中厂修费用中与舰体结构直接或间接相关的有材料费（结构材料、涂料等）、工时费、船台费、除锈费和管理费等，一般占厂修费用的 60%～80%。由此可见，在舰体结构全寿命周期费用中，维修费比制造费要多，甚至可达到制造费的两倍。

要真正提高舰体结构的经济性，必须达到舰体结构全寿命周期费用最低。一般认为，如果增加的最初投入费用（制造费）能够小于以后引起的维修和保障等费用的减小量的总和，则该投入是经济的。因为减少维修意味着舰艇在在航率和战备完好率方面的提高，其费效比是较好的。从这一点来说，设计时提高舰体结构的维修性比降低舰体结构的制造费更为重要。

学习指导：了解舰体结构全寿命周期费用及其主要组成。请做习题 4-13、4-14。

4.5.3　模块化设计对舰艇寿命期维护费用的影响

现以德国 MEKO/FES 型舰艇的寿命期维护费用的分析为例，说明模块化设计技术在降低寿命期维护费用方面的优越性，以及在现代化改装中降低结构改装费用方面的优越性。

图 4-5-1 所示为 MEKO/FES 型舰艇与常规型舰艇寿命期维护费用的预计曲线，并有一次中间改装。该图中，假定舰艇使用寿命为 30 年，两种舰艇的装备购置费（第一次投入费用）都为 100%，两种舰艇都是 5 年进行一次基本维护（介于小修与中修之间，并在计算后期的维护费用时不考虑涨价、资金流失等因素）。

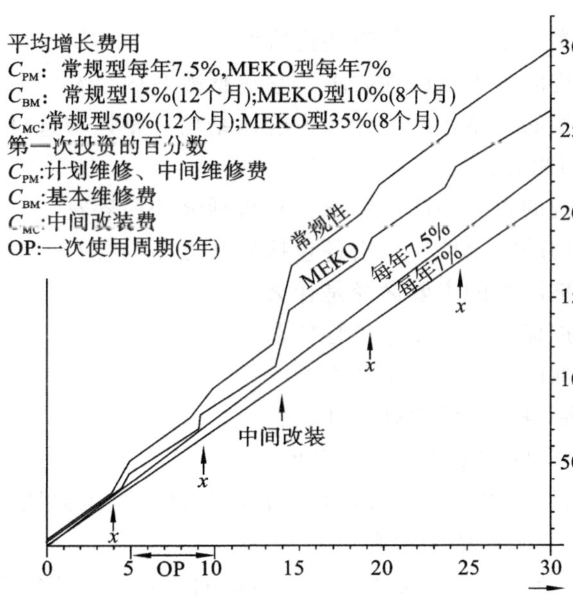

图 4-5-1　一次改装寿命期维护费用

该图将舰艇寿命期维护费用分为三种：第一种是计划维护费用 C_{PM}，它以每年消耗装备购置费的百分比表示，包括使用费、自修保养费、年度修理改装费及临时修理（排除故障）费等；第二种是基本维修费用 C_{BM}，它是一种计划进厂修理费用；第三种是中间改装费用 C_{MC}，相当于大修或现代化改装的费用。该图费用定量分析的依据如下。

(1) 根据经验,常规型舰艇的计划维护费用取每年装备购置费的 7.5%。MEKO 型舰艇的计划维护费用考虑到年度修理和故障排除有更优越的工作条件,并可缩短靠码头的时间,因而降为每年装备购置费的 7%。

(2) 根据经验,常规型舰艇以在厂维修期为 12 个月,其基本维修费用为装备购置费的 15%。MEKO 型舰艇模块修理是在有更好工作条件的车间进行的,加上这项工作可以与舰体平台上的作业同时进行,所以,拆除并重新安装模块的时间大大缩短,改装和修理在厂时间从 12 个月缩短到 8 个月,因而费用降为装备购置费的 10%。

(3) 常规型舰艇的中间改装费用,对一艘护卫舰来说,武器和电子设备的费用大约占舰艇总装备购置费的 50%,如果假定中间改装时这些装置中有一半需更新,则其费用将占舰艇装备购置费的 25%,而进行新的武器和电子设备的安装所必需的结构及日用系统改进所需要的费用通常与这些设备本身的费用相当。因此常规型舰艇中间改装费用占该舰艇装备购置费的 50%。MEKO 型舰艇的中间改装费用中,新武器与电子设备费保持为装备购置费的 25%。然而,由于"MEKO/FES"设计思想采用标准化的模块和接口,基本上不需要结构上的改进,只需改进舰上日用系统所需要的费用,加上模块的易互换性,使得船厂作业时间缩短到 8 个月,从而能进一步降低费用。因此,MEKO 型舰艇的中间改装费用只占该舰装备购置费的 35%。

因此采用模块化设计技术的舰艇,在 30 年使用期内,与常规型舰艇相比,可节约的维护费用约为舰艇购置费的 40%,为寿命期维护总费用的 13%,为全寿命期费用的 10%。

习　题

4-1　舰体结构的基本要求主要包括哪些内容?

4-2　什么是舰体结构的基本功能性要求?它包括哪些内容?

4-3　什么是舰体结构的完整性?为什么说舰体结构完整性与选材、结构设计细节部分以及制造过程质量控制密切相关?

4-4　什么是舰体结构的扩展功能性要求?它包括哪些内容?

4-5　什么是舰体结构的安全性?它们各包括哪几方面内容?

4-6　提高舰体结构抗沉性的主要途径是什么?

4-7　提高舰体结构抗损性的主要途径是什么?

4-8　舰体结构隐身性的主要内容是什么?

4-9　舰体结构外形隐身设计的原则是什么?

4-10　舰体结构声隐身的主要措施有哪些?

4-11　什么是舰体结构的保障性和维修性?提高舰体结构维修性的途径有哪些?

4-12　影响舰体结构工艺性的因素有哪些?

4-13　什么是舰艇的全寿命周期费用?舰体结构的全寿命周期费用主要包括哪两部分?

4-14　为什么说提高舰体结构的经济性必须从全寿命周期费用来考虑?

第 5 章　水面舰艇船体板

5.1　水面舰艇船体外板

5.1.1　概述

船体结构主要由板和骨架组成。一般船体结构质量占舰艇正常排水量的 35%～40%，其中船体板的质量约为结构重量的 70%。船体板中又以船体外板所占重量比例最大，约为板总重量的 50%，其余 50%的重量为甲板板、内底板、平台板、舱壁板及各种围壁板等的重量。从船体板所占的重量比例可以看出，正确、合理地进行船体板的设计，对于保证船体结构的强度和结构完整性、减轻结构重量、简化工艺、降低造价等具有重要的作用和意义。

1. 船体外板的组成

船体底部、舭部及舷侧外壳的板称为船体外板，其范围是从舰首至舰尾，从一舷舷侧顶板上缘沿肋骨线围长至另一舷舷侧顶板上缘，包裹在船体外表面的全部板材。当舰艇有船楼上层建筑时，船楼侧壁板是船体舷侧外板的连续延伸，故包括在船体外板之内。但上层建筑甲板室结构的侧壁板，因与外板不连续，故不属于外板范围。

船体外板是由许多块板拼合连接而成的。根据船体坚固性和厚度变化要求，船体外板的各块板多采用纵向（沿舰长方向）布置，其短边的接缝称为端接缝，长边的接缝称为边接缝。由多块板短边相接而成的，沿舰长的一列连续的板称为列板。因此，船体外板是由多块列板通过长边对接而组成的。为了工程设计和建造方便，船体外板的各列板都用一定的符号表示，从底部正中开始，向两侧至舷顶（对称）依次为 K 列板、A 列板、B 列板等，如图 5-1-1 所示。

位于船体底部中心线的一列船底板为龙骨板，又称平板龙骨，并记为 K 列板。位于平板龙骨旁边的船底板为龙骨翼板，记为 A 列板。位于船底和舷侧相交处的一列船底板称为舭列板。舭列板下面的其余船底各列板都称为船底列板。舭列板上面的舷侧各列板统称为舷侧列板。舷侧列板中最上面与上甲板相连接的列板为舷顶列板，又称舷侧顶板。舷侧在水线附近的列板称为水线列板，对于在冰区航行的舰船，它又称为抗冰列板。

学习指导：掌握船体外板、端接缝、边接缝及列板的概念，掌握和理解船体外板的组成范围。请做习题 5-1、5-2。

2. 船体外板的作用与受力

船体外板将船体内部空间与海水分隔开，与上甲板一起构成舰艇的封闭水密容积，为舰艇提供浮力，使舰艇能在海面上航行和漂浮。船体外板在保证船体强度中起重要作用，它和船体其他纵向连续构件一起参与保证船体的总纵强度；与底部和舷侧骨架一起承受静水压力和波浪冲击力，参与保证船体的局部强度；对保证船体横强度与扭转强度，船体外板也起一定的

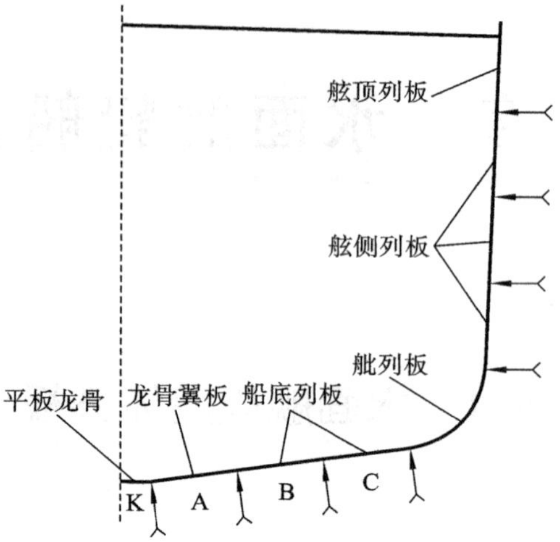

图 5-1-1　外板的组成

作用。

外板承受的外力主要如下。

(1) 总纵弯曲时的弯矩和剪力。船体船底板作为船体梁的下缘，将承受较大的总纵弯曲正应力，舷侧板是船体梁的腹板，将承受总纵弯曲的剪切应力和线性分布的正应力。

(2) 静水压力和波浪冲击力。船体排开外水承受的静水压力大小与吃水深度成正比，底部压力最大，压力在舷侧处呈线性分布，首部外板承受的波浪冲击力最大。外板在这些力作用下，将产生局部弯曲变形，其弯曲以支承外板的纵横骨架为刚性支撑边界，且边界处局部弯曲应力最大，在板厚方向正应力呈线性分布。

(3) 砰击载荷和螺旋桨的脉动水压力。舰艇航行时，船体会产生较大的升沉与纵摇，使舰首底部出水，当船体重新入水时，舰首底部与波浪发生的严重的撞击称为砰击。砰击力既会使舰首部外板和骨架产生局部变形和破坏，同时又对船体总纵强度也造成危害。在进行船体极限强度计算时，必须考虑砰击动弯曲力矩。船体尾部船底板会受到螺旋桨高速转动产生的脉动水压力的作用，该作用力是引起船体尾部强迫振动的根源。

(4) 偶然性载荷，包括船舶碰撞、搁浅、触礁、受爆炸冲击等意外现象造成的载荷。

学习指导：了解外板的作用与受力。

3. 外板的设计要求

船体外板的设计应首先使其主要功用，即坚固性和水密性得到充分的保证。船体外板的坚固性和水密性涉及外板的连接方法、连接质量、板的厚度及板的布置等。外板的板厚与船体强度直接相关，在设计中以能保证外板可承受总纵弯曲力矩和局部水压力及水动力作为确定外板厚度的基本依据。外板连接方法和连接质量是保证结构完整性和水密性的重要方面。除了上述问题以外，船体外板的设计应兼顾减轻外板结构重量、简化工艺、降低造价等方面的问题。合理设置外板厚度分布，可以在满足强度要求的前提下，减轻外板重量；合理布置外板，可以简化外板加工的工作量，从而简化工艺，降低造价。

5.1.2　外板厚度变化

外板的厚度根据其所处位置的不同而不同。受力大的部位外板应厚一些，受力较小的部位应减薄，从而在保证满足船体强度要求的条件下，减轻重量，提高舰艇的综合性能。根据目前船体结构的强度特点，总纵弯曲产生的正应力最大，大多数船体构件的设置首先以满足总纵强度为依据，外板也是这样。除了总纵强度以外，船体外板还应考虑满足局部弯曲强度要求，而局部水压力和水动力在船底与舷侧以及首尾与中部是不同的，据此可确定船体外板的厚度变化规律。

1. 沿舰长方向外板厚度的变化

船体外板沿舰长方向的厚度变化规律：船体中部外板最厚，并在中部 30%～40%的舰长范围内保持最大厚度不变，再向首尾逐渐减薄，在首部和尾部各 15%的舰长范围内又应适当增加板的厚度，如图 5-1-2 所示。

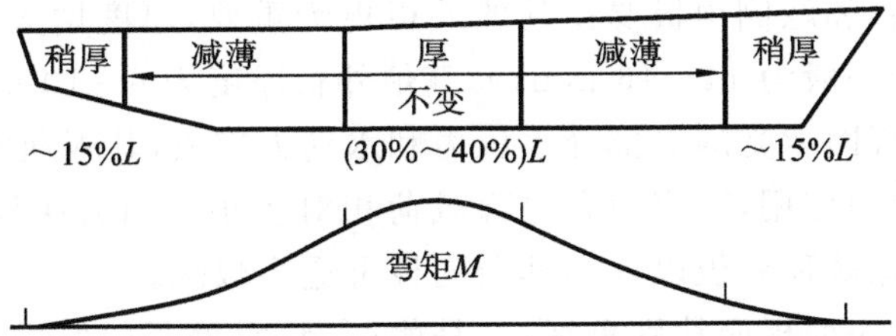

图 5-1-2　外板厚度沿舰长方向的变化

这是因为船体在产生总纵弯曲时，船体中部的弯曲力矩最大，向首尾逐渐减小至零。而船体弯曲正应力 $\sigma = M \cdot Z/I$，弯矩 M 较大，必须增大惯性矩 I，才能使应力 σ 保持在一定的范围内，所以船体中部外板厚度应较大（相当于增大 I），并向首尾逐渐减薄。对于船体首尾端部，虽然弯曲力矩 M 很小，但是首尾端部有时会承受较大的静水压力（如埋首时）和水动力（波浪冲击力、砰击力和螺旋桨脉动力），要求外板应具有一定的厚度，以抵抗局部载荷作用下的变形和破坏，因此在首尾 15%的舰长范围内应适当加厚船体外板。

以上外板纵向厚度变化只是一般规律，对于不同的舰船，其变化的具体范围及变化量是不同的，例如，高速舰艇的砰击现象严重，首部外板加厚的量和范围都要加大；对于尺度很小的舰艇，由于总纵强度问题不太突出，加上腐蚀和工艺要求，外板可以采用相同的最小板厚要求的厚度。

我国舰艇船体建造规范中规定：船中横剖面上的各构件尺寸，至少应在 $0.3L$（自中站向首尾各 $0.15L$）长度范围内保持不变，其纵向骨架（中底桁、旁底桁、纵骨等）的尺寸宜在 $0.4L$ 长度范围内保持不变。板与骨架尺寸变化的位置应错开相当距离，以避免剖面模数在一个剖面内产生突变而造成应力集中，这对于保证船体结构完整性非常有益。

2. 沿船体肋骨围长方向外板厚度的变化

船体外板沿肋骨围长方向（横向）的厚度变化规律：距中和轴最远的舷侧顶板和平板龙骨的板厚最大，向靠近中和轴方向，板厚逐渐减薄。另外，船底板较舷侧板要稍厚一些，如图 5-1-3 所示。

这是因为，船体在产生总纵弯曲时，船体梁的上、下缘正应力最大，向中和轴逐渐减小，而船体外板中舷侧顶板和平板龙骨分别处于船体梁的上缘和下缘，承受的应力最大，应加厚。船体梁上下缘构件加大尺寸有两个好处：一是提高构件自身的稳定性，二是提高船体材料的有效利用率。这是因为位于中和轴处的纵向连续构件对提高剖面惯性矩 I 没有什么贡献，而将它移至船体梁的上下缘则可以大大增加剖面惯性矩。另外，平板龙骨要承受建造和修理时的墩木支承反力和磨损以及砰击力等；舷侧顶板是甲板与舷侧的相交位置，起着传递舷侧与甲板间

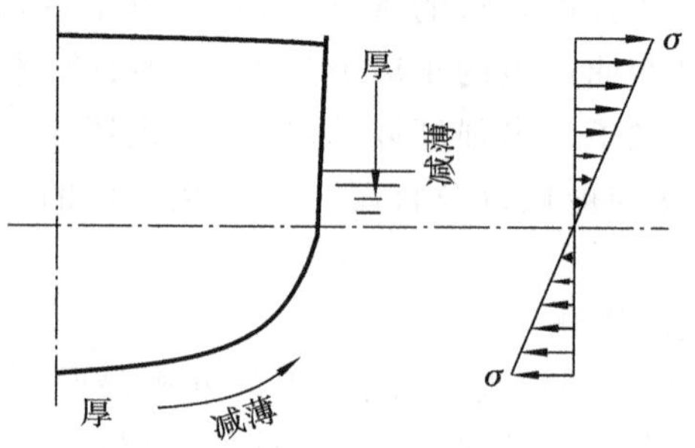

图 5-1-3　外板厚度沿肋骨围长方向的变化

力的作用，因而平板龙骨和舷侧顶板要比其他外板更为重要，厚度增大较多。对于驱逐舰，平板龙骨和舷侧顶板厚度一般为 14～16 mm，而其他外板厚度为 6～10 mm。

船体外板中，船底板因承受的局部静水压力和水动力较大，其板通常应稍厚。舷侧板主要承受总纵弯曲时的剪应力作用，正应力和局部载荷相对较小。因为船体结构抗剪切变形的问题不很突出，所以舷侧除舷顶列板以外的其余列板可适当减薄。

船体外板中还有两块列板应特别重视，一是舭列板，它处于舷侧和底部的相交处，是船体横剖面的一个顶角，船体横摇时其可能处于船体梁下缘，因此应适当加厚，可与船底板同厚。另一列板是水线列板，考虑到浮冰或漂浮物撞击与磨损以及较易腐蚀等问题，其也应适当加厚，通常比相邻列板厚 1～3 mm。

各种舰艇船体外板的厚度除了根据总纵强度和局部强度计算确定外，还要考虑磨损和腐蚀余量及工艺要求。根据目前焊接技术水平及外板的平整性、水密性要求，船体外板的最小厚度为 4 mm。另外，对于大小不同的舰艇，船体规范还规定了保证船体强度、刚度和稳定性的最小板厚计算公式：

$$t = \frac{L}{30} + 2 \ (\text{mm})$$

式中：L——设计水线长，m。

对于纵骨架式船体结构，船体外板最小厚度随舰长的变化如表 5-1-1 所示。

表 5-1-1　各种舰艇的外板最小厚度

舰种	护卫艇、猎潜艇	扫雷舰、护卫舰	驱逐舰	巡洋舰
舰长 L/m	40～80	80～120	120～160	＞160
最小厚度/mm	4～5	5～6	6～8	8～10

学习指导：理解和掌握船体外板沿船长方向和肋骨围长方向的厚度变化规律与依据。请做习题 5-3。

5.1.3　外板的布置

1. 外板的布置方式与要求

船体外板普遍采用以板的长边沿舰长方向的纵向布置方式，很少采用板的长边沿肋骨围长方向的横向布置方式（这种布置在局部区域有所应用）。外板以纵向布置为主的原因，一是船体舰长方向曲率变化较缓慢，横向曲率变化较大；二是船体外板的厚度在舰长方向变化较为平缓，而在肋骨围长方向厚度变化较快。因此，采用纵向布置方式能较好地适应船体线型和外板厚度的变化特点，从而减少板弯曲的加工量，便于选取板厚，减轻船体重量。一般板材板宽为 1 000～2 000 mm，板长为 6 000 mm 以上，驱逐舰的型深只有 10 m 左右，外板采用横向布置方式，由于肋骨线型弯曲，每块板都要弯曲加工；船体舭部以上舷侧为平直区，采用纵向布置方式，外板基本上无须弯曲加工。另外，采用横向布置方式，3～4 块板即可围肋骨围长一周，无法适应外板厚度变化的要求。

除此之外，外板采用纵向布置的另一个主要原因，是要减少船体横向焊接接头的数量。横向焊接接头多，容易造成船体的纵向焊接变形大。另外，横向焊缝容易因焊接缺陷和裂纹而导致船体毁灭性的横向断裂。因此，外板采用纵向布置可以提高结构的完整性，提高船体的可靠性。

综上所述，船体外板的布置应该采用纵向布置方式，并且应充分利用板材的原有规格尺寸，减少板材尺寸类别。对于纵向和横向弯曲曲率均较大的局部外板，为便于加工制作，应将板的尺寸适当减小，以减小加工成形的难度，保证加工成形的质量，如轴包板等尾部有双向弯曲的板。

由于船体线型变化，船体中部肋骨围长大于首尾部肋骨围长。这样，中部外板的列板数较多，这些列板延伸至肋骨围长较小的首尾部，在布置列板时，要么减少列板的数目，多数列板宽度保持不变，要么各列板宽度逐渐减小，保持列板数目不变。从工艺性和经济性角度考虑，保持多数列板宽度不变，减少列板数目，将大大减少板的切割加工量，节约材料。因此，外板布置的另一个要求是尽量保持多数列板宽度不变，少数列板宽度减小，并用拼板的方法减少列板数目。为了使外板排列整齐，外表美观，拼板部位应选在首尾水线以下区域。所谓拼板是指将两列板变为一列板或三列板变为两列板，如图 5-1-4 所示。图 5-1-4(a)所示为平齐式双拼板，5-1-4(b)所示为齿形拼板。从工艺性考虑，前者为好，故目前采用较多。齿形拼板主要考虑将横向焊接尽量错开，提高焊接断面的抗断可靠性。

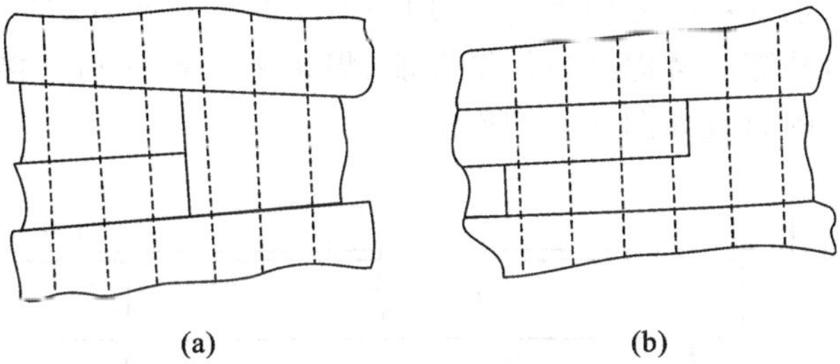

(a)　　(b)

图 5-1-4　外板的拼板结构

(a)双拼板　(b)齿形拼板

2. 外板的焊缝布置要求

目前，船体板大多采用对接焊接头连接。对接焊工艺简单，强度好，易保证紧密性。但板的对接焊焊缝并不是可以任意设置的，必须从提高结构的完整性，防止断裂，以及提高结构的工艺性等方面加以考虑。

船体外板的边接缝焊缝应尽量平直、连续，外板展开为矩形，从而可直接采用板材尺寸，减少切割加工量，有利于采用自动焊接，简化工艺。边接缝应尽量布置在相邻两纵向构件(纵骨等)间距的 1/4 处附近，且距纵向构件的距离不得小于 100 mm。其原因在于板格局部弯曲时，板格边界和中部应力最大，焊缝布置应尽量避开高应力区。边接缝与纵骨保持一定距离是为了防止焊缝过于密集而影响焊接质量。焊接时，焊缝附近一定距离上的母材将产生高温，称为热影响区。母材热影响区经多次焊接的升温和降温影响，其材质将发生脆化，结构的抗断裂性能降低。厚板的多道焊必须在冷却以前连续完成。焊缝必须避免呈尖锐角相交，包括两边接缝之间的尖锐角相交，或边接缝与纵骨之间的尖锐角相交。如果布置上有困难，则应将板的对接调整为阶梯形，以避免尖锐角相交，通常相交的夹角应大于 30°，如图 5-1-5 所示。

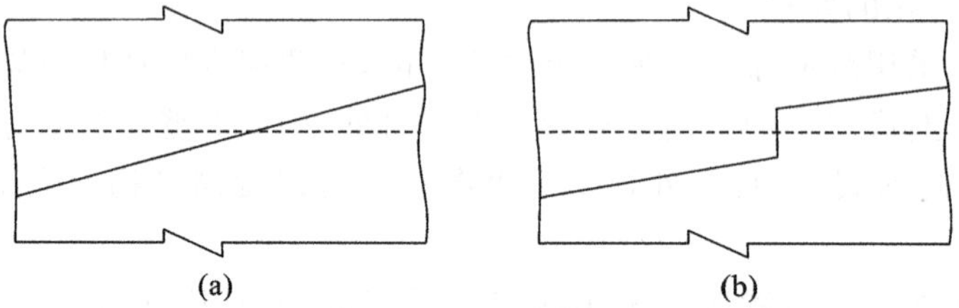

图 5-1-5　边接缝与纵骨尖锐角相交时的处理方法

(a)尖锐角相交(错误)　(b)阶梯形接缝(正确)

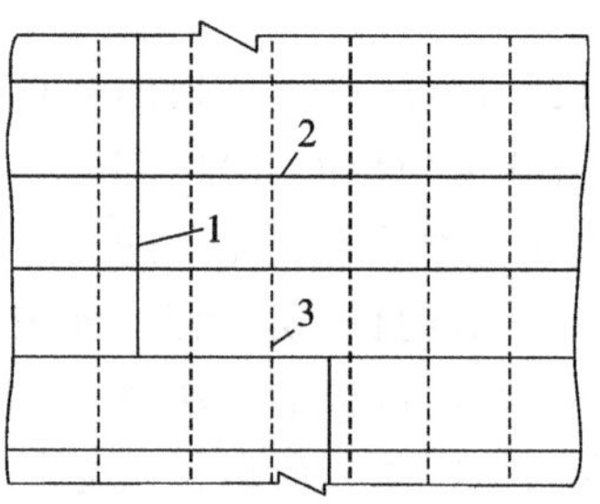

图 5-1-6　端接缝布置

1—端接缝；2—边接缝；3—肋骨

外板端接缝的布置应与船体分段划分统筹兼顾，一般分段划分应充分利用板材的长度，力求减少端接缝数量。分段对接处，端接缝在同一断面内，采用平齐式布置。在分段内，各列板的端接缝可在同一肋骨剖面内对齐成一线，也可错开端接缝，采用阶梯式布置，虽然这种布置方式对工艺有不利影响，但对船体总抗断裂性能是有利的。权衡利弊可采用一组列板端接缝对齐，而与另一组错开的布置方式，如图 5-1-6 所示。

一般板的端接缝与板纵向骨架的焊接采用阶梯式，将接头错开，错开距离应大于 200 mm，以提高船体横向抗裂纹扩展的能力。但从工艺(装配)方面考虑，采用一刀切的平齐式方式更好，采用平齐式方式连接，必须保证焊接质量，并综合考虑材料焊接性能、焊接施工条件和焊接人员水平等方面。端接缝与纵向骨架对接缝的布置如图 5-1-7 所示。

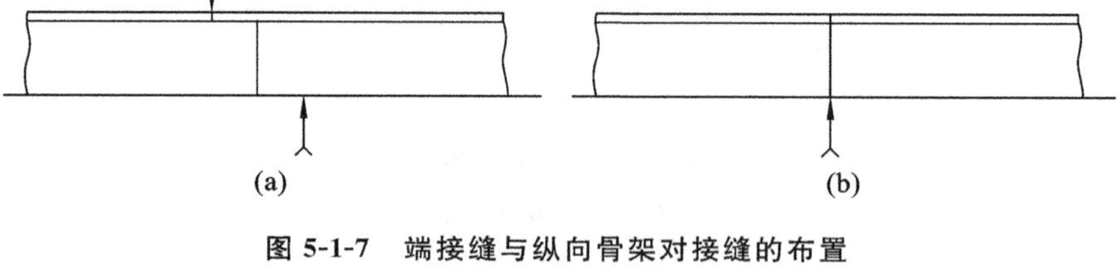

图 5-1-7　端接缝与纵向骨架对接缝的布置

(a)阶梯式　(b)平齐式

端接缝应布置在板格 1/4 处，避开板局部弯曲的高应力区，而且要求距横向骨架的距离不小于 200 mm。另外，为了避免焊缝开裂，端接缝不应布置在板的大开口角隅上，以及其他应力集中较大的部位。

3. 外板布置中的其他问题

(1) 外板的局部加厚。对受力情况比较特殊的局部区域，外板应该局部加厚，以增加局部区域外板的强度、刚度及耐损性。该区域主要有锚链孔下面的加强板、首部砰击区、尾部螺旋桨工作区底板及开口角隅等。一般加强区域的加强板可采用开口嵌入厚板的方法加强，而不用贴腹板的方式。

(2) 外板上的开口。在船中范围内，平板龙骨、舷顶列板及舭列板上一般不允许开口，特别是在薄弱的肋骨剖面内，如甲板大开口处和上层建筑端部等，更不允许在舷顶列板上开口。外板上的一切开口应避免切断肋骨和纵向骨架，当不可避免时必须在结构上给予特别加强，如海底门、声呐出口处、舷窗等处应特别加强。

学习指导：理解和掌握船体外板采用纵向布置的原因，了解船体外板布置和焊缝中应注意的问题。请做习题 5-4、5-5。

5.1.4　外板展开图

把船体外板展开成平面形式以显示外板全貌情况的图纸称为外板展开图。外板展开图在造船工程中是一张很重要的图纸，在舰艇建造、维修和使用中都有重要作用。根据生产与使用管理的需要，必须绘制出比例为 1：25、1：50 及 1：100 的外板展开图。图 5-1-8 所示为缩小的护卫艇外板展开图。

1. 外板展开图的用途

外板展开图是将外板展开绘制而成的图纸，其标明了板缝板厚，以及与外板直接有关的信息，而且还将与外板相连的所有构件、板架、开口等相关信息都标明在图纸上，因而该图信息量非常大，主要用途可概括如下。

(1) 可根据图纸估算外板的总数量及总重量，统计外板的规格品种及数量，并将其作为订购材料、备料、加工装配的依据；也是统计各理论构件尺寸，计算船体重量分布曲线和重心位置的必要资料。

(2) 外板展开图上标明了分段线、端接缝线、边接缝线、拼板位置、纵向构件及横向构件位置，各种舱壁和甲板平台的位置等，可在建造和修理时下料加工、连接安装与制定建造和修理工程计划及了解上述信息时使用。

(3) 从外板展开图上可以了解外板的厚度分布、相互协调和匹配情况；了解不同位置骨架的形式与大小；了解相接板架(甲板、平台、横舱壁)的紧密情况，以及外板上的各种开口的位置与尺寸等信息。

2. 外板展开图的画法与标注

船体外板是一个双曲面，将其完全展开成平面是不可能的。目前绘制外板展开图时，仅将船体外板沿肋骨围长方向(横向)展开，而沿舰长方向不展开，仍保持船体投影长度不变。因此，外板展开图上的宽度尺寸(板宽、纵骨间距等)是准确的，而长度尺寸是不太准确的。每块板的真实长度、形状需经船体放样确定。考虑到船体结构的对称性，通常只展开船体外板的一半(右舷)，展开方法如下。

(1) 作基线，标明理论肋骨站号。

(2) 根据基线位置将船体底部轮廓线投影在外板展开图上，并将横向的分段线、端接缝线、肋骨、舱壁等用规定线条画在对应的肋骨站位上。

(3) 量取每一条纵向的边接缝、纵向构件等在各肋骨站的距底中纵剖面线的肋骨围长，然后标在对应肋骨站线上，并用规定线条将对应点连线，画出边接缝线及纵向构件位置线等。

(4) 将外板上其他构件按其肋骨围长位置和理论站位置绘制于外板展开图上，如开孔、局

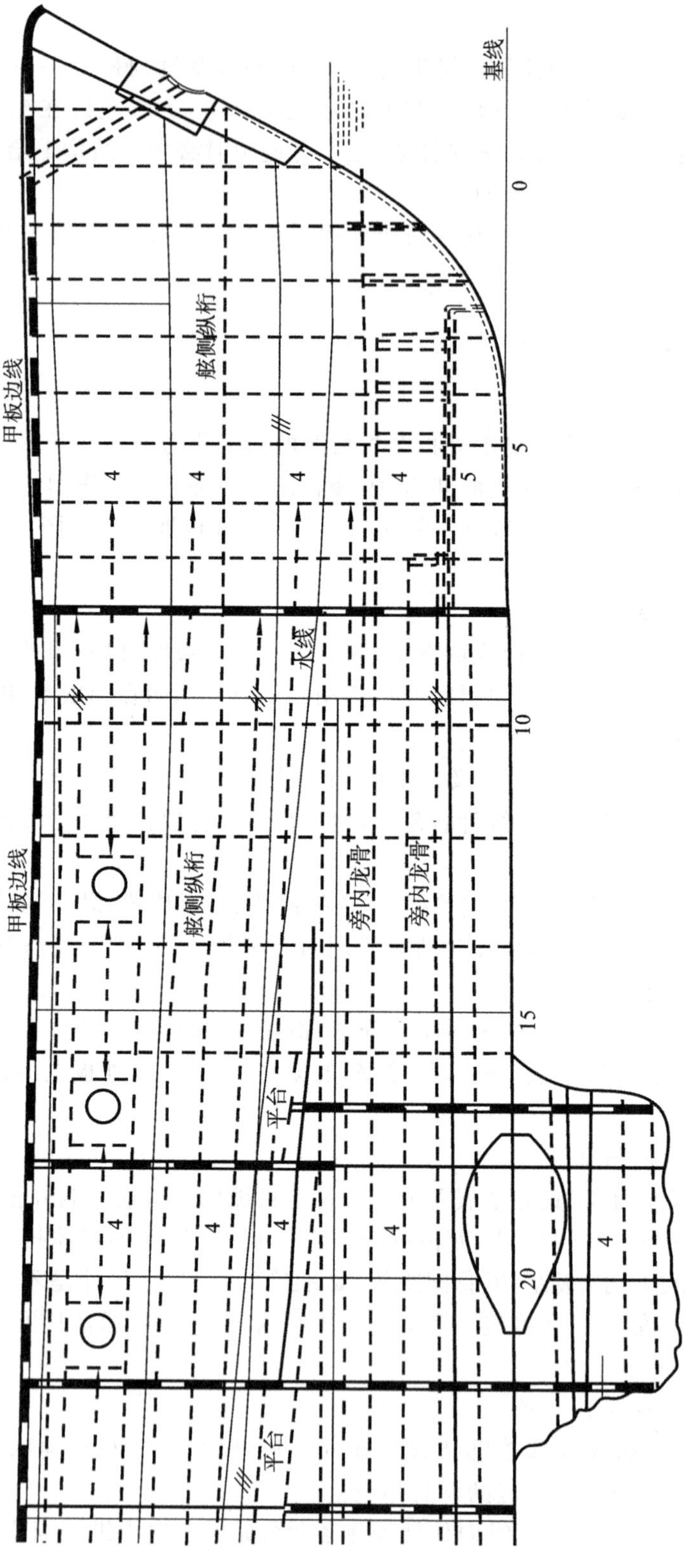

图 5-1-8　缩小的护卫艇外板展开图(首部、中部)

部构件等。

(5) 标注。外板展开图上标注工作的主要内容有每块外板都应编号并标注尺寸(厚度或厚度×宽度),外板编号应标明列板序号和板序号,如 A_4 板表示 A 列板从首算起的第 4 块板。外板展开图还应注明肋骨编号、纵骨编号,注明甲板、内底、龙骨、护舷材、平台、舱龙骨等主要构件的名称。如果船体结构外板布置和构件位置有左右不对称的情况,应在外板展开图上注明。军舰的肋骨编号与民船的相反,由首至尾依次编号。

5.2 甲板板

5.2.1 概述

1. 甲板的分类

船体结构中除了内底和外底以外,其余所有水平设置的、用于形成船体内空间顶盖和分隔内部空间的板架结构统称为甲板。

根据类型、大小的不同,舰艇甲板的层数各不相同,且各层甲板的名称也不同。通常将主船体最上一层连续贯通全船的甲板称为上甲板,上甲板以下各层连续甲板依次命名为第二甲板、第三甲板等,统称下甲板。主船体内不连续的甲板称为平台甲板,简称平台。上甲板以上为上层建筑甲板,自下而上依次称为 01 甲板、02 甲板等,也可依其位置、用途来命名,如桥楼甲板、信号甲板、指挥台甲板等。

在保证船体总纵强度中起主要作用的甲板称为强力甲板。现代舰艇中上甲板为强力甲板,它是船体梁的上缘,对总纵强度起主要作用。但是,如果船体中部有强力的长上层建筑,如长桥楼、长首楼(与桥楼合为一体),则此长上层建筑甲板及其以外的上甲板为强力甲板。第二次世界大战时期的航空母舰多以机库甲板(第二甲板)为强力甲板,这是因为飞机升降装置在中部切断了飞行甲板(上甲板)。

学习指导:掌握甲板、上甲板、下甲板和强力甲板的概念,并牢记甲板的命名规则。

2. 甲板板的作用

上甲板覆盖船体内空间,与外板一起形成船体内部封闭容积,保持船体紧密性。下层甲板从水平方向分隔船体内部空间,形成各层舱室以充分利用内部容积来布置各种舱室及设备,在船体破损时,可以阻止海水漫延,提高舰艇的抗沉性。为了扩大船体有效容积,充分利用船体上甲板以上空间,上层建筑的各层甲板和平台构成了上部空间的水平分层,从而可布置各种指挥舱室,驾驶室,会议室以及通信、航海等工作舱室。

船体各层甲板板与其骨架一起,在保证船体结构的各种强度和刚度,保持船体的正常形状等方面起重要作用。上甲板是船体梁的上缘,在船体梁总纵弯曲时,承受很大的拉压力,是保证船体总纵强度的重要构件。船体各层甲板上要安置各种武器和装备,除承受武器设备的重量外,还要承受武器发射时向下的冲击力。下层甲板在船体破损时,要承受破损后的静水压力等。

3. 甲板板的受力

(1) 船体总纵弯曲时,上甲板(强力甲板)将受到很大的拉力与压力作用,各下层甲板受到的拉压力较小。

(2) 上甲板或首楼甲板要承受波浪飞溅的水压力和波浪冲击力;上甲板和上层建筑甲板要承受火炮等武器发射时的后坐力、气浪冲击力等。

(3) 各层甲板分别承担各自甲板上的载重,如武器设备、人员及备品的重量。下甲板要承受破损水压力的作用。

(4) 空中爆炸(核爆炸)的冲击波压力对露天甲板的作用。

学习指导:了解甲板的作用与受力。

4. 甲板的梁拱与脊弧

甲板横向的拱度称为梁拱。沿船体纵向,甲板中心线向首尾逐渐升高的现象称为脊弧。通常露天的甲板均具有横向曲度与纵向曲度,下层甲板可采用平直式。

上甲板和上层建筑上层露天甲板的横向都设有梁拱,其目的是迅速排除甲板上的积水。上甲板梁拱高度定为船体宽度的 1/100～1/50,且拱度沿舰长方向保持不变。梁拱的形式有多种,有圆弧形、折线形或曲线与直线结合形等。从工艺角度考虑,采用折线形梁拱时放样、加工与装配最为简单。

舰艇上甲板设脊弧是为了改善舰艇的适航性,减轻波浪飞溅到甲板上的程度,以及改善舱面工作条件等。通常脊弧首部升高的程度比尾部升高的程度大 2～4 倍。对于舰尾有布雷设备或直升机平台的舰艇(驱逐舰、护卫舰、布雷舰等),从船体中部向后,上甲板是平的,无脊弧。脊弧的形式也有曲线式和折线式两种,从工艺上讲,折线式较曲线式好,但折线交点处应圆滑过渡,避免应力集中。甲板边线在中线面上的投影线称为弦弧。弦弧与脊弧形式基本一致。

学习指导:掌握梁拱和脊弧的概念,并理解两者的作用。

5.2.2 甲板板的布置与厚度变化规律

1. 甲板板的布置

为了简化建造工艺,适应甲板厚度的变化,通常甲板板采用纵向布置方式,并普遍采用使边接缝平行于甲板中心线的布置方式。采用该布置方式,只需将甲板边板的外边线加工切割成曲线形,其余各列板的边接缝都是直线,这样既省工、省料,又便于焊接,工艺性较好。此外,也有甲板边板沿舰长方向保持宽度不变,其余甲板仍采用边接缝平行于中心线的布置方式。这种布置方式加工与切割工作量较大。但由于甲板边板非常重要,保证甲板边板宽度一致,对于保证船体强度和结构完整性是十分有利的,因此在一些较大型的舰艇上可以采用。

甲板的局部区域,如首尾端部、中部大开口之间的区域等,可根据材料利用率与结构重量等情况选择横向布置方式。另外,下甲板或平台的板厚变化不大,也可采用横向布置方式,通常根据省料、省工的原则确定具体形式。

甲板板的端接缝和边接缝的布置与外板的布置相似,主要要求是焊缝不能呈尖锐角相交,边接缝与纵向构件、端接缝与横向构件要有一定距离,并布置在板格的低应力区等。

2. 甲板板的厚度变化

船体甲板板中,上甲板板厚度变化范围较大,其他甲板板较上甲板板要薄得多,且板厚度主要由局部强度、工艺和腐蚀性等因素确定。因此,除了边板稍厚以外,其余从首至尾的板厚度相当。

上甲板板的厚度沿船体纵向与外板的厚度变化规律相似,即在舰中(30%～40%)L 范围内甲板板较厚,并且厚度保持不变,然后向首尾逐渐减薄,如图 5-2-1 所示。但在首尾两端,上甲板板(约 0.1L)可适当加厚。其原因是船体在纵弯曲时,中部受到的总纵弯曲力矩最大,且总纵弯曲力矩向首尾端逐渐减小至零,而首尾端部稍加厚是由甲板上浪等局部强度要求确定的。

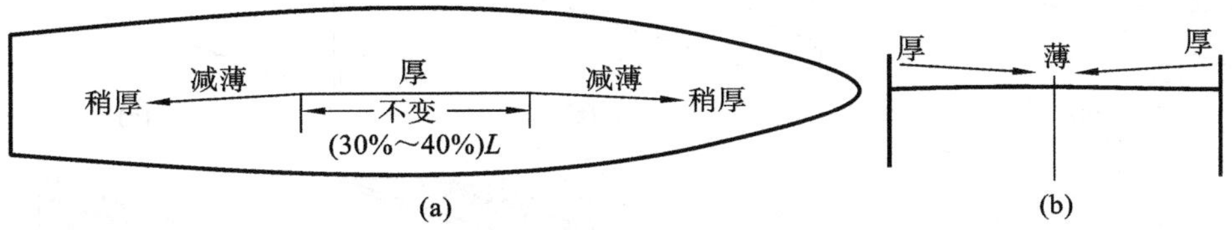

图 5-2-1　上甲板板纵横向的厚度变化

(a)纵向厚度变化　(b)横向厚度变化

沿船体横向,上甲板板的厚度变化规律是,靠两舷边板最厚,向甲板中央逐渐减薄,如图 5-2-1(b)所示。其原因主要是,上甲板中部的中央大多因机舱等开有各种较大的舱口,甲板中央沿纵向被分割成不连续的几段,为了保证船体强度,必须加强开口两侧的甲板边板。另外,甲板边板与舷侧顶板要相互传递载荷,并保持船体形状,加上在横摇时,甲板边板是船体梁的最上缘,所受的纵向拉压应力最大。因此,船体上甲板板厚沿舰宽方向取两舷边板最厚,向甲板中央逐渐减薄是合理的。上甲板边板是船体结构中与平板龙骨、舷侧顶板同等重要的列板,其厚度为相邻列板厚度的 1.2～1.3 倍,并与舷侧顶板保持相同厚度。

学习指导:掌握和理解上甲板板沿船体纵向和横向的厚度变化规律及其原因。请做习题 5-6。

3. 甲板边板与舷侧顶板的连接

无论从提高船体结构的抗损性角度,还是从保证船体结构完整性的角度,甲板边板与舷侧顶板的连接强度及其抗裂纹扩展的能力都是非常重要的。当船体因舷侧受攻击而破损时,必须阻止破损裂纹向船体甲板扩展,以保证船体具有一定的破损强度,使舰艇能浮于水面,而不会因船体完全断开而沉没;反之,甲板破损则要阻止裂纹向舷侧扩展。

此外,船体甲板边板与舷侧顶板连接处是船体剖面的顶角,其连接形状对船体结构的隐身性能、安全性(主要是防化、防核、防生物),以及平时的使用性能有较大的影响。因此,甲板边板与舷侧顶板的连接形状也必须引起足够重视。

(1) 连接方法。目前甲板边板与舷侧顶板广泛采用的连接方法是焊接和铆接。一般来说,铆接结构的止裂性能比焊接好,其止裂的可靠度可达 100%,但铆接工艺性复杂,造价高,还存在紧密性较难保证等问题。尽管如此,大中型舰艇的甲板边板与舷侧顶板的连接仍以铆接为主,我国某型驱逐舰和某型护卫舰就是采用铆接连接方法。常用的甲板边板与舷侧顶板的铆接连接的结构形式如图 5-2-2(a)、(e)、(f)所示,其中图 5-2-2(a)和图 5-2-2(f)为某现役两型舰艇所采用的结构。

焊接的优点是工艺简便,易保证紧密性。由于小型舰艇对甲板边板与舷侧顶板连接处的止裂性能要求不高(破损后的生存能力要求低),一般采用焊接,如图 5-2-2(b)、(c)、(d)所示。随着抗断裂技术的不断发展,铆接止裂结构可以采用材料止裂结构代替,即通过采用高韧性、高强度的优质材料来阻止任何形式的裂纹扩展,这样,甲板边板和舷侧顶板采用焊接方式连接,中间加一段高韧性止裂材料,就可达到阻止裂纹扩展的目的。从理论上讲,如果材料使用温度在材料塑性断裂转变温度之上,则结构在一次载荷(动态或静态)作用下,其裂纹扩展破坏与塑性破坏同时发生。也就是说,在结构发生塑性破坏以前不会产生裂纹扩展(无论初始裂纹

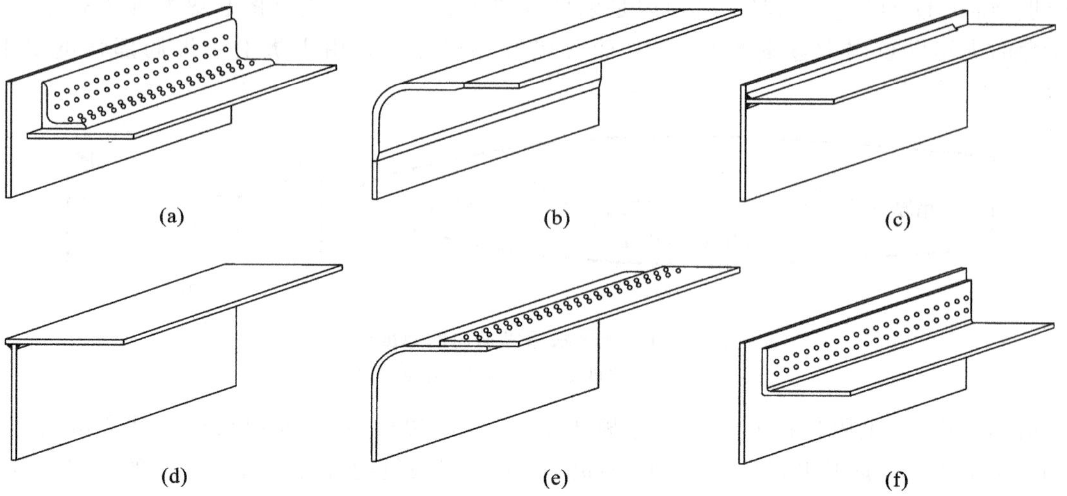

图 5-2-2　甲板边板与舷侧顶板的连接方法与结构形式

有多长)，因而该材料可以用作止裂材料。但是，在交变载荷作用下，无论韧性多好的材料，在一定的应力水平下，都会产生疲劳断裂。船体结构在波浪中受到的弯曲力矩是交变的(中拱和中垂交替出现)，因此，舷顶的止裂材料是否满足止裂要求，必须检验在船体破损条件下，以及在随机波浪疲劳载荷作用下，其裂纹的扩展时间是否满足舰艇救援所需的时间要求。我国某新型驱逐舰已采用高强度、高韧性钢作为甲板边板和舷顶列板之间的止裂结构，其连接方式如图5-2-2(b)所示。

(2) 连接形状。甲板边板与舷侧顶板的连接结构形式(形状)主要有直角连接和圆弧过渡连接两种。直角连接结构形式是传统结构形式，它具有工艺简便、甲板使用面积大、人员行走安全性好以及容易保持舷侧清洁(积水沿下水管流下)等优点。但是，科学技术和武器装备的提高和发展，船体结构要适应很多新的问题，如隐身性，核爆炸作用下的安全性及舰面被化学武器、生物武器和核爆放射性物质等沾染后的清洗等。因此，圆弧过渡连接结构形式越来越多地被采纳和建议采纳。甲板边板和舷侧顶板采用圆弧过渡连接形式，可以改善舰艇的被探测性，符合原子弹爆炸防护的设计观点，有利于安装水幕系统和冲刷系统以防化学、生物和核放射性物质的沾染。同时圆弧舷板结构可降低应力集中效应，使肋骨框架有良好的连续性，使圆弧板具有更大的刚度，可提高该板的稳定性等。从现代舰船的综合性能要求来看，圆弧过渡连接结构形式的利大于弊，优于直角连接结构形式。

学习指导：掌握和理解甲板边板与舷侧顶板的连接方法与连接形状，并理解各自的优缺点。请做习题 5-7。

4. 中间甲板间断和平台甲板终止处的结构

下层甲板和平台存在间断和终止的问题，从结构完整性角度考虑，任何结构上的突变，都会造成应力集中，突变程度越剧烈，应力集中程度越大，也就越容易产生开裂和断裂破坏。因此，较大的结构在间断或终止时必须采用加过渡结构的方法，减小结构的突变程度，减小应力集中。

一般在机舱区域要装设主机、锅炉等大型机器设备，下甲板会被间断。下甲板间断处有以下要求：一是必须在横舱壁处间断；二是要设舷侧纵桁作为下甲板间断处的过渡连续构件，并应在舷侧纵桁与下甲板连接处加大舷侧纵桁的腹板高度或加大肘板过渡，如图 5-2-3(a)所示。

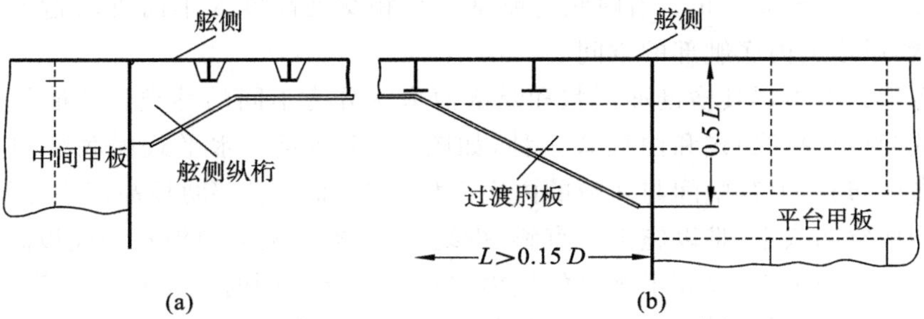

图 5-2-3　下甲板间断与平台甲板终止处结构

对于中间平台结构，其终止时也应满足以下要求：一是终止在横舱壁处；二是加大肘板过渡，如图 5-2-3(b)所示；且肘板宽度 L 要大于等于平台甲板的肘板所在舱室高度 D 的 0.15 倍，即 $L \geqslant 0.15D$。若肘板过大，可将平台甲板的纵骨延长至肘板，以增加肘板的刚度。

学习指导：了解中间甲板间断和平台甲板终止处的结构形式，此部分知识将在第 6 章舷侧骨架中涉及。

5.3 内 底 板

5.3.1 概述

内底是双底船双层底内侧的一层底板。设置内底的主要目的在于提高舰艇的抗沉性。第一，外底板一旦破损，内底板可阻止海水进入舰艇的上部主要舱室；第二，设置内底还可以充分利用底部空间来储存油和水，这样可降低舰艇的重心，从而提高舰艇的稳性；第三，可提高船体结构的总强度和局部强度，特别是可提高底部板架的强度和刚度，减小外底板的板架弯曲应力。

内底板要承受机械设备的重力、油和水舱的液体压力（注油、注水管通至上甲板，所以液体压力为内底至上甲板注水管的高度的压力水头）、板架弯曲的拉应力及总纵弯曲时的拉压应力等。船体外底板破损时，外底板还要承受海水压力；遇到水下爆炸时，其与外底板一起承受爆炸冲击波的作用等。

学习指导：熟悉和掌握内底的概念、作用和受力。请做习题 5-8。

5.3.2 内底板的布置

1. 内底设置范围与形式

内底的设置依赖于舰艇吨位、大小、型深等。一般小型舰艇内底只设在机舱区域或不设内底；大、中型舰艇的内底一般由中部机舱段延伸至前后弹药舱为止。

内底的宽度一般延伸至两舷舭部，并覆盖舭列板。由于船体舭部是易损部位，因此提高内底边板与外板的相交位置的高度，对提高舰艇抗沉性是有利的。

内底高度一般为 0.7～1.2 m。由于主机装置和推进轴系的高度以及机舱空间等因素的限制，一般以便于施工与检修为原则，尽量将内底高度设低一些，这样对机舱等舱室布置有利。

内底最小高度不应小于 0.7 m。当内底与舭部外板相交处高度太小而难以施工时，应改变内底边部的形状，以增大内底舭部的空间。

内底设置形式可根据其横剖面形状和纵剖面形状分为不同的种类。从横剖面看，内底形式分为水平式、直斜（折线）式和曲线式三种，如图 5-3-1 所示。水平式内底结构平坦，有利于船体内部设备的布置，但其中间与两舷的内底高相差大，而且舭部肋板高度小，强度较小，更主要的是舭部内底空间狭窄，难以施工。直斜（折线）式可提高舭部肋板及内底板高度，可使内底板与舭列板上侧外板相交，提高了舰艇的抗损与抗沉性能。同时该结构工艺简单，便于施工，强度较好。曲线式与直斜式性能相当，只是曲线式内底大致平行于外底以曲线向两舷伸展，至舭部再转折成水平式或倾斜式。因为曲线的曲率较小，铺板无须加工，所以工艺性也较好，而且肋板高度均匀，强度好，目前采用较多。

从纵剖面来看，内底形式分为水平式、阶梯式和折线式，如图 5-3-1(b) 所示。水平式内底结构的连续性好，一般采用较多。阶梯式内底结构连续性较差，工艺性复杂，结构完整性也较差，若不是布置上必需，一般不用。折线式内底结构可以基本保持结构的连续性，根据布置需要可以采用，但其内底折角应设在横舱壁处。

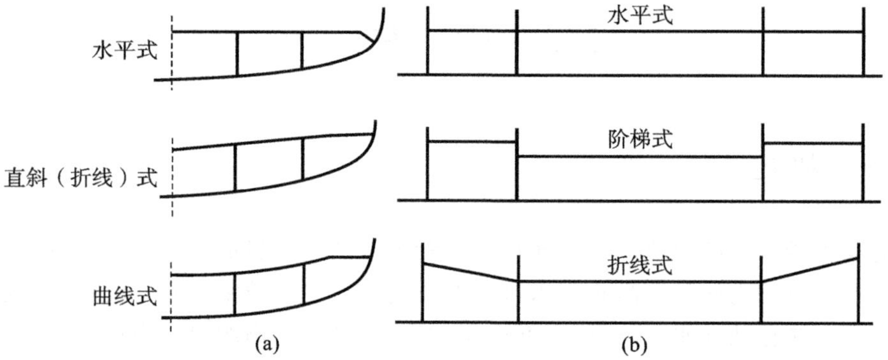

图 5-3-1　内底布置形式

(a)横剖面　(b)纵剖面

2. 内底板布置要求

内底板的布置通常采用平行于中心线的纵向布置方式。与外板、甲板板一样，尽量利用板材规格尺寸，减少切割加工，省工省料。图 5-3-2 所示为内底板布置示意图。

内底板的边接缝与端接缝的布置原则也与外板和甲板板的布置原则相同，即避免焊缝呈尖锐角相交，边接缝与纵向骨架、端接缝与肋板应相距一定距离，接缝尽量布在板格的 1/4 处，从而保证结构的完整性要求。

内底板的厚度由强度要求、工艺性和腐蚀余量确定，其横向厚度变化与下甲板板相似。但内底边板考虑腐蚀余量要加厚 1～2 mm；内底中央列板作为中底桁的面板，应较其余列板加厚 1～3 mm。当内底板较长时，其纵向厚度变化与外板相似，即中部厚，向首尾端减薄。一般在综合考虑各种因素后，内底板的最小厚度：驱逐舰、护卫舰一般为 5 mm，小艇一般为 3～4 mm，以保证内底的强度要求和腐蚀耐久性。

为了使内底具有较好的可达性，内底上每个舱至少应开设两个人孔，位置一般选在底舱的四角，对角布置。但为了保证强度，中央列板上不允许开人孔。人孔应设为椭圆形，且长轴沿船体纵向。人孔需配人孔盖，并保证其紧密性。

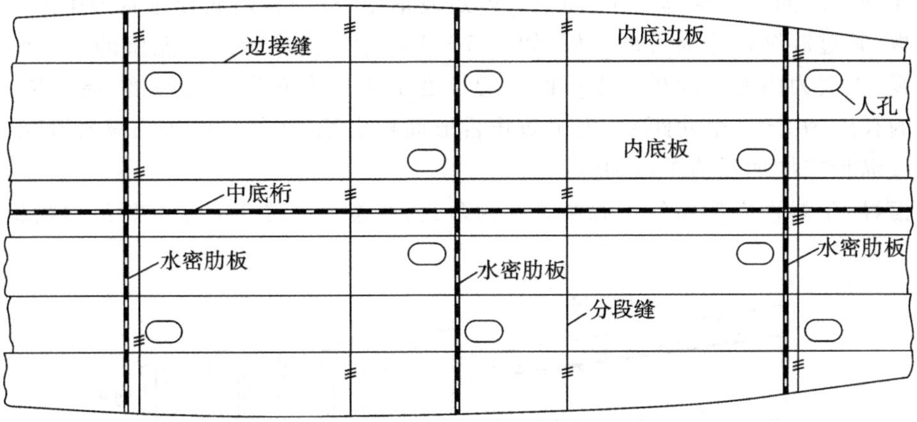

图 5-3-2　内底板的布置

在装载油、水等液体的底舱内底板上，还应设置液体注入管、空气管与测量管，并应适当选定这些管子的位置，以便操作管理。

学习指导：了解内底的设置范围与形式，掌握和理解内底板横向和纵向厚度的变化规律。

5.3.3　内底应注意的主要问题

1. 内底舭部结构

内底两边的内底边板与舷侧外板和肋骨下端的连接点是船体结构中的重要节点，即舭部节点。舭部节点的连接形式较多，如图 5-3-3 所示。

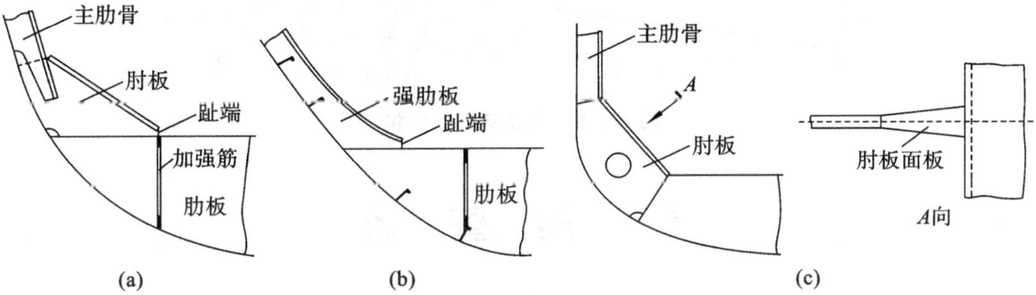

图 5-3-3　内底舭部节点的连接形式

舭部节点涉及内底板与外板相交的形式和肋骨与内底相连接的方法。内底板与外板相交有两种形式，即内底边板水平（水平式）与外板直接相交和内底边板折宽边（折边式）与外板近似垂直相交，如图 5-3-3(a)、(b)、(c)所示。这两种形式各有利弊。

水平式能更好地覆盖舭部，折边式的强度与结构完整性较好，两种均可采用。肋骨与内底边板连接时，必须将肋骨腹板加高（见图 5-3-3(b)）或加设大肘板（见图 5-3-3(a)），与内底边板坚固连接。肋骨面板分两种情况：内底边板为水平式时，肋骨面板不与内底板连接，而是保持面板端部自由，以避免出现“硬点”（见图 5-3-3(b)）；内底边板为折边式时，肋骨面板应与内底边板折边坚固连接，并加大肋骨面板的尺寸，光滑过渡，如图 5-3-3(c)所示。

2. 内底终止处结构

当内底在横舱壁处终止时，为了避免结构突变，产生较大应力集中，破坏结构的完整性，内底板不能在同一剖面突然全部终止，而应采取过渡措施，逐渐将内底板过渡为中内龙骨和旁内龙骨的面板，其过渡结构称为舌形面板，如图 5-3-4 所示。内底板终止舱壁的另一侧首先加舌形面板过渡，再变为内龙骨面板。舌形面板的长度不小于内底高度的两倍（横骨架式船体中，舌形面板的长度为 2～3 个肋距）。为了防止舌形面板失稳，在其自由边缘应安置缘板镶边，并可延伸内底纵骨或加加强筋予以加强。

学习指导： 了解内底舭部结构的典型结构形式，熟悉内底终止处采取的结构或措施。请做习题 5-9。

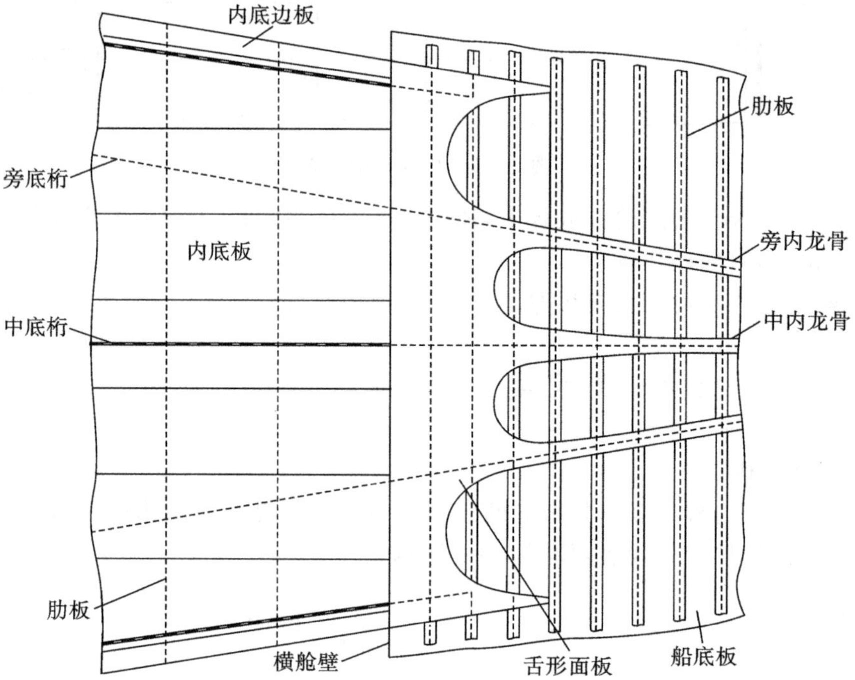

图 5-3-4 内底终止处结构

5.4 舱壁板

5.4.1 概述

1. 舱壁的种类

船体内用于分割内部容积的垂直平面结构统称为舱壁。舱壁根据用途、结构形式等的不同有不同的分类方法。按紧密性可分为水密舱壁、非水密舱壁、油密舱壁、气密舱壁、防火舱壁等；按布置形式可分为横舱壁、纵舱壁、半舱壁、活动舱壁等；按结构形式分为平面舱壁、槽型舱壁、压筋舱壁及坚固舱壁（又称主舱壁）、轻舱壁等。

船体结构中可用作抗沉的舱壁称为主舱壁，具有抗沉功能的横舱壁称为主横舱壁。中、小型舰艇因为非对称进水容易造成舰艇稳性不足，所以一般不设纵向水密舱壁（主纵舱壁）。因此，本节将着重介绍水密主横舱壁，对于轻型舱壁只做简要介绍。

学习指导：了解舱壁的分类，熟悉主舱壁与主横舱壁的概念，理解中小型舰艇不设置主纵舱壁的原因。

2. 主横舱壁的主要作用

舰艇上设置主横舱壁，将船体沿纵向分隔成多个完全独立的水密、防火区划，主要是为了提高舰艇的抗沉性、安全性和空间利用率，较好地满足船体结构坚固性的要求。主横舱壁的主要作用如下。

（1）保证舰艇的抗沉性，这是设置水密舱壁的主要目的之一。在船体某一部位因破损而浸水后，水密舱壁将阻止海水向其他未破损的舱室扩展，减小浮力的损失，使舰艇在浮力损失不大的条件下仍能漂浮或能继续航行与作战，从而提高舰艇的生存能力。

（2）增强船体结构的强度和刚度。主横舱壁结构是具有较大刚度的平面结构，在船体结构强度方面的主要贡献：第一，保证船体结构的横强度，主横舱壁是保证船体横强度最有效的构件；第二，作为甲板板架、船底板架和舷侧板架的支座，它一方面承受上述板架传递过来的载荷，另一方面减小了上述板架的纵向跨距，提高了甲板板架、船底板架和舷侧板架承受横向局部载荷和总纵弯曲时的压应力的能力，提高了各板架的稳定性，从这一点来说，主横舱壁对船体结构的总纵强度也是有贡献的；第三，保证自身在破损浸水压力或液舱压力作用下的局部强度。

（3）提高船体空间的利用率，将舰内空间按各种用途分隔成不同舱室。

（4）提高船体结构的安全性。舰艇可能受到各种武器的攻击，舱壁可以阻止火势、毒气和放射性物质在舰内迅速蔓延。

学习指导：熟悉主横舱壁的作用。请做习题 5-10。

3. 主横舱壁的受力

根据主横舱壁在船体强度中的作用可知，其主要受力：①船体的破损浸水压力（见图 5-4-1(a)），此压力垂直于舱壁平面且呈三角形分布，破损浸水压力的大小由破损压力线的水柱高度确定，考虑到舰艇破损后的纵倾，首尾部舱壁承受的破损浸水压力要大一些，破损压力线较高；②由甲板板架、船底板架和舷侧板架传递的压缩载荷，该作用力的作用方向与舱壁平面方向一致，在舱壁平面内产生压应力，如图 5-4-1(b)所示；③在舰艇坞修时，主横舱壁将承受由两舷的重力与中间墩木支承反力形成的横向弯曲力矩和剪力，如图 5-4-2 所示。

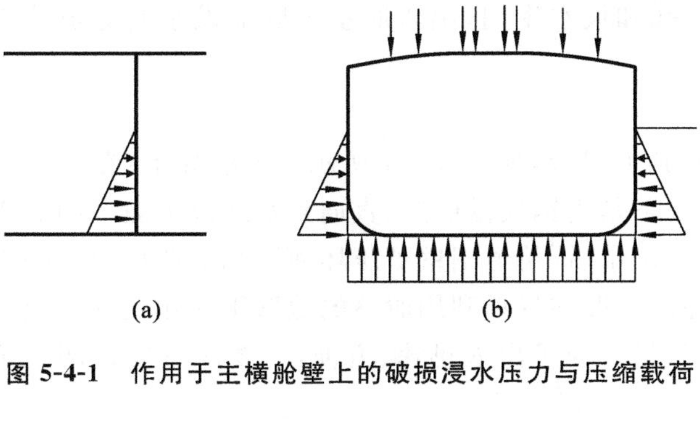

图 5-4-1　作用于主横舱壁上的破损浸水压力与压缩载荷

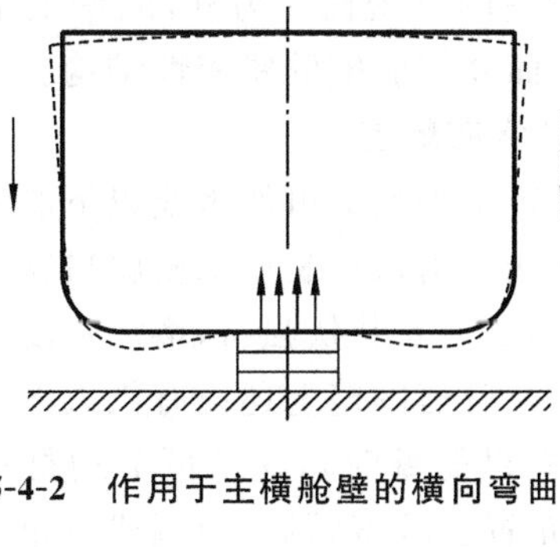

图 5-4-2　作用于主横舱壁的横向弯曲力矩

5.4.2　主横舱壁板的厚度变化与布置

1. 舱壁板的厚度变化

舱室进水后，舱壁下部受到的水压力较大，锈蚀也较严重，据此，舱壁板的厚度变化的主要规律是上部较薄而下部较厚。考虑到装配、焊接与腐蚀等因素，舱壁板最下一列板的宽度一般不应小于 900 mm。另外，舱壁的两舷边和甲板顶边受到较大的面内（轴向）压缩力，为了提高舱壁板的稳定性，该板也应适当加厚。

因为小型舰艇较小，进水后舱壁下部受到的水压力不大，只需较薄的钢板（在扶强材的支撑下）且无须变化板厚，即可保证强度。但考虑到焊接变形和腐蚀余量，钢板不能太薄，一般为 3～4 mm。大、中型舰艇的主横舱壁板厚度变化比较明显，驱逐舰为 4～6 mm，巡洋舰为 4～8 mm。

2. 舱壁板的布置

从适应舱壁所受的破损浸水压力沿垂向的变化以及舱壁板厚度变化规律来说，舱壁板采用水平布置方式是比较合理的，它有利于减轻舱壁结构重量。水平布置方式是目前舱壁板布置的主要形式。但为更好地适应强度要求，以及便于分段制造和方便装配，舱壁板也可采用混合布置方式。例如，坞修时，舱壁承受的中央龙骨墩的支承反力较大，为了提高舱壁板的强度和稳定性，在舱壁中央可垂向布置一列厚板；另外，为了提高舷侧舱壁板抗侧向压力的稳定性及适应分段装配要求，靠舷边的板可采用垂向布置方式，从而可稍加厚，并划入舷侧分段，如图 5-4-3 所示。总之，舱壁板的布置应根据具体情况，在保证强度、减轻重量、简化工艺的原则下统一考虑，选择最佳布置方案。

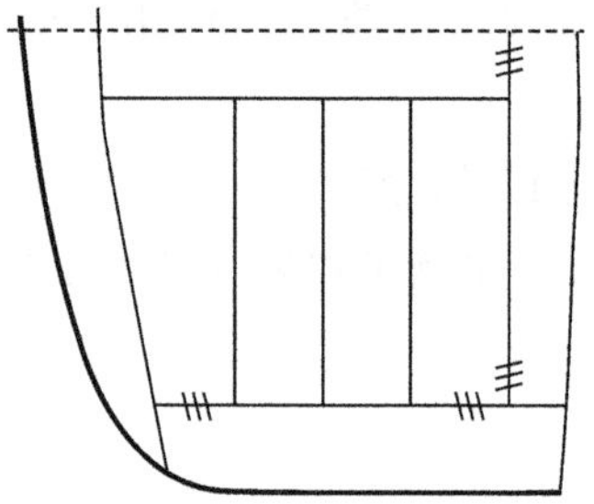

图 5-4-3　舱壁板的混合布置方式

学习指导：理解主横舱壁板的厚度变化规律与布置方案。

5.4.3　保证主横舱壁紧密性的措施

舱壁紧密性通过舱壁板之间的紧固焊接（对接焊）得以实现。但为了让电缆、管路和推进器轴等通过舱壁，必须在舱壁上开孔。为此，在开口部位要采取水密措施，如水密填料函等，以保证舱壁的紧密性。另外，舱壁上不许开人孔和设水密门，出入舱室采取加设水密舱道等措施。下面介绍舱壁的紧密性结构。

1. 水密舱道

设置水密舱道可使水线以下舱室直接通到上甲板，如图 5-4-4 所示。方法如下：在上甲板通道顶端的出入口装设水密舱口盖，舱口盖往下是用钢板做成的、直通到水线以下舱室的舱道围壁，围壁上安装扶强材，增加强度，避免舱室进水后，舱道围壁被压坏而影响危急情况下的正常使用。舱道围壁上还设有供人上下的扶梯。一般均尽量利用舱室的舱壁组成舱道的一边或两边（有纵舱壁时），这样可节约材料、减轻重量。为了出入迅速、方便，重要舱室应设两个舱道，并布置在舱室两侧、两端或对角。

单甲板的小型舰艇，或下甲板间断处的机舱，应在上甲板上开设舱口，供人员出入。舱口

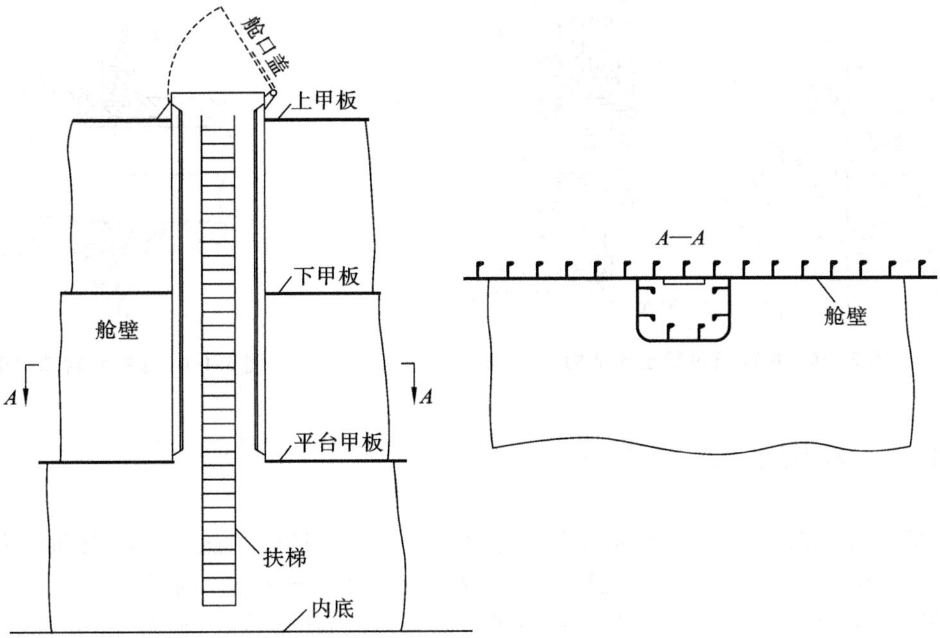

图 5-4-4　水密舱道的结构

应设置保证紧密的水密舱口盖。

2. 管路和电缆穿过舱壁处的结构

图 5-4-5 所示为管路通过舱壁时的三凸缘管接头与舱壁板连接的结构形式。舱壁开孔后将具有三个凸缘的管接头的中间凸缘与舱壁板紧固焊接,两端的凸缘为法兰,用于管路的连接。这样,不但管路可以畅通,而且保证了舱壁的紧密性。但在实战中,某一舱室严重破损时,舱室内管路因受冲击而破裂,且使相邻舱室管路被破坏(开裂、法兰松动)而漏水的现象发生较多。因此,为了真正提高舰艇的抗沉性,管路系统最好从水线以上通过横舱壁。

图 5-4-6 所示是电缆通过舱壁的一种结构形式。为了减少舱壁上开孔的数量,通常使电缆集中穿过舱壁。舱壁开孔后,先安装一个可填充填料的填料盒,填料盒与舱壁焊接,电缆从填料盒中间通过,然后在填料盒内压入沥青、橡胶等填料,并通过压紧盖压紧,从而保证紧密。

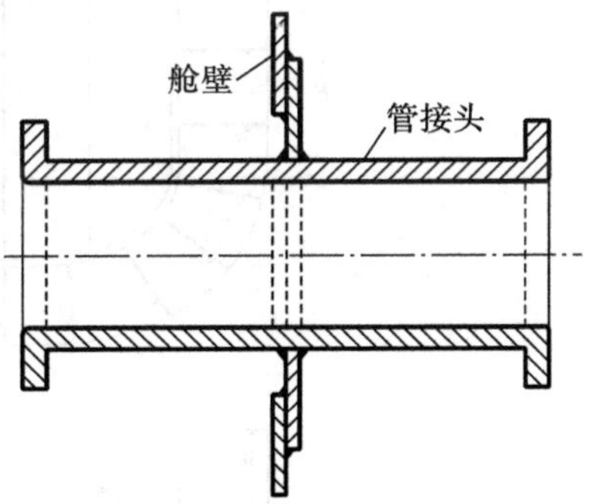

图 5-4-5　管路通过舱壁的结构

3. 推进器轴通过舱壁处的结构

推进器轴通过舱壁时,保证舱壁紧密性的措施是在轴通过处专门安装水密填料函,如图 5-4-7 所示。舱壁开孔后,装上一个水密填料函座与舱壁焊接或用螺钉连接,填料函一端为与轴系配合较好的圆筒,另一端有填料槽和压盖,压盖与填料函座用螺栓连接,当填料槽内装上填料(油麻丝)后,旋紧螺栓,压盖压紧填料,从而既保持了舱壁的水密性,轴又可以转动。

学习指导:了解保证主横舱壁紧密性的措施。

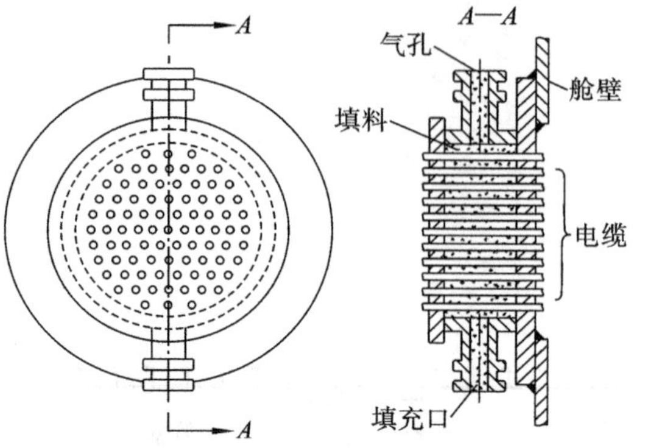

图 5-4-6　电缆通过舱壁的结构

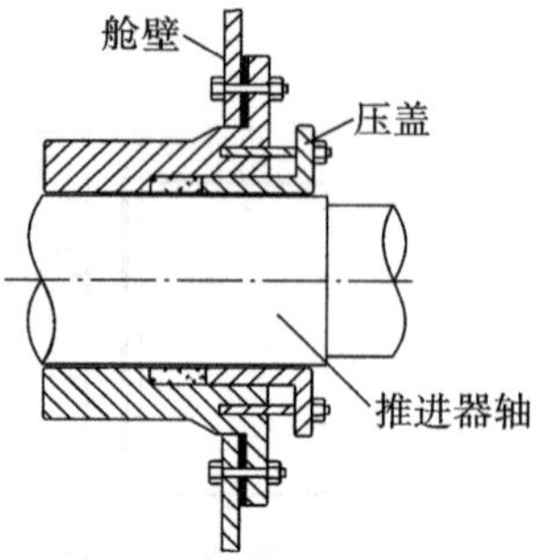

图 5-4-7　尾轴水密填料函结构

5.4.4　轻型舱壁

轻型舱壁分平面加筋结构和压筋板结构两种。平面加筋轻型舱壁是由板和扶强材组成的，其受力较小，结构尺寸远小于主横舱壁。一般舱壁板用 1～2 mm 的薄钢板。

压筋板轻型舱壁分两种，一种是槽形皱折板舱壁，称为槽形舱壁，如图 5-4-8 所示；另一种是在平板上沿某一方向压出半圆形的波浪式凹槽，该凹槽代替平面舱壁的扶强材，以增加板的刚度。用该板制作的舱壁称为压筋板舱壁，如图 5-4-9 所示。

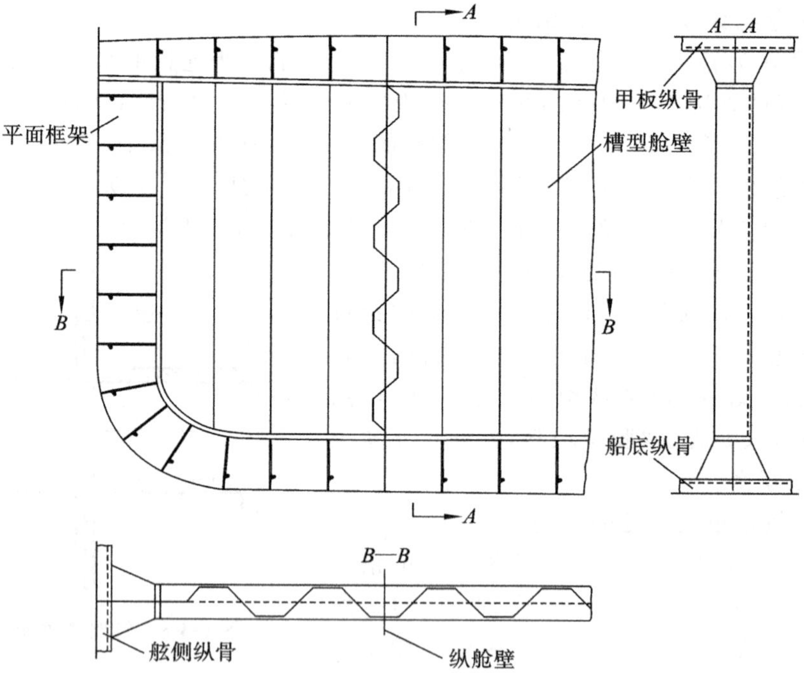

图 5-4-8　槽形舱壁

在等强度条件下，一般槽形舱壁和压筋板舱壁的重量较平面加筋轻型舱壁要轻得多。此外，槽形舱壁和压筋板舱壁的焊接工作量少，便于用自动焊，施工方便。为了减轻重量，也可采用铝合金轻舱壁。但铝合金具有易燃性，在主船体内不宜采用，多用于上层建筑。

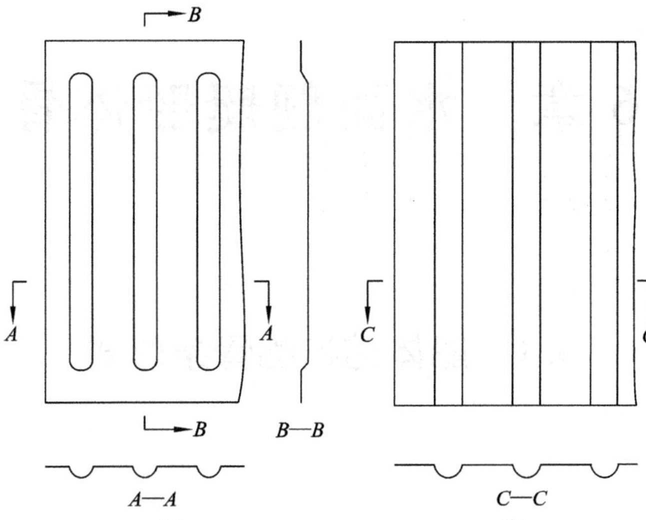

图 5-4-9　压筋板舱壁

(a)闭式　(b)开式

学习指导:了解轻型舱壁的两种典型结构形式。

习　题

5-1　什么是船体外板？试说明其组成。

5-2　什么是端接缝？什么是边接缝？什么是列板？

5-3　外板厚度变化规律是什么？其主要依据是什么？

5-4　船体外板为什么多采用纵向布置？船体外板布置应注意哪些问题？

5-5　船体外板焊缝布置应注意哪些问题？

5-6　上甲板板厚度变化规律是什么？

5-7　甲板边板与舷侧顶板的连接结构形式(包括连接元件与连接形状)有哪几种？各有何优缺点？

5-8　内底板的主要作用是什么？

5-9　内底终止处应采取何种结构或措施？

5-10　主横舱壁的主要作用是什么？

第 6 章　水面舰艇船体骨架

6.1　船体结构的骨架形式

6.1.1　概述

船体上用于支持外板、甲板板、内底板和舱壁板等板材的纵、横型材统称为船体骨架。在船体结构中布置骨架的主要目的是保证船体结构的坚固性，减轻船体结构的重量。由于板具有两个突出的缺点：一是抗横向弯曲能力较差，板厚度方向的尺寸远小于另外两个方向，其横向抗弯惯性矩很小；二是抗面内压缩能力较差，薄板在面内压力作用下极易失稳。如果甲板宽 10 m，板厚 20 mm，没有任何骨架，则其抗面内压缩的失稳临界应力 $\sigma_{cr}=3.04$ MPa，约为钢材强度的 1/100。因此，如果船体每一部分结构都由钢板做成，而不用型钢作为骨架来支持钢板，那么，为了抵抗外力的破坏，就必须大大增加钢板的厚度。很显然，这不仅不能充分利用材料，而且会大大增加结构的重量。将船体结构所有的板材都用型材按一定的形式来支持，组成板架结构，共同承担外力的作用，这样既可以发挥型材具有的较大的抗弯能力和抗失稳能力的优势，又可以发挥板材具有的封闭容积、分隔空间的好处，从而在保证船体的适用性和坚固性的情况下，使船体的结构重量最轻。

由于船体板在总纵弯曲和局部弯曲载荷作用下，可能产生两个方向的弯曲变形，因此其骨架应布置在纵、横两个方向。纵、横两个方向受力大小和受力方式不同，骨架的布置间距与尺寸大小也不同。船体骨架的布置方式称为船体骨架形式。

学习指导：熟悉船体骨架和船体骨架形式的概念，理解布置船体骨架的目的。

6.1.2　骨架形式的种类与特征

1. 骨架形式的种类

船体结构的基本骨架形式有两种：纵骨架式和横骨架式。无论是纵骨架式骨架还是横骨架式骨架，它们都是由纵、横两个方向的构件（型材）组成的，这两个方向的骨架把板材划分为许多矩形的小块，称为板格。板格的长边沿舰长方向布置的骨架形式称为纵骨架式；反之，若板格的长边沿舰宽方向布置，则该骨架形式称为横骨架式，如图 6-1-1 所示。

船体各部分结构的骨架形式可以一致，也可以不同。通常将大部分结构为纵骨架式结构的船体统称为纵骨架式船体结构；反之，大部分结构采用横骨架式骨架结构的称为横骨架式船体结构。如果船体结构中既有纵骨架式骨架结构，又有横骨架式骨架结构，则该船体结构称为混合骨架式船体结构（见图 6-1-2）。

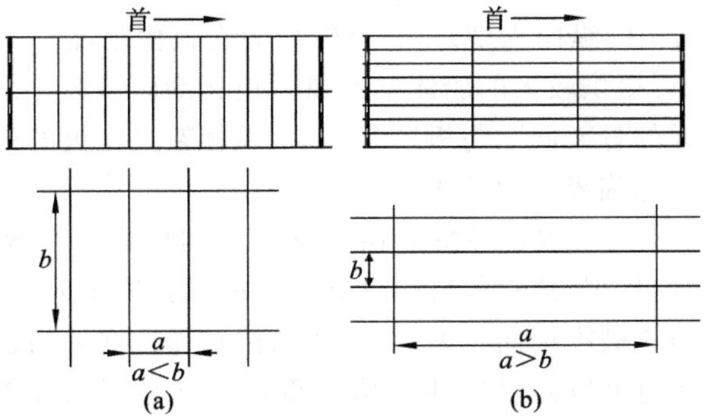

图 6-1-1　横骨架式和纵骨架式

(a)横骨架式　(b)纵骨架式

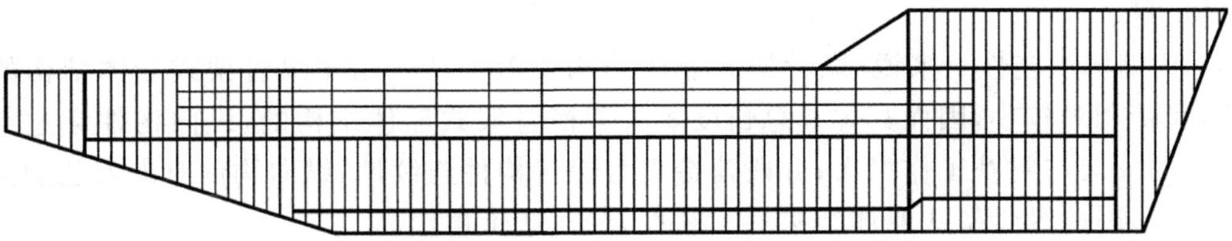

图 6-1-2　混合骨架式船体结构

2. 两种基本骨架形式的特征

1）纵骨架式

纵骨架式船体结构的纵向构件稠密，间距较小。一般纵骨的间距为 300～600 mm，其断面尺寸相对较小，纵骨架式船体结构也有大的纵向构件，即纵桁。纵骨架式船体结构中的横向构件相对比较稀疏，间距一般为 1 000～2 000 mm，其断面尺寸较大。当纵、横构件相交时，通常都是纵向构件保持连续，而横向构件间断或开孔让纵向构件连续通过。因此，纵骨架式船体结构有较多的纵向连续构件，这在提高船体结构总纵强度的同时，也大大提高了板材抗纵向压缩失稳的能力，对保证船体总纵强度十分有利。

2）横骨架式

横骨架式船体结构的横向构件（肋板、肋骨及横梁）布置较稠密，肋骨间距一般为 500～700 mm，普通横梁和普通肋骨的尺寸较小，横向大构件称为强横梁、强肋骨。横骨架式船体结构中的纵向构件布置稀疏，间距较大，一般为 1 000～2 000 mm，其断面尺寸较大，为大构件（纵桁）。当纵、横构件相交时，通常都是横向构件保持连续，纵向构件间断或开口，让横向构件连续穿过，仅中内龙骨（中底桁）必须保持连续。因此，横骨架式船体结构横向强度较好，肋骨刚度较大，这对于承受外部水压力和保证局部强度是有利的。

学习指导：熟悉船体基本骨架形式的分类与特征。请做习题 6-1。

6.1.3　不同骨架形式的优缺点及应用

骨架形式的优缺点可从结构强度、结构抗损性与结构完整性、结构工艺性和结构功能性（结构重量与舱容）等方面来说明。

1. 纵骨架式的优缺点

(1) 纵骨架式船体结构的纵向强度好,并有较高的壳板稳定性。一方面,大量连续的纵向骨架构件可计入船体梁,可提供较大的船体梁的惯性矩和剖面模数,大大提高了船体的纵向抗弯强度;另一方面,在同样的骨架间距与板厚条件下,纵骨架式壳板的稳定性较好,其失稳临界应力约为横骨架式壳板失稳临界应力的4倍。

(2) 纵骨架式船体结构的抗损性较好。由于这种结构形式存在数量较多的纵向构件,它们能阻碍破口、裂缝的横向扩展,这对保持船体破损后的纵强度十分有利。特别是在爆炸冲击下,限制船体破损范围,阻止破损横向扩展,是船体结构必须重视的问题。

(3) 纵骨架式船体结构可以减轻船体结构的重量。这是因为较多的纵向骨架计入船体梁,可起到与甲板板、外板同样的抵抗总纵弯曲的作用,所以甲板板和外板的剖面面积可相应减小,从而可减薄壳板,减轻重量。另外,纵骨架式船体结构可提高壳板的稳定性,因而可减薄壳板,减轻重量。舰艇船体结构横舱壁较多,板架的纵向跨距小于横向跨距,可以减小骨架尺寸,减轻重量。

(4) 从结构工艺性上来说,纵骨架式船体结构要差一些。由于纵骨架式船体结构的纵向构件多,间距相对较小,因而其焊缝总长度要大于横骨架式船体结构的;纵向构件穿过水密舱壁和肋板的安装与封补工作量大;分段建造中为保持构件连续性,纵向构件对准安装的工作量和难度较大,因此纵骨架式船体结构的工艺性较差,造价也较高。

另外,纵骨架式结构的舱容、净空损失较多,这是因为纵骨架式结构横向构件较大,横梁和肋骨的最小高度要大于纵骨高度的1.6～2倍,这对舱室布置和空间利用是不利的。

2. 横骨架式的优缺点

(1) 横骨架式船体结构的横强度较好,横向刚度大,有利于承受横向载荷,提高局部强度。但其总纵强度较差,壳板容易失稳。横骨架式结构的肋骨框架较密,这对于提高横向强度和刚度、保证船体形状是极为有利的。肋骨的弧形形状增加了舷侧的刚度,对承受局部横向载荷有利。但是,横骨架式结构参与船体梁的骨架构件较少,影响了船体的总纵强度,加上横骨架式壳板失稳临界应力为纵骨架式壳板的1/4,焊接变形又对壳板的稳定性不利,所以其总纵强度较差。

(2) 横骨架式船体结构的抗裂纹横向扩展的能力不如纵骨架式好,抗损性相对较差。

(3) 横骨架式船体结构的重量比纵骨架式重。由于横骨架式结构参与船体梁的骨架构件少,为保证船体的总纵强度就要增加板的厚度,而壳板稳定性较差进一步要求增加板厚,因而船体重量通常较重。但对于短而宽的小型舰艇,横骨架式结构不一定会增加重量。

(4) 横骨架式船体结构的工艺性较好。由于焊缝总长度短,并减少了纵向构件穿过水密舱壁的封补工作量,以及分段装配的工作量,因而其制造工艺比较简便。

(5) 横骨架式船体结构有利于更好地利用舱容,便于设备布置与使用。横骨架式结构中横向构件尺寸小,而大的纵向强构件很少,有利于各种设备、管系和电缆的布置、安装。

3. 混合骨架式的优缺点

混合骨架式结构的优点是可以充分利用纵、横骨架式结构的优势,如中部上甲板、底部及舷顶采用纵骨架式,以保证船体结构的总纵强度,减薄壳板,减轻重量。下甲板、舷侧下部及首、尾部可采用横骨架式结构,提高局部强度,并可减轻重量。

混合骨架式结构的缺点是结构比较复杂,纵、横骨架转变区域施工比较麻烦,如果结构上处理不当,会产生结构上的"硬点"和突变,造成很大的应力集中,因而混合骨架式船体结构的结构完整性较差，现已很少采用；而以前应用较多的首尾部局部采用横骨架式结构的“纵骨架式船体结构”，目前也倾向于采用在首尾端部应用纵骨架式（保持纵骨的连续性），横向加密（加半肋骨和肋板）的办法，来提高首尾端底部结构的横向强度和刚度。

学习指导：理解和掌握不同骨架形式的优缺点。请做习题 6-2。

4. 骨架形式在船体结构中的应用

目前常规排水型舰艇大多采用纵骨架式船体结构，原因如下。一是这种舰艇的航速要求较高，航速一般为 28～35 kn，为适应快速性的要求，通常船体设计得比较细长，这样，船体所受的总纵弯矩较大，船体结构的总纵强度问题显得特别突出。保证总纵强度是船体强度设计的关键，因此应采用纵强度较好的纵骨架式船体结构。二是船体结构的适用性要求船体在保证坚固性的条件下，船体重量最轻，纵骨架式船体结构可以较好地满足这一要求。三是船体结构的抗损性要求采用纵骨架式结构。虽然纵骨架式结构有工艺性、经济性不佳的缺点，但从总体性能来说，军舰采用纵骨架式船体结构为好。我国现役舰艇大多采用纵骨架式船体结构，但对于一些小型舰艇，由于总纵弯矩较小，而板的厚度通常是由局部强度、工艺条件、使用要求和腐蚀损耗等因素决定的，纵强度往往容易保证，在此情况下采用纵骨架式结构并不能减轻结构重量。因此从工艺性、经济性和舱容利用等角度考虑，采用横骨架式结构反而有利。

以上骨架形式在船体结构中应用的分析，是就一般规律而言的，具体舰艇采用何种形式，要根据舰艇的具体情况和设计人员的爱好等多种因素而定。但任何结构形式都有利有弊，应根据综合性能选择最优的。

学习指导：理解和掌握军舰多采用纵骨架式船体结构的原因。请做习题 6-3。

6.2 底部骨架

6.2.1 概述

船体底部是整个船体结构的基础，因而船体底部骨架有极为重要的作用。

1. 底部骨架的作用和受力

(1) 底部骨架要支撑船体底部外板，承受较大的静水压力、波浪冲击力、尾部脉动水压力等压力的作用。

(2) 底部纵向骨架是船体的下缘，是构成船体梁的主要构件，在保证船体总纵强度方面起着重要作用；中底桁（中内龙骨）是船体结构的“脊柱”，在保证船体坐墩强度上起主要作用。底部纵向骨架受到较大的总纵弯曲力矩产生的拉、压应力的作用，以及墩木支承反力、搁浅等撞击力等。

(3) 底部横向骨架即肋板，是横向框架的基础，在保证船体形状和横强度方面起着重要作用，其受力主要是横向弯曲应力。

(4) 在船体内部会安装各种机械设备，作为船体基础的强力构件，底纵桁（内龙骨）和肋板将承受这些设备的重力及其运转时的不平衡力、螺旋桨推力及反扭矩等。

2. 底部骨架形式

船体底部骨架根据其骨架形式的不同，有纵骨架式底部骨架和横骨架式底部骨架两种形式。由于船体底部有单底与双底之分，故船体底部骨架形式分为单底纵骨架式、双底纵骨架式、单底横骨架式和双底横骨架式四种结构形式。

单底纵骨架式底部骨架的主要组成构件有中内龙骨、旁内龙骨、底纵骨和肋板；而双底纵骨架式底部骨架的主要组成构件有中底桁、旁底桁、外底纵骨、内底纵骨和肋板。这两种骨架都具有纵骨架式骨架的特点，其不同点在于：一个是单层底，一个是双层底。单层底没有内底板，也就没有内底纵骨；另外，单层底的纵向大构件的名称为中内龙骨和旁内龙骨，而双层底的纵向大构件的名称为中底桁和旁底桁。图 6-2-1 给出了单底和双底纵骨架式底部骨架结构的剖面结构图。

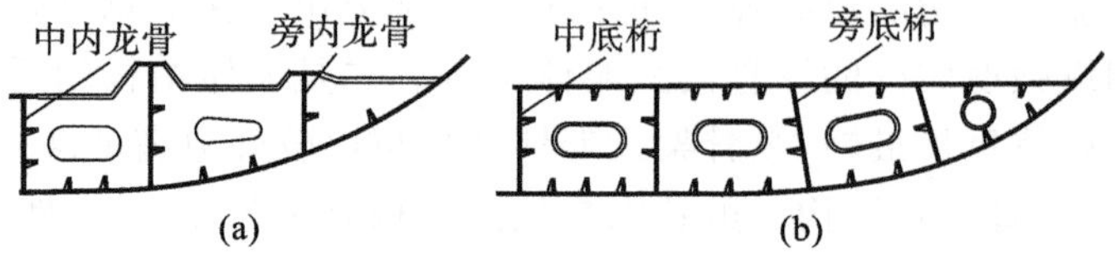

图 6-2-1　纵骨架式底部结构

(a)单底　(b)双底

底部横骨架式结构与底部纵骨架式结构相比，它没有底纵骨，底部纵向只有大构件，单底横骨架式结构的主要组成构件为中内龙骨、旁内龙骨，双底横骨架式结构的主要组成构件为中底桁、旁底桁。横骨架式底部结构的横向构件也为肋板，与纵骨架式结构的肋板的不同之处在于：横骨架式底部结构中肋板在旁底桁(旁内龙骨)处连续穿过，旁底桁间断，肋板仅间断于中底桁；而纵骨架式底部结构中肋板在中底桁(中内龙骨)、旁底桁(旁内龙骨)处都间断。

另外，由于横骨架式底部结构中肋板设置较稠密，因而可采用主肋板、轻型肋板交替设置的方式。横骨架式底部结构如图 6-2-2 所示。

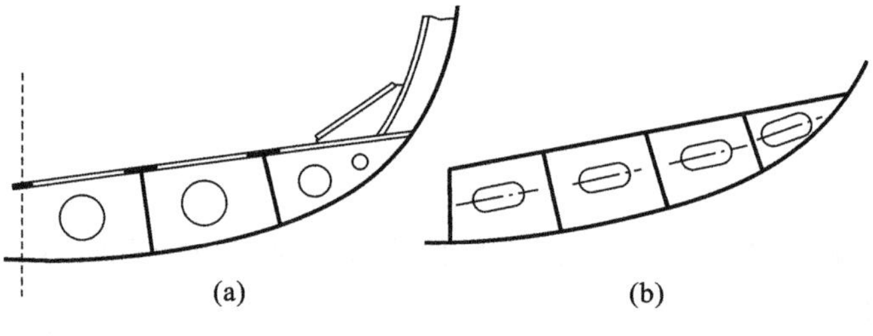

图 6-2-2　横骨架式底部结构

(a)单底　(b)双底

学习指导：了解底部骨架的作用和受力，熟悉底部骨架形式及其主要组成构件，并了解不同骨架形式之间的区别。请做习题 6-4。

6.2.2　底部骨架各组成构件

军舰以纵骨架式船体结构为主。下面以纵骨架式底部结构为例，讨论底部各组成构件的结构形式与连接方法。

1. 中底桁(中内龙骨)

双底船的中底桁和单底船的中内龙骨是船体底部中央的一条连续的纵向大构件，是底部骨架中最强的构件。它参与保证船体总纵强度，在坞修中承受大部分的墩木支承反力。当舰艇在航行中发生擦底、搁浅、触礁等情况时，它往往也是首当其冲；它支持肋板，以减小肋板尺寸；中底桁还起到分隔底舱的作用，以便储存油、水。

中底桁由一列垂直的钢板及其加强筋组成，它处于内底板和外底板之间，与双层底同高，并垂直于平板龙骨。中底桁在船体中部应绝对连续，并延伸至首、尾，仅在首、尾端舱壁处可以间断。中底桁上要设纵向加强筋，以提高中底桁在总纵弯曲时的抗失稳的能力。在船体中部区域，中底桁上不许开人孔或减轻孔，因而底舱为左右设置，其结构如图 6-2-3 所示。

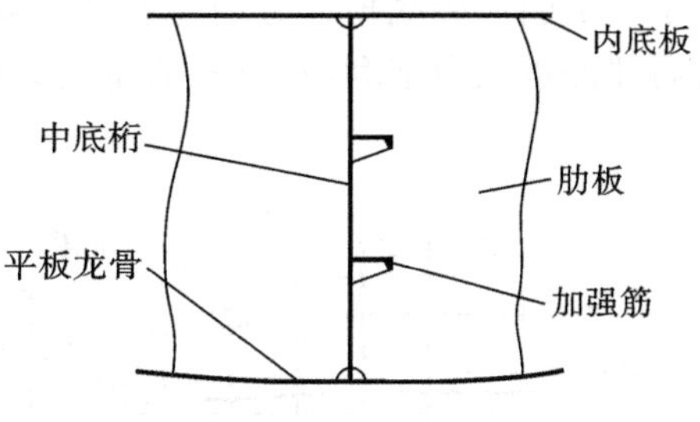

图 6-2-3　中底桁结构

中内龙骨是由面板和腹板组成的 T 形结构，当高度较大时，其和中底桁一样，应在中内龙骨腹板上加设加强筋，以增加中内龙骨在总纵弯曲时的抗失稳的能力。一般中内龙骨在船体中部应保持连续，并在舱壁上开口让中内龙骨穿过，然后进行水密封补，如图 6-2-4(a)所示；也可只让腹板连续穿过舱壁，面板间断于舱壁并坚固焊接，如图 6-2-4(b)所示。

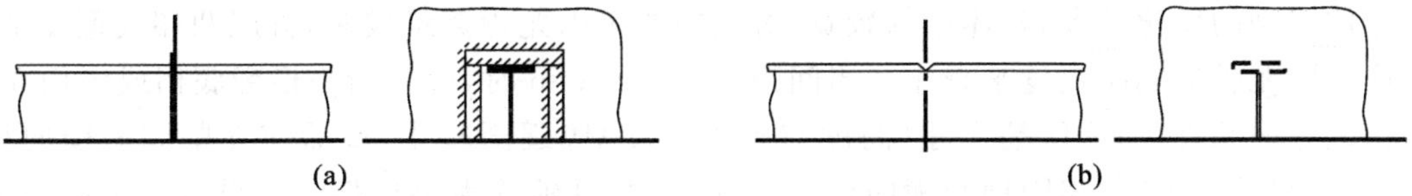

图 6-2-4　中内龙骨或旁内龙骨穿过舱壁

中内龙骨在船体首、尾端部可以间断于水密舱壁。但为了保证中内龙骨具有较好的结构完整性，应使其在舱壁板两边对准，并加大腹板高度或加肘板加强，以保证对接的坚固性，如图 6-2-5 所示。中底桁或中内龙骨与肋板相交时肋板必须间断于中底桁或中内龙骨。

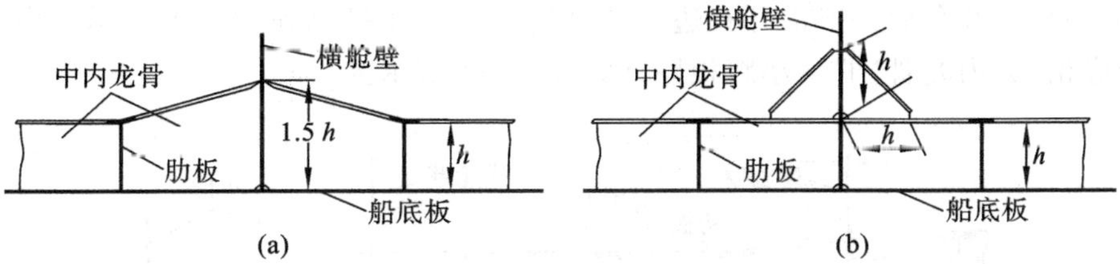

图 6-2-5　中内龙骨或旁内龙骨间断于舱壁

2. 旁底桁(旁内龙骨)

旁底桁或旁内龙骨是位于中底桁或中内龙骨两旁的纵向连续大构件，其结构形式与中内龙骨或中底桁相似。旁底桁或旁内龙骨是保证船体总纵强度的主要构件，与肋板相互连接并互为支持。

根据舰艇大小的不同，左右舷各设 1～3 根旁底桁或旁内龙骨，间距要均匀，左右对称。从纵向来看，旁底桁或旁内龙骨通常采用平行于中线面的直线式布置方式，在首尾部底部宽度变窄时，可采用折线式布置方式，如图 6-2-6(a)所示。采用折线式布置方式时，旁底桁或旁内龙骨须在坚固的横向刚性构件处(如横舱壁处)开始转折。从横剖面来看，旁底桁或旁内龙骨有垂直于船底外板和垂直于基线两种布置方式，如图 6-2-6(b)所示。垂直于船底外板的布置方式对于舰艇抵抗局部外水压力是有利的，其抗弯惯性矩最大。尽管该布置方式在装配上不够方便，但是，因一般舰艇的底部线型横向斜升较大，船底不平坦，因此垂直或近似垂直于外底板进行布置是船体旁底桁或旁内龙骨的主要布置方式。垂直于基线的布置方式安装方便，但对抵抗局部外水压力不利，只有在底部平坦的舰船上采用。

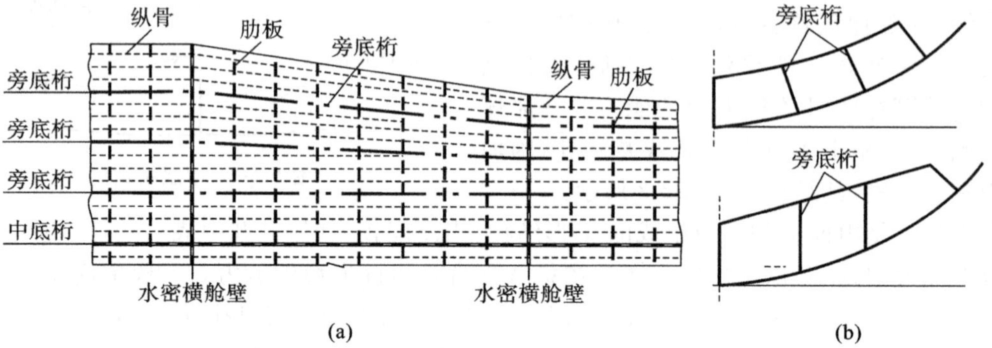

图 6-2-6 旁底桁或旁内龙骨的布置

船体线型的变化较大，船体中部较宽，旁底桁或旁内龙骨数量较多，首尾两端线型变窄，旁底桁或旁内龙骨的间距也越来越小。当间距小于 750 mm 时，应中断一根旁底桁或旁内龙骨。旁底桁或旁内龙骨终止时，基尺寸（高度与腹板厚度）应逐渐减小，最后应在坚固的横向构件（横舱壁、肋板）处中断，牢固地与横向构件相连接，并可延续为小构件——纵骨。旁底桁或旁内龙骨终止处结构如图 6-2-7 所示。旁底桁或旁内龙骨终止时，在同一肋骨剖面内每舷一次最多终止一根，以防止横剖面上尺寸突变太大而造成应力集中。在船体中部旁底桁或旁内龙骨也应保持连续，并穿过水密舱壁，在首尾部可以间断于横舱壁，其与舱壁相交时的结构和中底桁或中内龙骨穿过舱壁的结构相似，如图 6-2-4 和图 6-2-5 所示。为了减轻结构重量，便于人员进出底舱，在旁底桁或旁内龙骨腹板上可以开减轻孔，减轻孔应为圆形或椭圆形，并开在腹板高度的中央。开孔后一般沿开孔边缘焊型钢或板条加强，如图 6-2-8 所示。中底桁（中内龙骨）和旁底桁（旁内龙骨）的最小腹板厚度如表 6-2-1 所示。

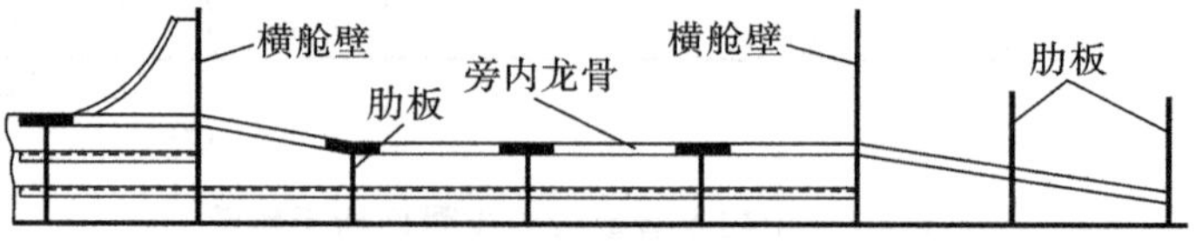

图 6-2-7 旁底桁或旁内龙骨的终止处结构

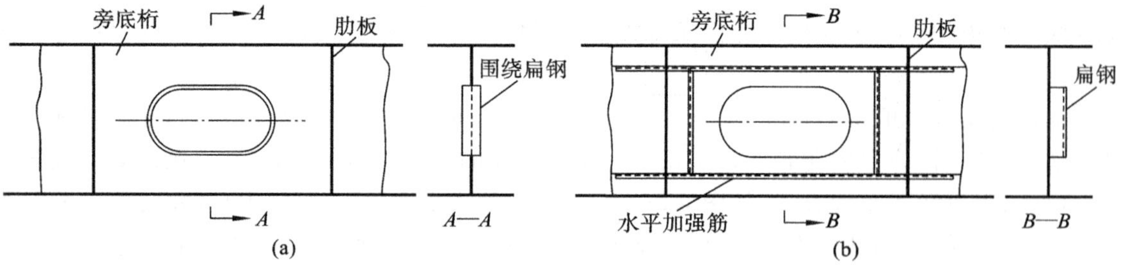

图 6-2-8 旁底桁开孔加强

表 6-2-1　底部纵、横大构件最小腹板厚度

舰长/m	最小允许板厚度/mm			
	中底桁(中内龙骨)	旁底桁(旁内龙骨)	水密肋板	主肋板
140 以上	10～12	8～10	8～10	6～8
120～140	8	6	6～7	5～6
100～120	6	5	4～5	4～5
80～100	6	5	4～5	4～5
80 以下	5	4	4	3～4

3. 纵骨

底纵骨支持内、外底板，承受外水压力、舱内重力和波浪冲击力。另外，底纵骨可以大大提高内、外底板的纵向稳定性，同时其作为纵向连续构件，参与船体总纵弯曲，提高船体总纵强度。

当舰艇在波浪中航行时，在中拱状态，底部外板和内底板受到较大的纵向压缩力的作用，很容易产生翘曲失稳，为了提高壳板的稳定性，必须设置较多的纵向骨架，因此纵骨间距通常为 250～400 mm，而尺寸较小，为 5～12 号轧制球扁钢。

纵骨通常平行于中线面布置，腹板垂直于外板或内底板，纵骨间距尽量均匀，内、外底纵骨应保持对应，以便构件之间相互支持与连接(与水密肋板加强筋互为支持，构成框架)。纵骨布置时应考虑其与板边接缝的位置关系，避免成锐角相交。由于船体线型的变化，纵骨的数量在由船中向首尾端延伸过程中将逐渐减少，间距也可能相应改变。一般船体纵骨数量的减少应左右对称，并且在同一肋骨剖面内，底纵骨的终止数量每舷不得超过 2 根。纵骨必须终止在横舱壁或主肋板处，并在舱壁或肋板的另一侧加装肘板过渡，以防止结构上的应力集中。

纵骨与非水密肋板相交时，应保持纵骨连续，在肋板上开口让纵骨连续穿过，其结构形式如图 2-1-9 或图 2-1-12 所示。

纵骨与水密肋板和横舱壁相交时，一般保持纵骨连续，在肋板或舱壁上开口让纵骨穿过，然后用补板封补，其结构形式如图 2-1-13 所示。也可让纵骨间断于水密肋板和横舱壁，这种方式的水密性较好，多用于底部油、水舱。但为了保证纵骨的连续性，安装时必须对准，并加肘板加强。从强度和结构完整性观点上讲，纵骨连续通过水密肋板和横舱壁是有利的，但工艺相对复杂；而纵骨间断于肋板和舱壁，工艺较方便，但很难保证焊接均匀一致，连续性难以保证。因此，船体中部底纵骨应尽量采用连续布置方式，首尾端部可以考虑采用底纵骨间断于舱壁或水密肋板的布置方式。

4. 肋板

肋板是位于船体底部并与中底桁、旁底桁垂直的横向大构件，是保证船底局部强度和船体横强度的重要构件，主要用于连接肋骨与横梁，共同构成横向框架；与底部纵桁互为支持，构成底部板架；作为底纵骨的刚性支座，支持纵骨及内、外底板。

肋板垂直于中底桁，在船底横向布置，其腹板垂直于底板。肋板间距为船体实际肋骨间距，与肋骨、横梁的间距保持一致，肋骨、肋板与横梁共同组成肋骨框架。纵骨架式船体结构的肋板间距通常为 1.0～1.5 m，首尾部可设中间肋板和半肋骨，以进行横向加强。

在单底船或双底船的单底区域，肋板是由腹板与面板组成的 T 型材构成的；双底船的肋板是在内底板与外底板之间横向布置的板材，其与内底同高。双底船的肋板分为主肋板、水密肋板和组合肋板，如图 6-2-9 所示。

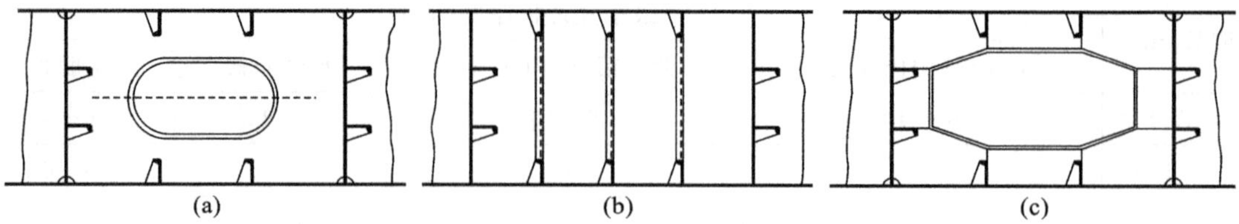

图 6-2-9　肋板的类型

(a)主肋板　(b)水密肋板　(c)组合肋板

主肋板是纵骨架式船体结构普遍采用的肋板类型，它主要用于非水密或油密的部位，其强度较大，与中底桁、旁底桁互为支持。主肋板由整块钢板制成，其板厚与旁底桁厚度相同，其上可以开减轻孔(人孔)、流水孔等，减轻孔或人孔一般应布置在肋板高度的中部，并用扁钢加强，如图 6-2-9(a)所示。

水密肋板用于需要将底舱分隔为水舱、油舱或其他紧密性舱室的部位。水密肋板由整块钢板制成，板上不开任何孔洞，其板厚与主肋板厚度相同或加厚 1～2 mm。为了增加水密肋板的强度与刚度，可安置加强筋，加强筋竖向设置，并与纵骨位置对应并坚固连接，从而与内、外底纵骨形成纵向封闭的框架，相互支持，传递外力。水密肋板和主肋板的最小板厚如表6-2-1所示。

双底内由型钢和肘板组成的肋板称为组合肋板。这种肋板不够坚固，但重量轻，在受力较小的区域可与主肋板间隔布置，既保证了强度又减轻了重量。但是，组合肋板组成零件多，加工量较大，故使用不多，通常采用主肋板。图 6-2-9(c)所示为组合肋板的结构形式。

由于纵骨架式船体结构中中底桁、旁底桁都是连续的，故肋板一般间断地安插于底纵桁之间，而横骨架式船体结构中，肋板只在中线面(中底桁、中内龙骨)处间断，往两边连续延伸至舭部，旁底桁或旁内龙骨则间断于肋板，这是纵、横骨架式船体结构的主要不同点之一。

学习指导：了解底部骨架的各组成构件的作用、结构形式与结构组成。请做习题 6-5。

6.2.3　舭龙骨

在船体舭部列板外侧，沿舰长方向并垂直于舭板安装的纵向构件称为舭龙骨。舭龙骨的主要作用是减摇。舰艇在波浪中航行时产生横向摇摆，安装舭龙骨可以有效地减小舰艇的横摇，它是一种结构简单、应用最广的防摇、减摇装置。现在除了舭龙骨减摇装置以外，中型以上舰艇还采用减摇鳍防摇装置，并与舭龙骨联合使用。减摇鳍的防摇、减摇效果更佳，但设备复杂，占舱容，中小型舰艇较少采用。

为了充分发挥舭龙骨的减摇作用并避免损坏，舭龙骨通常布置在船体中部 30%～50%舰长范围的舭列板上，此处舰宽最大，舭龙骨距横摇中心的距离最远，力臂大，减摇效果好，且波浪冲击力相对较小，不易损坏。为了减小阻力，舭龙骨沿纵向布置位置应尽可能与船体舭部的流线相吻合。为了减小舭龙骨在碰撞等情况下受损的可能性，布置时要求舭龙骨不超出船体的基线和舷垂线，其宽度一般为舰宽的 3%～5%。

舭龙骨主要受到舰艇横摇运动时产生的水动力的作用，以及船体总纵弯曲时的纵向拉压力的作用，因此舭龙骨必须具备足够的强度和稳定性。考虑到舭龙骨破坏的可能性较大，舭龙骨剖面面积不计入船体梁，这样船体梁的强度计算偏于安全。为了避免因为舭龙骨损坏而导致的主船体损坏，舭龙骨与舭列板的连接采用中间过渡的不等强度连接，并保证舭龙骨因碰撞等被破坏时，仅在过渡结构处断开，不会导致舭列板的损坏。

目前，舭龙骨的结构形式主要有两种，即单板舭龙骨和双层板空心舭龙骨（又称三角式舭龙骨），如图 6-2-10 所示。一般舭龙骨宽度小于等于 550 mm 时宜采用单板舭龙骨，单板舭龙骨的自由边缘应加筋进行加强，多采用 ϕ30 mm×5～ϕ40 mm×6 的钢管，也可采用半圆钢、扁钢等。舭龙骨宽度大于 550 mm 时，宜采用双层板空心舭龙骨，其两腹板之间的夹角宜为 20°～25°，两腹板夹角的边缘用 ϕ40 mm×6～ϕ50 mm×6 的钢管加强。两腹板之间应设置支撑肘板，肘板间距为 500～1 000 mm，肘板不得与外板相连接，与腹板的连接可采用塞焊，即肘板边缘加扁钢或折弯边，腹板上开孔进行填塞焊接，如图 6-2-10 所示。

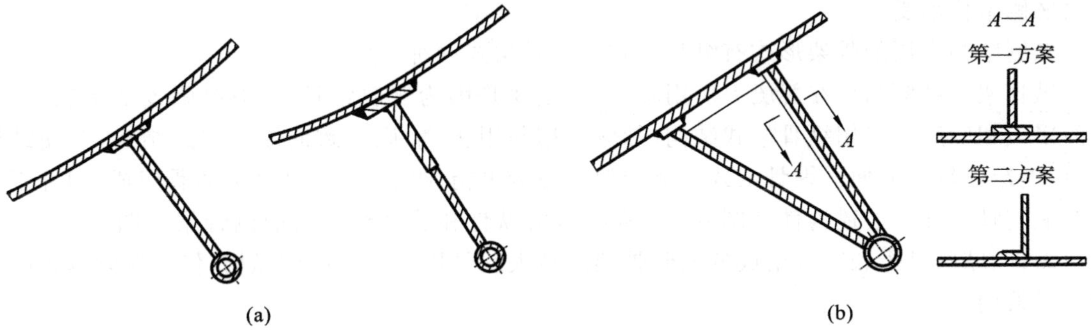

图 6-2-10　舭龙骨的两种结构形式

(a)单板舭龙骨　(b)双层板空心舭龙骨

无论是单板舭龙骨还是双层板空心舭龙骨，其腹板与船体舭板的连接必须采用扁钢过渡（见图 6-2-10）。过渡扁钢的厚度与靠近船体的舭龙骨腹板的厚度相同，扁钢宽度应不大于 10 倍厚度。舭龙骨腹板与扁钢之间的焊脚尺寸应小于板条与外板之间的焊脚尺寸，从而保证舭龙骨破坏时，首先在腹板与过渡扁钢之间产生断裂破坏，并保护船体外板的完整性。舭龙骨的布置还应注意与外板边接缝错开。

舭龙骨纵向端部应在船体刚性构件附近结束，并且舭龙骨的宽度应在其端部 3～4 倍的宽度的范围内逐渐减小，以减小结构突变引起的应力集中，如图 6-2-11 所示。

学习指导：了解舭龙骨的作用、受力及其典型结构形式。请做习题 6-6。

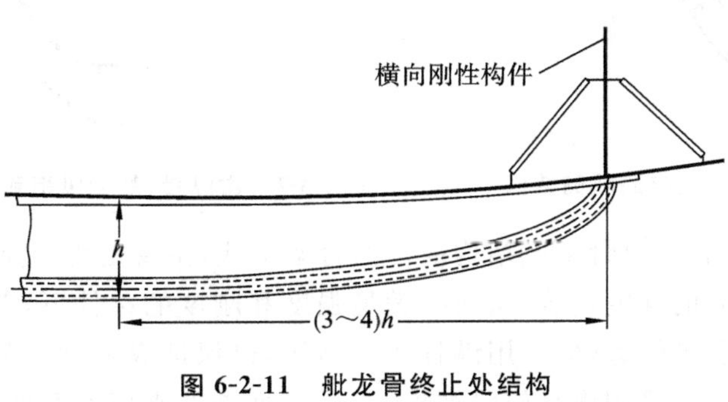

图 6-2-11　舭龙骨终止处结构

6.3 舷侧骨架

6.3.1 概述

舷侧结构是船体中连接船底和甲板的两舷侧壁，与船底、甲板、舱壁等相互连接，相互支持，构成船体结构的主船体，以保持船体的正常形状。舷侧结构直接受到舷外水压力、波浪冲击力、漂浮物和冰块的冲击挤压力以及其他碰撞力等的作用，这些力都是局部横向作用力。另外，船体纵弯曲时，舷侧受到拉、压正应力和剪切力，纵向拉、压正应力沿舷侧高度方向呈线性变化，靠近上甲板和船底舭部的正应力最大，而在船体梁的中性轴附近正应力较小。剪切力主要由舷侧结构承受。

舷侧结构常用的骨架形式有纵骨架式和横骨架式两种。

纵骨架式舷侧结构在舰艇上应用较广，这主要是因为舰艇细长，对总纵强度要求较高，船体的甲板和船底均采用纵骨架式结构，舷侧采用与甲板、船底一致的纵骨架式结构，会使结构简单，建造也较为方便。纵骨架式舷侧骨架由舷侧纵桁、纵骨、肋骨及特大肋骨组成，但并不是所有舷侧骨架都有上述构件。图 6-3-1 所示为由纵骨和肋骨组成的舷侧骨架。图 6-3-2 所示为由纵骨、舷侧纵桁和肋骨组成的舷侧骨架。特大肋骨用于支持舷侧纵桁，仅在舷侧纵桁跨距过大时采用。

横骨架式舷侧结构一般用于某些小型舰艇和民用船舶。横骨架式舷侧结构没有纵骨，其普通肋骨布置较密，主要构件为普通肋骨、强肋骨和舷侧纵桁。图 6-3-3 和图 6-3-4 所示为单一普通肋骨组成的舷侧骨架和由普通肋骨、舷侧纵桁组成的舷侧骨架。

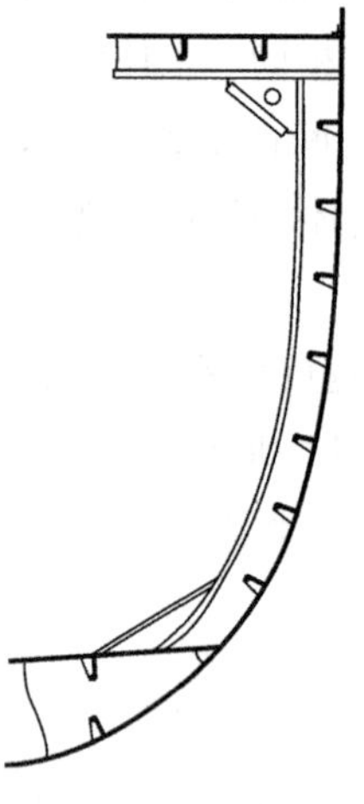

图 6-3-1　由纵骨与肋骨组成的舷侧结构

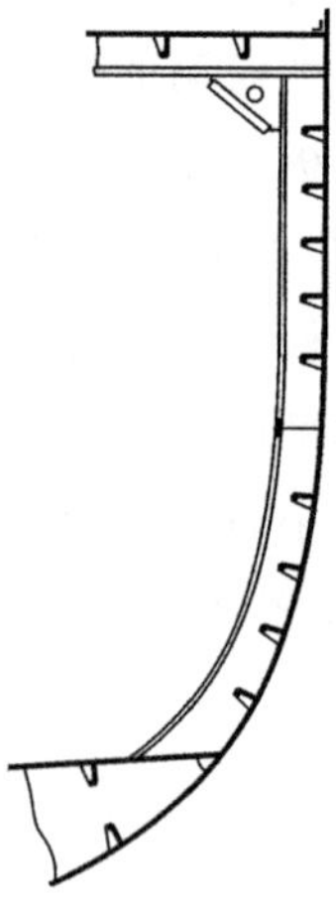

图 6-3-2　由纵骨、舷侧纵桁和肋骨组成的舷侧结构

舷侧结构也有采用纵、横骨架式结构混合的骨架形式，主要是为了充分地利用纵骨架式结构和横骨架式结构不同的强度优势，从而在满足强度和刚度的条件下，获得最小的结构重量。一般若舷侧上部距中和轴较远，应采用纵骨架式结构，以保证纵强度与外板的稳定性；若舷侧中、下部距中和轴较远，可采用横骨架式结构，有利于抵御外水压力及波浪冲击力。混合骨架式舷侧结构虽然可减轻重量，但其工艺复杂，结构完整性差，目前采用较少。

图 6-3-3　由普通肋骨组成的舷侧结构

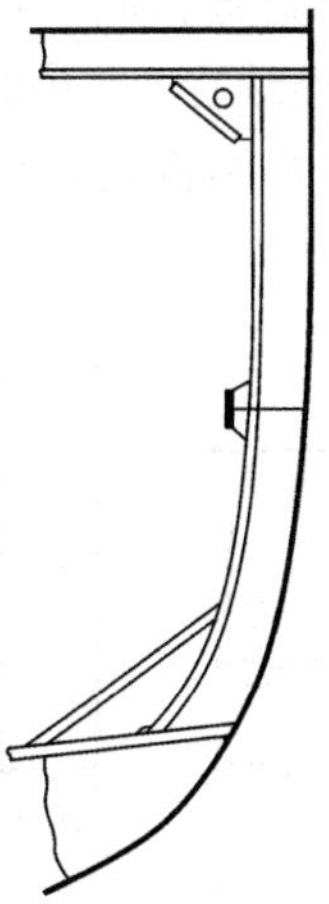

图 6-3-4　由普通肋骨与舷侧纵桁组成的舷侧结构

学习指导：了解舷侧骨架的作用和受力，熟悉舷侧骨架的常用骨架形式，并了解不同骨架形式的应用。

6.3.2　舷侧骨架的布置与连接

下面以纵骨架式舷侧结构为例，介绍舷侧骨架的布置与结构，同时对横骨架式舷侧结构的骨架布置与结构做简单介绍。

学习指导：了解纵骨架式舷侧结构的各组成构件的作用、受力、结构形式与结构组成。请做习题 6-7。

1. 舷侧纵桁

设置舷侧纵桁的主要目的：

(1) 作为下甲板间断的过渡物件，减小结构的突变；

(2) 在横骨架式结构中支持普通肋骨，在纵骨架式结构中与肋骨互为支持，减小肋骨的跨距，从而减小肋骨的断面尺寸；

(3) 把各肋骨联系起来，共同承受局部的偶然性集中载荷；

(4) 承受较大的剪切应力。

在比较大的舰艇上，除了上甲板以外，还有下甲板、平台甲板，它们是支持舷侧的强结构，而各甲板之间的高度不大，一般仅为 2～2.5 m，所以，在各层甲板之间没有必要设置舷侧纵桁，但在下甲板间断的区段(如机舱、锅炉舱)内，必须设置舷侧纵桁，它既作为甲板间断的过渡性结构，保证船体结构的连续性、完整性，同时又是减小该区域肋骨跨距、减小肋骨尺寸的必要手段。小型舰艇仅有一层上甲板，其舷侧高度为 3～4 m。另外，大、中型舰艇的首部、下甲板至舰底的舷侧高度为 3～9 m。为了增强上述舷侧结构的强度，通常应加设舷侧纵桁，它把各个肋骨联系起来，共同承受偶然性的集中载荷，也使肋骨跨距减小，从而提高了肋骨的强度和刚度。舷侧纵桁一般靠近船体梁的中性轴，在抗总纵弯曲力矩中起的作用较小，但在抗总纵弯曲剪切应力方面起较大的作用。

根据舷侧纵桁的特定作用，其布置位置主要是下甲板间断处或肋骨跨距较大的位置。

舷侧纵桁一般用 T 型材，为纵向大构件，其断面高度比横骨架式结构中的普通肋骨大，与纵骨架式结构中的肋骨相同。舷侧纵桁与横骨架式结构中的普通肋骨相交时，舷侧纵桁腹板开口，让普通肋骨连续穿过，并加肘板坚固连接，如图 6-3-5(a)所示。舷侧纵桁与纵骨架式结构的肋骨和横骨架式结构的强肋骨相交时，一般舷侧纵桁间断，肋骨或强肋骨连续，如图 6-3-5(b)所示。

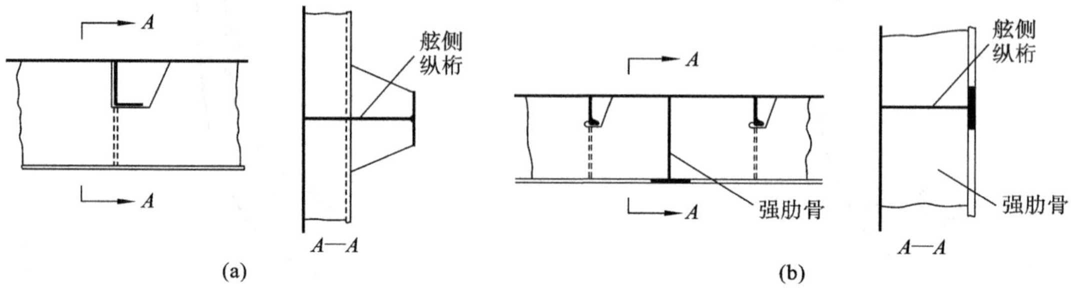

图 6-3-5 舷侧纵桁与肋骨相交处结构

(a)与普通肋骨相交 (b)与强肋骨相交

舷侧纵桁与横舱壁相交时，一般舷侧纵桁间断于横舱壁，并用肘板坚固连接。舷侧纵桁间断于横向强力结构的原因是，舷侧纵桁在总纵弯曲时的拉、压应力较小，纵向间断所造成的应力集中或结构强度降低，不会对结构的完整性造成破坏。舷侧纵桁与间断下甲板的连接，应考虑加大肘板或加大腹板高的方式，进行过渡。

2. 舷侧纵骨

舷侧纵骨的主要作用是支持舷侧外板，并一起承受舷外水压力，将其传递给肋骨和横舱壁。舷侧纵骨将提高舷侧外板的稳定性，参与保证船体的总纵强度。

舰艇舷侧纵骨与底纵骨一样，大多用球扁钢制成，沿舷侧纵向水平布置。纵骨腹板与外板垂直，凸缘向下，这样有利于排除积水和清洁保养。舷侧纵骨间距与底纵骨相近，一般为 300～400 mm，纵骨间距尽量相同，并统一型材规格，以简化工艺。纵骨向首尾延伸，随着肋骨围长的减小，纵骨数量要减少。纵骨应终止在横向刚性构件处。同一肋骨剖面内不能终止多根纵骨。

舷侧纵骨与肋骨相交时，通常在肋骨腹板上开口让纵骨通过，然后沿接触线焊接。纵骨与横舱壁相交时，其可连续穿过舱壁，也可间断于舱壁。相对来说，舷侧纵骨对总纵强度的影响不如上甲板纵骨和底部纵骨，在舱壁处间断并加肘板连接是可以的。

3. 肋骨

纵骨架式舷侧结构的肋骨主要用于支持舷侧纵骨，从而支持外板，承受水压力及其他横向载荷；肋骨与肋板、横梁组成横向框架，共同保持船体形状，保证横强度。

肋骨沿舷侧外板垂直于基线方向布置，其腹板垂直于外板。肋骨间距的选取应根据舰艇大小和部位而定。一般肋骨间距大小对船体重量和工艺性都有较大影响。肋骨间距太小，肋骨、肋板、横梁和肘板的数量都增多，从而大大增加了装配、下料与焊接工作量。反之，肋骨间距过大，纵骨尺寸要增大，肋骨尺寸也要相应增大，一般会增加船体的重量。肋骨的间距应根据纵骨的强度与稳定性要求来合理确定，一般中部的肋骨间距较大，首尾的肋骨间距较小。从方便量取的角度考虑，肋骨间距应取为整数。

肋骨通常采用组合 T 型材制作，横骨架式结构普通肋骨可采用轧制型材，如球扁钢、不等边角钢等。肋骨上端与横梁连接，下端与肋板连接，这两个节点在船体结构中是十分重要的，必须具有足够的强度和刚度，以保证船体不会产生歪斜变形或结构破坏。

肋骨与横梁的连接可采用肘板连接或圆弧过渡连接。肘板宽度应不小于横梁腹板高度的 1.5 倍，圆弧过渡时，其曲率半径应大于 1.5 倍的横梁腹板高度，如图 6-3-6 所示。对于单甲板的小型舰艇，肘板高度可取 0.1 倍的舷高。一般圆弧过渡连接的结构完整性较好，但接头比较费工费料。如果圆弧过渡区面积较大，为了提高该区域的结构稳定性，应增设加强筋予以加强，如图 6-3-7 所示。肋骨下端应伸至内底边板或肋板上缘，用舭肘板进行连接。这种连接的接头处所受弯矩和剪力较大，为了保证有效连接，舭肘板的高度应不小于内底板至最近一层甲板间高度的 1/10。肋骨下端与肋板的连接也可采用加宽肋骨下端腹板，然后直接与肋板（或舭部内底板）连接的方式，如图 6-3-8 所示。舭肘板应折边或设面板，折边或面板的宽度为肘板厚度的 10 倍，且肘板厚度与肋板厚度相同。

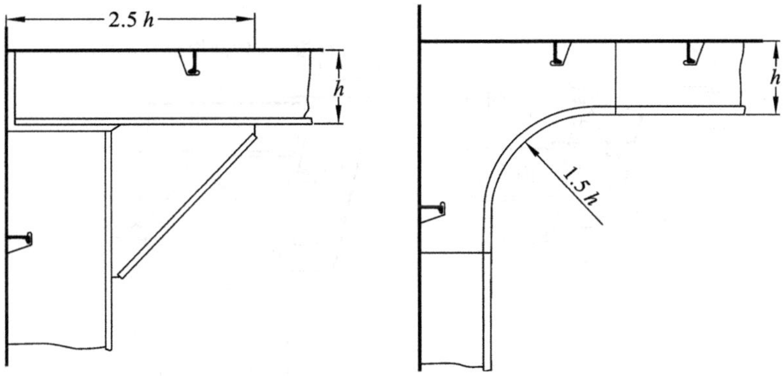

图 6-3-6　肋骨上端与横梁的连接

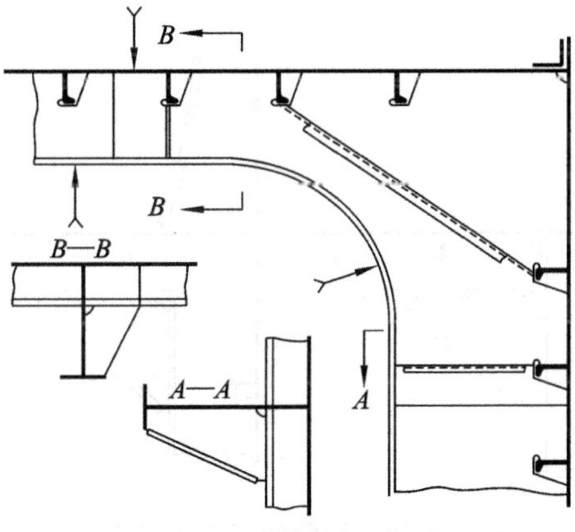

图 6-3-7　肋骨与横梁圆弧过渡连接的加强

肋骨与下甲板的连接有两种方式。一是在下甲板上开孔，让肋骨连续穿过，甲板开口按要求用补板封补，且肋骨与下层甲板的横梁用肘板连接，或在连接处的肋骨腹板上加贴加强腹板，如图 6-3-9 所示，也可加大下甲板横梁腹板高度进行加强。二是肋骨间断于下甲板。有时为了减轻结构重量，上层甲板间的肋骨尺寸要减小，与下层甲板间肋骨尺寸不同，肋骨多间断于下甲板，并用两块肘板进行加强，如图 6-3-10 所示，也可用加大肋骨腹板的方式进行加强，并坚固连接。

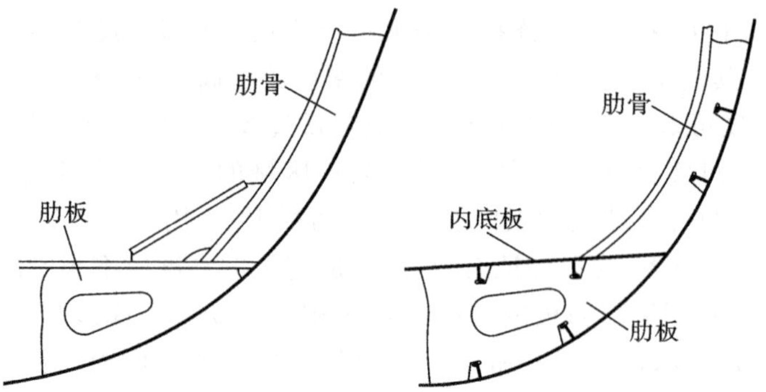

图 6-3-8 肋骨下端与舭部肋板(或内底板)的连接

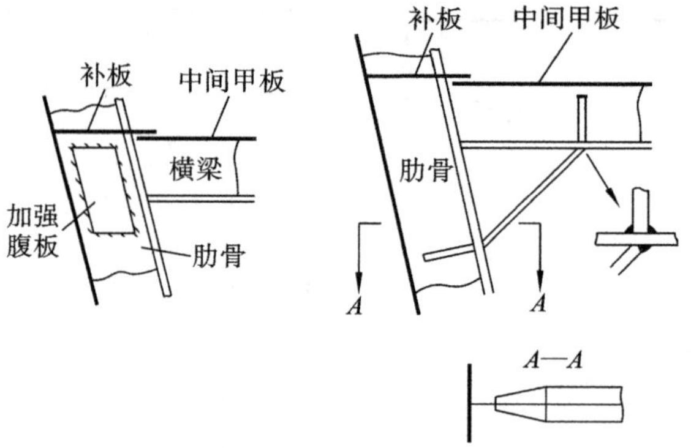

图 6-3-9 肋骨连续穿过下甲板

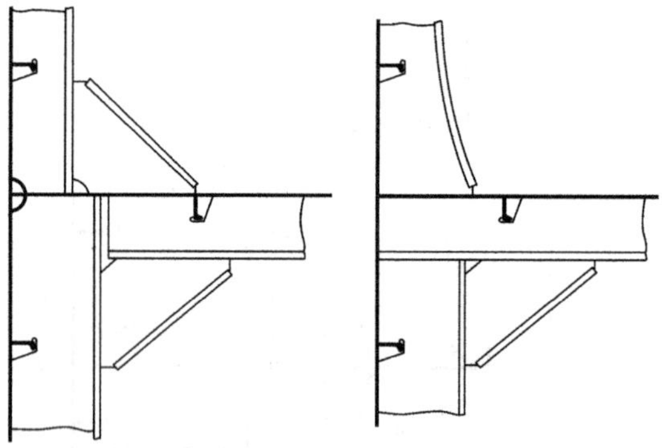

图 6-3-10 肋骨间断于下甲板

另外,舷侧结构中还有护舷材结构和舷樯结构(见图 6-3-11 和图 6-3-12)等。舰船在水线以上一定高度设置护舷材,是为了防止舰艇靠码头或靠近其他舰船时舷侧外板被碰坏等。战斗舰艇不设置护舷材,靠码头时采用临时防撞措施。战斗舰艇也不设置舷樯结构,因为舷樯结构虽然可减小波浪冲上甲板的可能性,以及保护人员行走的安全,但它影响舱面战斗活动(如火炮射界),又增加重量,因而舰艇上多用栏杆代替舷樯。但目前由于隐身性要求,舷樯在舰艇上的应用越来越多。

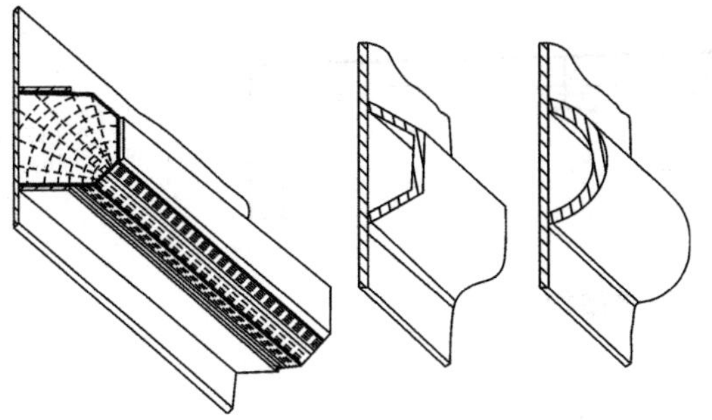

图 6-3-11　护舷材结构

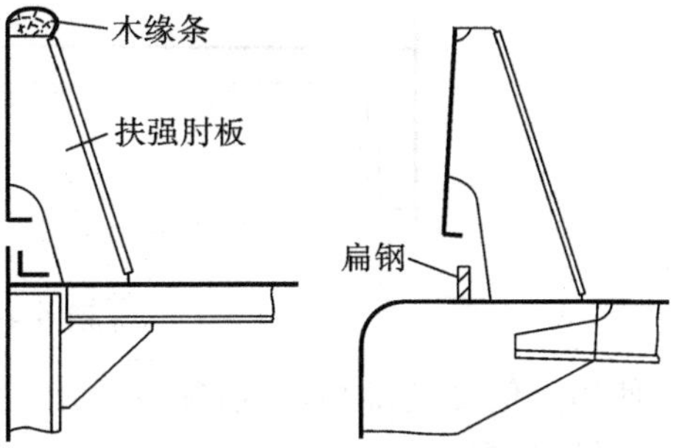

图 6-3-12　舷樯结构

6.4　甲板骨架

6.4.1　概述

甲板骨架的主要作用：一是支持甲板板，提高甲板的承载能力和甲板板的稳定性；二是与甲板板一起共同保证船体的总强度及局部强度；三是与舷侧骨架和舱壁骨架相互连接，互为支持，传递外力，共同保持船体正常形状。

甲板纵桁和甲板纵骨为纵向连续构件，它们位于船体梁的上缘，在船体总纵弯曲时，受到较大的拉、压力的作用。从舰艇稳性方面考虑，上甲板的构件尺寸要小于底部构件，因此结构设计中必须重视中垂状态时甲板纵向构件的稳定性。甲板骨架直接承受甲板上的集中载荷，多数重量较大的武器装备及其他设备，都直接由骨架梁支撑，也可采用支柱支撑。另外，甲板板承受的甲板上浪水压力、人员设备重力都要传递给甲板骨架；甲板横梁支撑两舷肋骨，受到弯曲力矩和轴向压力的作用等。

甲板骨架的结构形式也有纵骨架式和横骨架式之分。纵骨架式甲板结构的骨架由甲板纵桁、甲板纵骨和横梁组成。横梁间距与肋骨间距保持一致，并与肋骨、肋板构成横向框架；甲板纵桁与甲板纵骨尽量与底部纵桁和底部纵骨的位置相对应，以便和横舱壁的竖桁和扶强材构成纵向框架，使船体结构具有更好的坚固性。纵骨架式甲板结构如图 6-4-1 所示。

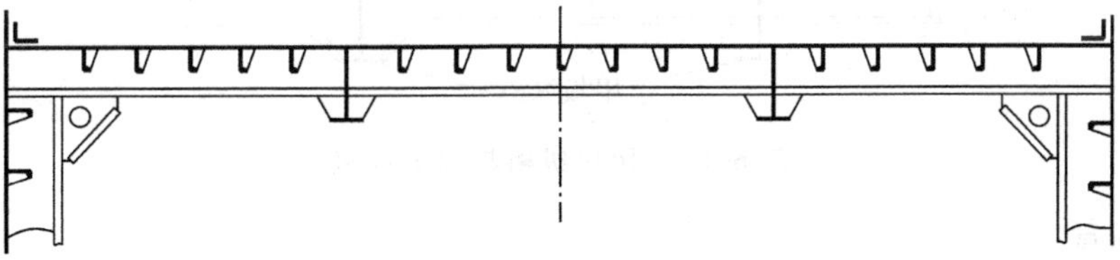

图 6-4-1　纵骨架式甲板结构

横骨架式甲板结构的骨架由普通横梁、强横梁及甲板纵桁组成。该结构形式应与横骨架式舷侧结构相对应，横梁要与肋骨、肋板构成框架，如图 6-4-2 所示。横骨架式甲板结构在常规排水型舰艇中应用较少。

甲板结构也可采用混合骨架式结构，即甲板两边采用纵骨架式结构，甲板中间开口群区域采用横骨架式结构。该结构形式主要优点是可以减轻结构重量。但其工艺复杂，结构完整性

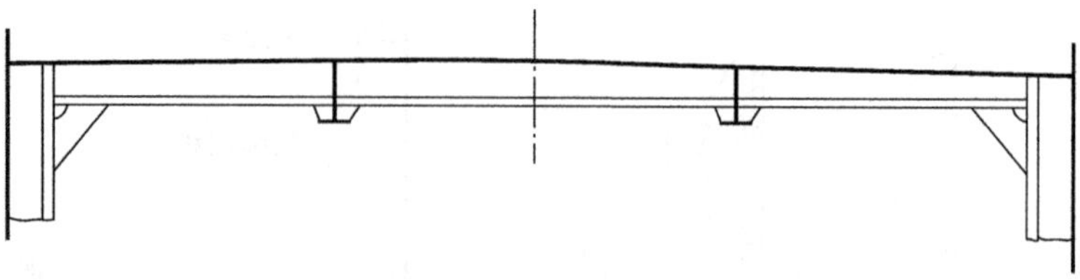

图 6-4-2　横骨架式甲板结构

差，使用价值受到影响，目前很少采用。

学习指导：了解甲板骨架的作用，熟悉甲板骨架的骨架形式与构件组成。

6.4.2　甲板骨架的布置与连接

以纵骨架式甲板骨架结构为例，介绍甲板纵桁、甲板纵骨及横梁的作用、布置方式及其相互连接形式。

1. 甲板纵桁

甲板纵桁是船体结构中的纵向大构件，其主要作用是参与保证船体总纵强度，保证甲板的稳定性，支持横梁或与横梁互为支持。为此，甲板纵桁应具备较大的剖面尺寸，通常采用焊接组合 T 型材。

甲板纵桁应尽量布置在甲板大开口的两边，与舱口纵向围板连通，保持纵向连续。甲板纵桁间距应尽可能对称、均匀，并与底部旁底桁相对应，这样有利于布置支柱。多层甲板船体结构的各层甲板的纵桁也应对应布置。甲板纵桁在首尾部可以终止，终止方式及要求与旁底桁终止相似，即应终止于横舱壁处，并逐渐减小其腹板高度，过渡为纵骨，以减小应力集中。在同一肋骨面内，每舷最多只能终止一根甲板纵桁。

甲板纵桁在船体中部应保持连续，与横舱壁相交时应在舱壁上开口，让甲板纵桁连续穿过，然后封补。甲板纵桁与横梁相交时，纵桁连续，横梁间断于甲板纵桁。当横梁与甲板纵桁尺寸相同时，直接腹板对腹板、面板对面板正交焊接；当横梁腹板高度小于甲板纵桁腹板高度时，横梁应加肘板与甲板纵桁坚固连接，或加大横梁腹板高度，圆弧过渡连接，如图 6-4-3 所示。

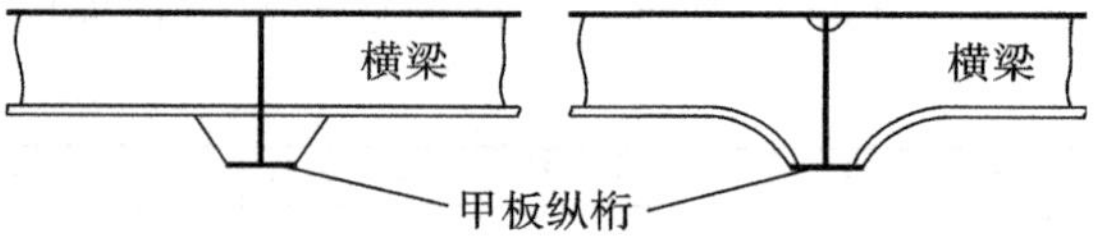

图 6-4-3　甲板纵桁与横梁连接

2. 甲板纵骨

甲板纵骨主要用于支持甲板板，承受横向载荷，同时参与总纵弯曲，承受总纵弯曲时的拉、压力，提高甲板板抗纵向压缩失稳的能力。

甲板纵骨为纵向小构件，多采用球扁钢等型钢制作。甲板纵骨一般平行于中线面沿纵向连续布置，与横梁、舱壁相交时，横梁、舱壁开口让纵骨穿过，有水密要求时，应给予封补。

从工艺简便性方面考虑，甲板纵骨应尽量采用统一尺寸和统一间距，并与底部纵骨对应。甲板纵骨的尺寸除了满足应力强度要求以外，还要满足稳定性要求，保证甲板纵骨在中垂状态下不会丧失稳定性。

3. 横梁

横梁的主要作用如下。

(1) 支持纵骨和甲板板，缩短纵骨的跨距，提高甲板纵骨抗总纵弯曲时纵向压缩失稳的能力。这一点对强力甲板来说是十分重要的。在结构设计中，横梁的尺寸必须足够大，以作为甲板纵骨的刚性支座，从而使连续多跨甲板纵骨的失稳临界压力与横梁之间单跨纵骨的失稳临界压力相等。

(2) 支持舷侧板架。作为舷侧肋骨的支座，与肋骨、肋板组成横向框架，保证船体的正常形状及横强度。

横梁的尺寸由支持甲板上集中载荷的强度要求和纵骨稳定性要求来确定，一般采用焊接 T 型材制作，为横向大构件。为了减小横梁尺寸，可布置刚度、强度较大的甲板纵桁或支柱结构来支撑横梁，减小横梁的跨距。因为军舰横舱壁之间的间距小于舰艇的宽度，所以，用纵桁支持横梁是合理的。

在机炉舱区域的大开口处，横梁被切断，称为半横梁，如图 6-4-4 所示。半横梁间断处应设置强力纵桁或舱口围板，并加肘板坚固连接。

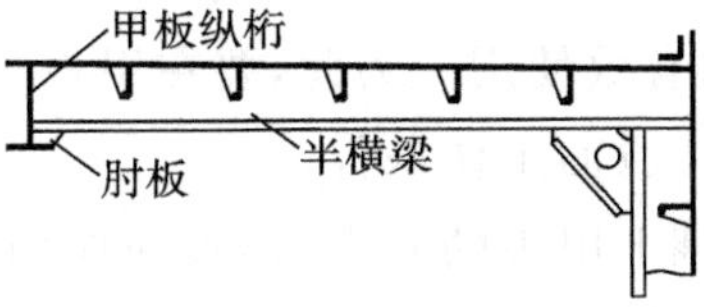

图 6-4-4　半横梁结构

学习指导：了解纵骨架式甲板结构的各组成构件的作用、结构形式、布置方式与连接形式。请做习题 6-8。

6.4.3　甲板舱口角隅处结构

由于舱口结构设计不合理而导致船体发生裂纹或断裂的事故实例屡见不鲜。甲板舱口开口相对较大，其角隅处的结构设计必须给予足够的重视。根据理论和实验研究结果可知，甲板舱口角隅处除了注意板的开口与加强原则以外，还必须进行构件加强设计，主要有以下两方面。

(1) 舱口围板加强。舱口围板的结构形式分为整体式围板和分离式围板两种，如图 6-4-5 所示。整体式围板的结构完整性好，基本上消除了舱口角隅产生裂纹与开裂的可能，但在结构与工艺上均比较复杂。分离式围板将围板分为上、下两部分，分别焊于甲板开口边缘的上、下两面，当甲板板开口角隅的板边加工不够光顺时，这种结构容易出现结构缺口而引起开裂。但分离式围板的甲板下结构可利用甲板纵、横骨架，只需在甲板上加焊舱口围板，其结构与工艺较简便。

上述两种结构在舰艇上均有应用。

(2) 尽量利用甲板纵桁与横梁作为舱口的加强结构。利用甲板纵桁和横梁作为舱口加强

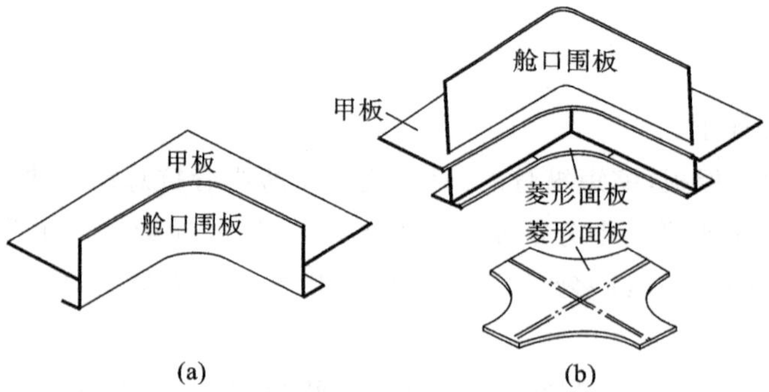

图 6-4-5 舱口围板结构

(a)整体式围板 (b)分离式围板

结构可以简化舱口围板结构，因此在布置甲板纵桁与横梁时，应考虑舱口的长度与宽度。甲板纵桁与横梁在舱口角隅处必须有效连接，并采用整体式菱形面板。

6.4.4 挡浪板结构

当舰艇在恶劣的气候条件下航行时，巨浪将翻上甲板，冲击舱面武器装置和机械设备，影响舰艇的舱面工作条件和武器的有效使用。为此，要在甲板首端设置一道或两道挡浪板，以减小甲板前段的海水浸淹面积，改善舱面工作条件。

为了有效挡浪，并迅速排出翻上甲板的海水，挡浪板应向前倾压住水头，沿甲板宽度方向应成“人”字形向后将水流导走，如图 6-4-6 所示。

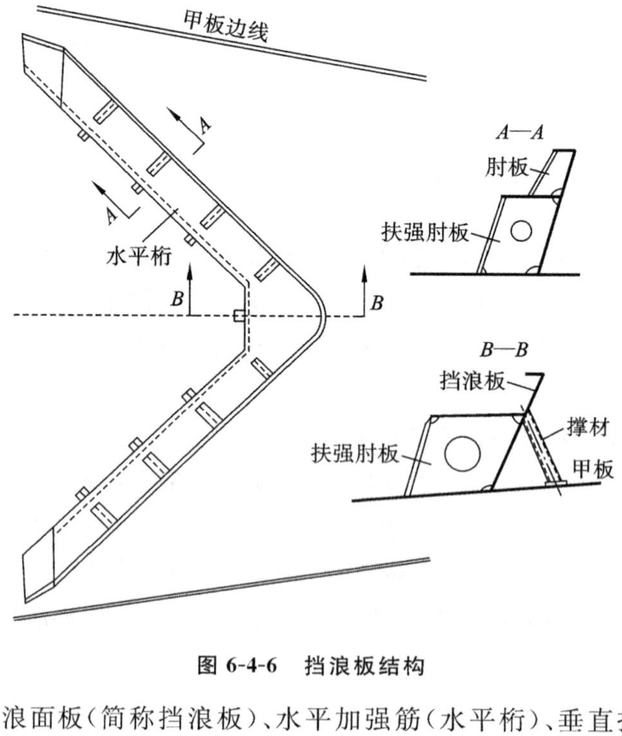

图 6-4-6 挡浪板结构

挡浪板结构由挡浪面板(简称挡浪板)、水平加强筋(水平桁)、垂直扶强肘板及撑材等组成。挡浪板及与甲板相连的构件应与甲板坚固连接，并且甲板下应有对应骨架或外加加强构件。挡浪板上缘应用钢管、半圆钢或球扁钢等镶边，避免挡浪板上缘有尖锐凸边。

学习指导：了解挡浪板的主要作用与结构组成。

6.5 舱壁骨架

6.5.1 概述

舱壁骨架的作用是支持舱壁板，承受破损水压力等，同时舱壁垂向扶强材与甲板、底部纵向构件互为支撑，形成垂向框架，水平扶强材与舷侧纵向构件互为支撑，形成水平框架。这将大大提高船体结构的总强度和局部强度，提高舱壁板抗垂向或侧向压缩失稳的能力。

舱壁骨架由扶强材、竖桁及水平桁等构件组成，其中扶强材为小构件。舱壁骨架形式根据扶强材的布置方向的不同，分为水平布置和垂直布置两种形式。船体舱壁扶强材多采用垂直布置方式，在首部，船体舱壁扶强材也有水平布置的。扶强材的布置方向主要由舱壁的垂向高度及水平方向的宽度尺寸来确定。船体结构中，由于甲板分层较多，舱壁的高度约为 2.5 m，而宽度有 10 m 左右，所以，采用垂向布置方式可以减小扶强材的尺寸，减轻重量。首尖舱壁的宽度很小，加上首部舷侧横向波浪冲击力较大，扶强材应水平布置。

对于首、尾部区域的横舱壁，其舷侧横向载荷较大，为了提高舱壁板的抗压缩失稳能力，扶强材以垂向布置方式为主，也可以在舷侧局部区域布置水平扶强材，形成组合式骨架，如图6-5-1所示。

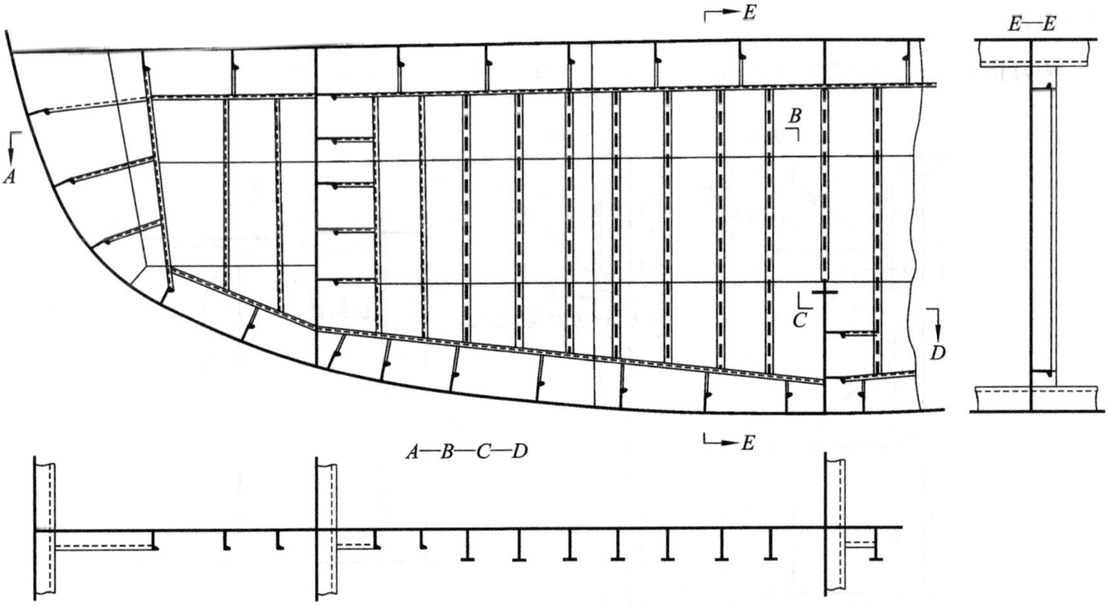

图 6-5-1 尾部横舱壁骨架

舱壁竖桁及垂向布置的扶强材，一般应与相应的甲板纵向骨架布置在一个平面内，并应尽可能与底部骨架对准，以形成垂向骨架框架。当无法达到上述要求时，应在舱壁上设置水平桁或水平扶强材作为竖桁或垂向扶强材的支座，与甲板、底部纵向构件过渡连接，如图 6-5-1 所示。扶强材间距一般与纵骨间距相当，为 300～400 mm。

不是所有舱壁都需要设置竖桁，只有当舱壁所受的垂向力较大(如甲板炮下、桅杆下及其他重量较大的装备下)时，才设置竖桁，以承受较大的垂向集中载荷。竖桁为大构件，用焊接 T 型材制作。竖桁通常与甲板纵桁、底纵桁对应布置，以有效传递载荷，并形成坚固的垂向框架。

水平桁为水平布置的大构件。当扶强材跨距较大时才设水平桁，以支持扶强材；或需要构成强力水平框架时才设置水平桁，如首尖舱中，水平桁与舷侧纵桁、平台甲板构成水平框架。

学习指导：了解舱壁骨架的作用、组成构件与布置方式。请做习题 6-9。

6.5.2　舱壁扶强材两端结构形式

竖桁、水平桁是舱壁骨架中的强力构件，其两端均采用加肘板坚固连接的方式。扶强材根据其受力大小和受力方式的不同，可采用不同的端部固定方式，如图 6-5-2 所示。图 6-5-2(a)所示为加肘板坚固连接，图 6-5-2(b)所示为沿腹板直接焊接，图 6-5-2(c)所示为自由连接。

扶强材若受到较大的弯曲力矩的作用，如在破损水压力作用下产生弯曲，则应采用加肘板坚固连接的方式。加肘板坚固连接的扶强材可视为两端刚性固定的单跨梁，且当端部肘板尺寸足够大时，最大应力在跨中部位，跨中弯曲力矩 $M_\varphi = ql^2/24$。在相同载荷作用下，简支单跨梁的跨中弯曲力矩 $M_\varphi = ql^2/8$，在相同的扶强材剖面模数条件下，加肘板坚固连接的扶强材跨中最大应力，为自由连接的扶强材跨中最大应力的 1/3。因此，船体结构下层舱室的舱壁扶强材多采用两端加肘板坚固连接的方式，以达到减小扶强材剖面尺寸、减轻重量的目的，如图 6-5-3所示。

学习指导：从结构强度的角度，理解舱壁扶强材两端结构形式。

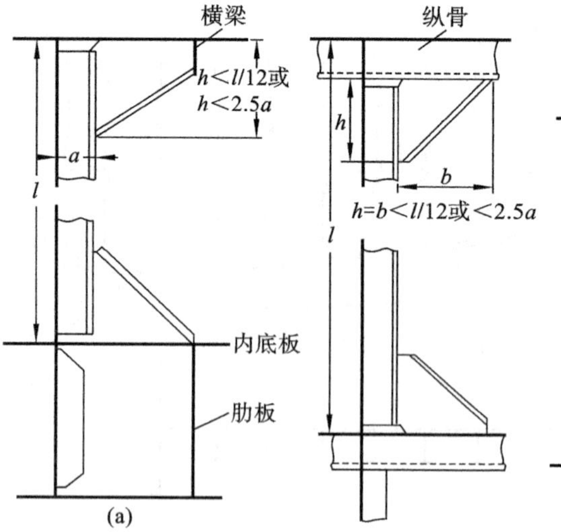

图 6-5-2　舱壁扶强材上下端的固定

(a)加肘板坚固连接　(b)沿腹板直接焊接　(c)自由连接

船体上层舱室的舱壁扶强材几乎不受破损水压力等横向弯曲载荷的作用，设置扶强材的主要目的是支持舱壁板，提高舱壁板抗垂向压缩失稳的能力。从板的稳定性理论可知，骨架间距是决定板的临界力大小的主要因素，而骨架端部的固定方式与板的临界力大小关系较小。因此，上层舱室舱壁扶强材可以采用完全自由的端部连接结构形式（见图 6-5-3），从而大大简化结构与工艺，减少加工、焊接等工作量。

如果采用全自由连接方式，扶强材在抗弯强度方面存在问题，这时，可将扶强材腹板与上、下端部的构件焊接，该连接可视为弹性连接，介于刚性固定与简支支撑之间。但直接焊接结构容易沿端部产生裂纹，结构完整性不好。

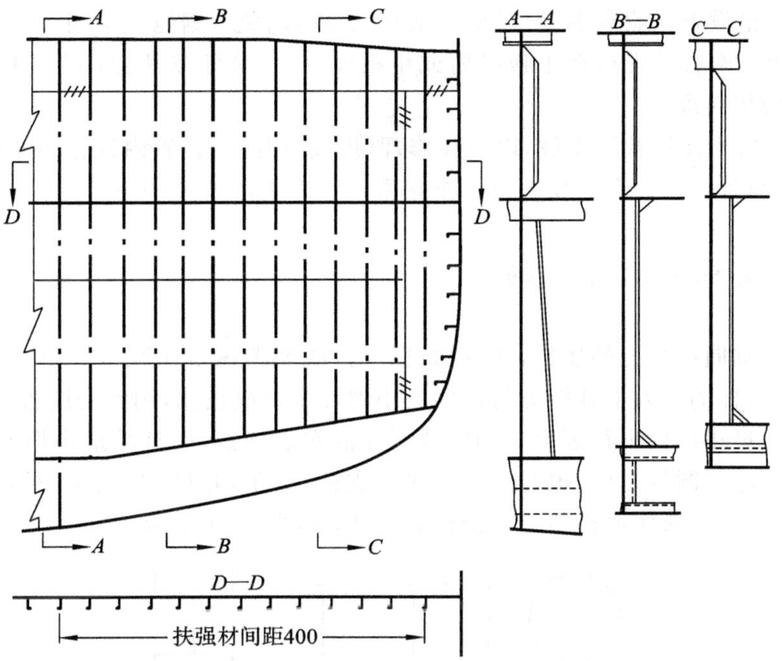

图 6-5-3　某舰舱壁扶强材结构

6.6 支　　柱

6.6.1 概述

船体结构中设置支柱的主要目的是支持甲板纵桁、横梁，将甲板上的载荷传递给船体底部结构。

从舰艇稳性等角度考虑，船体结构中船体底部结构一般较为坚固，构件尺寸大，而上部船体结构尺寸应尽量减小，以减轻上部结构重量，这样可提高舰艇的稳性。然而，舰艇上甲板以上的武器装备和设备，如主炮、桅杆、指挥仪等重量很大，这些重量若只靠上层甲板来承受，则甲板纵桁和横梁的尺寸要设计得很大，这显然是不合适的。为了解决甲板尺寸小、承载大的矛盾，必须设置支柱。

设置支柱虽然可以减小甲板结构尺寸，减轻结构重量，提高舰艇稳性，但是，在舱室内部设置支柱会妨碍设备布置、搬运、操作等。因此，结构设计中要求尽可能减少支柱数量，且支柱的布置应按以下原则。

(1) 各层甲板的支柱在垂向应尽量保持连续，上下对准，布置在同一垂直线上，以避免因支柱错位而使骨架梁(甲板纵桁或横梁)受到较大集中载荷的作用，以保证将载荷有效地传至船体底部。

(2) 除了较大承重处的甲板下要设置支柱以外，当甲板纵桁和横梁跨度过大时，也可设置支柱，以减小甲板纵桁和横梁的跨距，减小其尺寸。但支柱布置不应过密，并尽量不妨碍舱室空间的利用及设备布置。

(3) 支柱尽量设置在舱室隔壁(轻型舱壁)平面内，以免占据舱室空间。

(4) 支柱上下端必须支撑在甲板纵桁或甲板横梁上，最好在其交点上。伸至底部的支柱应与底纵桁或肋板对准。

(5) 油舱内禁止使用管形支柱，以防在修理(焊接、切割)时，管内残存的油气引起爆炸。

学习指导：理解支柱的主要作用与其布置原则。请做习题 6-10。

6.6.2　支柱的受力及构成

支柱是承受轴向压缩力的压杆，在结构设计时，既要考虑抗压强度，又要考虑稳定性。从稳定性方面考虑，杆的最大承载能力与断面最小惯性半径成正比，用空心圆管最为合适。因为空心圆管的断面最小惯性半径远大于相同截面积的实心圆钢，而且其最小惯性半径在各个方向上是相等的。除了圆管之外，也有其他形状的支柱，如角钢、槽钢、工字钢等，也可将上述型材焊接起来，组成各向断面惯性矩更为接近的形状，如图 6-6-1 所示。

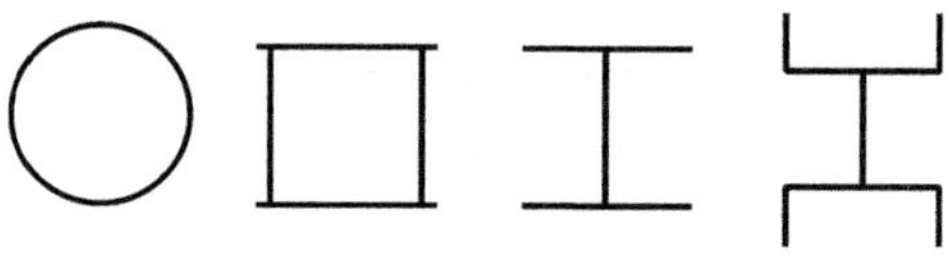

图 6-6-1　支柱断面形状

学习指导：了解支柱的受力与常用结构形式。

支柱除了受压缩力以外，有的支柱也可能受到拉力和弯曲力矩的作用，如锚机下的支柱在锚力较大时，可能受到拉力作用；液舱中的支柱，在液体装满至上甲板注水管口时，可能受到拉力作用；支柱两边甲板纵桁(横梁)不对称弯曲变形时，支柱受到弯曲力矩的作用等。

不同受力状态下，支柱上、下端与骨架梁连接的要求是不同的。如果支柱仅受到压缩载荷的作用，支柱上、下端连接点可不设肘板，而在上端安装垫板与甲板纵桁或横梁面板连接，支柱再与垫板直接焊接，如图 6-6-2(a)所示。同样，支柱下端与船体底部肋板或底纵桁相连接时，也应该加一较厚的垫板，以分散集中载荷，同时加强内底板或骨架梁面板。

另外，当支柱支撑在一根骨架上时，该骨架面板与腹板之间应设肘板加强，以便将支柱传给骨架面板的集中载荷有效地传递给整个结构，如图 6-6-2(b)中上面一个图所示。对于要受弯曲力矩和拉力作用的支柱，为了防止在弯曲力矩或拉力作用下支柱端部与垫板连接处产生开裂破坏，必须加肘板将支柱与骨架面板坚固连接，如图 6-6-2(b)所示。

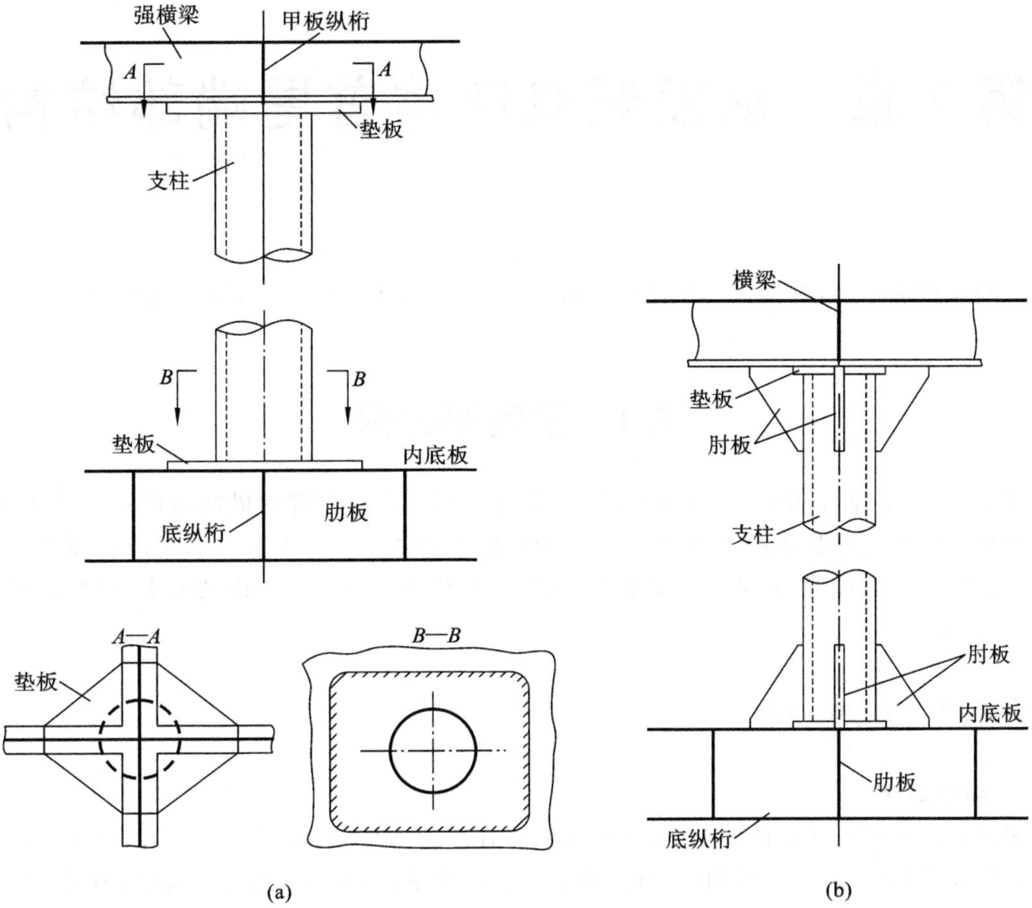

图 6-6-2　支柱上、下端的固定

(a)不设肘板　(b)设肘板加强

习　题

6-1　什么是船体骨架？基本骨架形式有哪几种？

6-2　纵、横骨架形式的优缺点是什么？

6-3　军舰为何多采用纵骨架式船体结构？

6-4　船体底部骨架有哪几种结构形式？

6-5　旁底桁(旁内龙骨)终止时应注意什么问题？

6-6　舭龙骨的作用是什么？它与船体连接应采取什么措施？

6-7　舷侧纵桁的主要作用是什么？

6-8　在纵骨架式甲板结构中，甲板纵桁与横梁相交时应怎样处理？

6-9　船体主横舱壁扶强材为何多采用垂向布置方式？

6-10　支柱的布置原则是什么？

第7章　水面舰艇船体首尾端部结构

与舰艇中部相比，舰艇首、尾端部在船形、受力及结构三个方面都各具特点，下面进行介绍。

7.1　首端部结构

通常认为，舰艇首部约 $0.35L$ 的范围称为首端部。舰船中部的横断面形状比较丰满，向首端延伸其横断面形状逐渐变得尖瘦，直至船首两舷合拢而结束船体。为了改善舰船的航海性能（快速性、溅水性等）和结构的工艺性，满足使用和外形造型等方面的要求，舰船首端部有多种结构和形状。

7.1.1　舰首形状

1. 侧面形状

舰艇首部侧面形状有前倾型（又称直线倾斜式）、飞剪型和破冰型等，如图 7-1-1 所示。前倾型首外观比较雄伟，其首端向前延伸，波浪不易打上甲板，建造工艺比较简单，因而被广泛采用。飞剪型首首部比较肥大，军舰采用较少。破冰型首为破冰专用船首，冰区航行的舰船才采用。

2. 横断面形状

舰首横断面形状有直线式、曲线式、折线式和加宽甲板式等（见图 7-1-1）。直线式两舷比较平直，施工工艺简单方便，目前采用较多。曲线式和折线式能更好地适应首部线型要求，但工艺相对复杂。加宽甲板式因增大了甲板面积，对总布置及战斗活动有利，且波浪不易打上甲板，改善了溅水性，但由于首部线型外张，其在与波浪撞击时受到很大的波浪冲击力，且结构工艺性差。具体采用何种舰首形状，应根据舰艇实际需要和设计要求确定。

3. 球鼻首形首部

图 7-1-2 所示为球鼻首形首部，它实际上就是在普通船首上加装一个球体。加装球鼻首的目的是降低船舶的兴波阻力。在舰船航行时，船体和球鼻首会兴起许多组波系，只要设计得当，就可以使其中一组波浪的波峰与另一组波浪的波谷相遇，互相干扰，使波浪得以削弱，从而降低兴波阻力。一般来说，加装球鼻首可使航速提高 0.5 kn 左右。然而，并不是所有舰船安装球鼻首都是为了提高航速，有些舰艇安装球鼻首主要是从舰艇战斗需要出发，满足安装某些特殊仪器装备的特殊要求，如设置声呐就需要在首部水线下设置专门的球状声呐舱结构。采用球鼻首会给施工带来一定的困难，对起、抛锚，舰船靠码头等都会带来一些不便。

学习指导：了解水面舰艇舰首的主要形状分类，理解水面舰艇加装球鼻首的作用。请做习题 7-1。

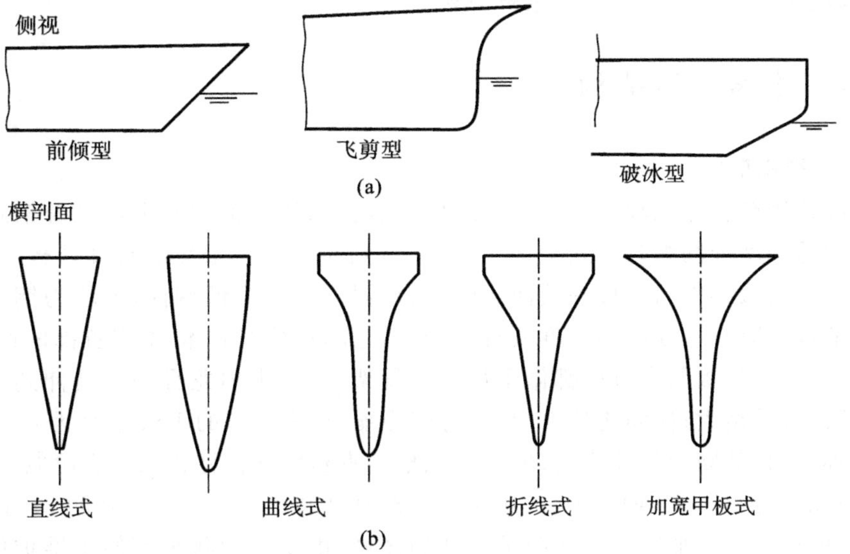

图 7-1-1　舰首形状

(a)侧面形状　(b)横断面形状

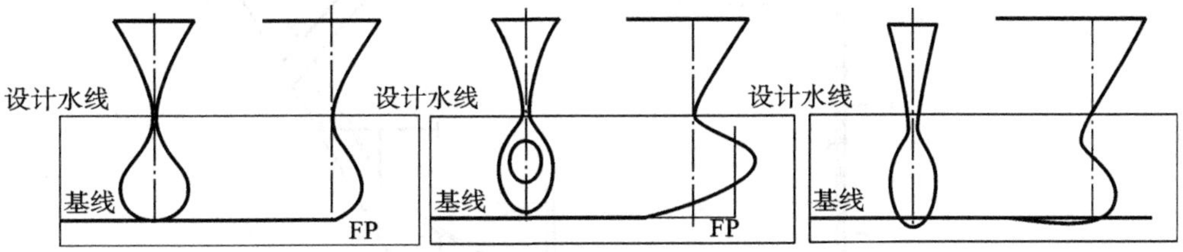

图 7-1-2　球鼻首形状

7.1.2　作用于首端部的外力

当船体总纵弯曲时，船首与中部一样会受到总纵弯曲力矩的作用，只不过作用于首部的弯曲力矩比中部小得多。然而，当舰艇高速破浪前进时，首部却担负着“破浪”的任务；同时舰船会产生较大纵摇，首部一会儿抬出水面，一会儿又沉入水中，甚至整个船首埋入水中，因此首部会受到较大的水压力的作用。更为严重的是，当首部从抬出水面状态快速下落与波面发生撞击时，首端底部和首外张部分会受到巨大的波浪砰击力，波浪砰击力对首端部结构强度有重要的影响，同时首部结构所受到的波浪砰击力的大小，与海面状况、首部线型及舰艇的航速有关，其中航速影响最大。在高海况时，舰艇航速越高，首部受到的波浪砰击力就越大，撞击次数也越频繁。波浪砰击力作用区域通常认为在距首垂线 $0.25L$ 的范围内，砰击压力的最大值作用在距首垂线 $0.15L$ 附近。显然，如果首端部结构的强度不足，在巨大的波浪砰击力作用下，其将会出现很大的变形或破坏。不仅如此，首端部受到的波浪砰击力还会引起船体振动，产生砰击动应力，它与纵弯曲应力叠加，有时甚至会危及船体总纵强度。

此外，舰首还常承受一些其他偶然性外力，如浮冰或其他水面漂浮物的撞击、与码头碰撞及水下爆炸等所产生的外力。因此，首端部结构应具有足够的强度和刚度，以抵抗外力，避免破坏。此外，由于首端部形状比较尖瘦，增加了建造施工的困难，要力求改善结构的工艺性。

学习指导：了解水面舰艇首端部承受的外力特点。

7.1.3　首端部的结构

1. 首部的结构形式

现代的高速舰艇长宽比较大，为了保证总纵强度，船体中部大都采用纵骨架式结构，首端部则采用横向适当增强的纵骨架式结构。图 7-1-3 所示为某护卫艇的首部结构。该艇首端对称面上设有一个由锻钢件与钢板焊接而成的联合首柱，下段为锻钢件，上段为钢板焊接结构。船体首端一般都设有较大强度和刚度的首柱结构，它起到结束船体、增强首部的作用。除此之外，船体首部在骨架和板两个方面都做了加强。骨架方面，中内龙骨一直延伸到首端，与首柱相连，并且断面尺寸增大；横向构件方面，肋骨间距缩小(由中部的 1 m 缩小为 0.5 m)，横向框架的数目增加，肋板的断面尺寸增大；舷部的纵桁一直延伸到首柱并与首尖舱舱壁水平桁组成水平的框架；纵骨也尽量延伸向首端(从图 7-1-3 中可看出，一直到 0 号肋骨剖面处仍有纵骨)。首端部的板也适当加厚了。在肋板下部的区域，由于空间狭窄不便于维护保养，因此采用水泥进行填塞。

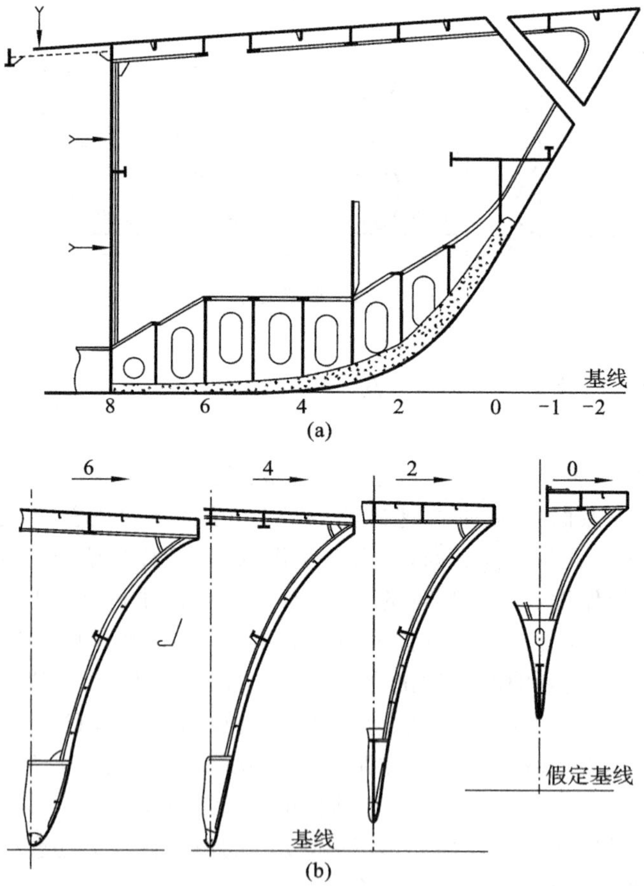

图 7-1-3　某护卫艇的首部结构

由于结构和建造工艺的原因，有时某些舰艇首部的某些局部区域采用横骨架式结构，但就整个首部来说，其仍属于纵骨架式结构。图 7-1-4 所示为护卫舰的首部结构(驱逐舰首部结构与此类似）。该舰有三层甲板（上甲板、下甲板及平台甲板），上甲板为纵骨架式，下甲板及平台甲板为横骨架式。舰艇尖端区域空间狭窄，施工困难，检查修理不便，因此将此尖端区域的底部用水泥填塞，这样不仅可防止该处结构因积水而锈蚀，且增强了该处结构的强度。

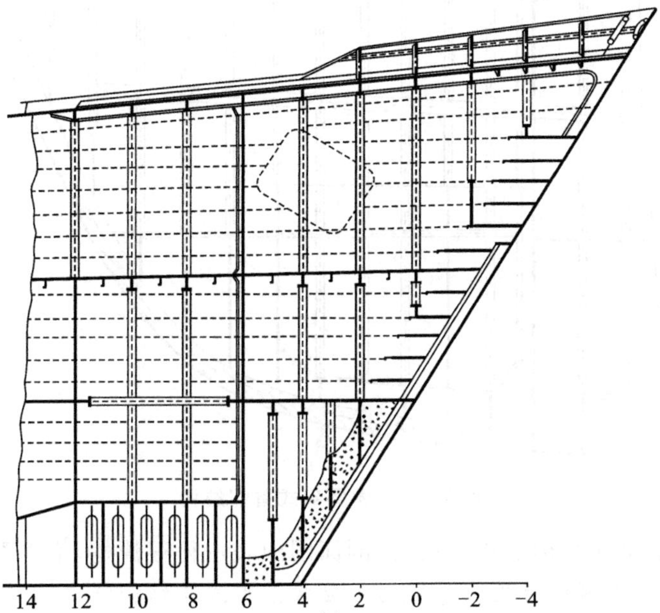

(a)

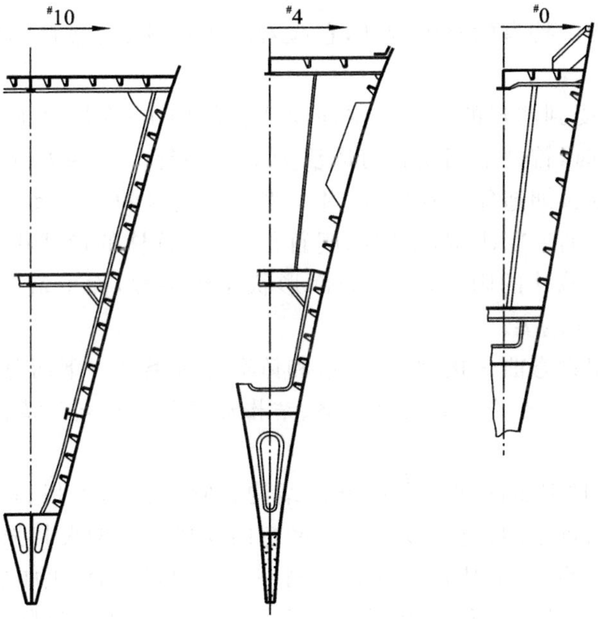

(b)

图 7-1-4　护卫舰的首部结构

为改善航海性能，有些舰艇在首部上甲板舷边安装有防甲板上浪的舷樯，如图 7-1-4 所示，有利于保证舱面工作人员的安全。此外，通常在靠近主炮前面的上甲板上安置弧形或“人”字形防浪板，以改善舱面工作条件。舷樯或防浪板均加肘板进行加强，以避免在海浪的冲击下发生破损。

低速小型舰艇的首端部也可采用横骨架式结构，如图 7-1-5 所示。

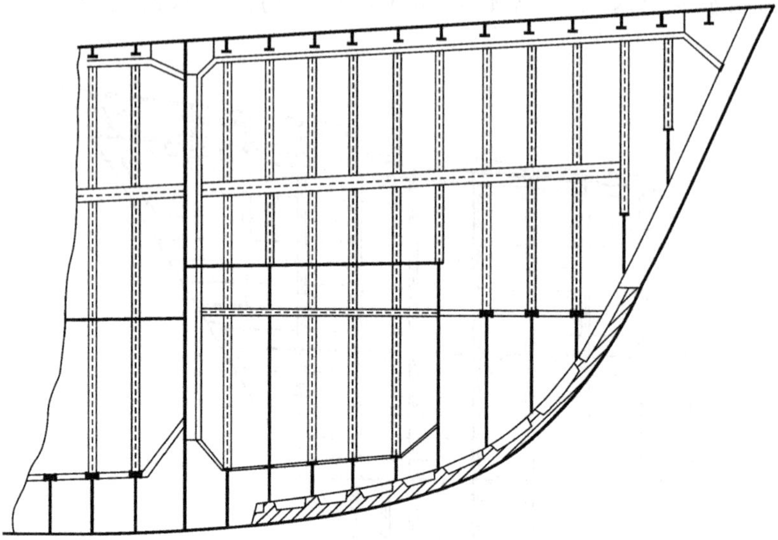

图 7-1-5　横骨架式首部结构

上述各种舰首的具体结构形式，在各横剖面图中表示得很清楚，不再重复叙述。

学习指导：了解水面舰艇首端部采用的主要骨架形式与结构特点。

2. 首柱

首柱是首端部结构中特有的坚固构件，它起着结束船体、增强首部结构强度与刚度、抵抗偶然性外力的作用。

舰艇航行时，首柱受到波浪的冲击和水面漂浮物的撞击；在冰区航行时，首柱受到冰层和浮冰的撞击；触礁搁浅时，首柱下端受到海床反力的作用等。这些力都难以由计算确定，因此首柱的结构尺寸是根据长期造船实践经验，并参考母型舰艇的首柱尺寸来确定的。

首柱的外形由舰首的形状决定，不同的舰首形状，其首柱的形状也不相同。通常，为了减小首柱中部接近水线区域处的阻力，首柱断面形状比较尖瘦，而上端与下端断面形状逐渐增大，以便与船体其他部分连接。

首柱有由钢板或型钢弯曲焊接制成、锻造和铸造三种类型。下面分别介绍。

学习指导：了解水面舰艇首柱的主要分类、结构形式和优缺点。请做习题 7-2。

1）钢板焊接首柱

图 7-1-6 所示为一护卫艇的钢板焊接首柱结构。它由弧形外板、横向加强肘板和纵向加强筋组成。弧形外板用较厚的钢板，按首部线型弯曲而成。为增大其强度与刚度，在中线面设有贯通首柱的纵向加强筋，并沿其高度方向每隔一定距离设置横向加强肘板。若首柱长度和曲率变化较大，为便于制造，弧形外板可分为上下两段或三段，各段之间采用 V 形坡口对接焊。

图 7-1-6 中给出了首柱与船体其他结构的连接方式。首柱弧形外板上端与甲板的连接方式如图中 *A* 向视图所示。弧形外板与舷壳板对焊连接。舷侧纵骨延伸到首柱时，直接与横向加强肘板连接。首柱下端与船底部的连接方式：首柱纵向加强筋下端在 2 号肋板前面终止，中内龙骨在 2 号肋板后面终止，首柱纵向加强筋与中内龙骨在肋板处隔板相对，用填角焊与肋板

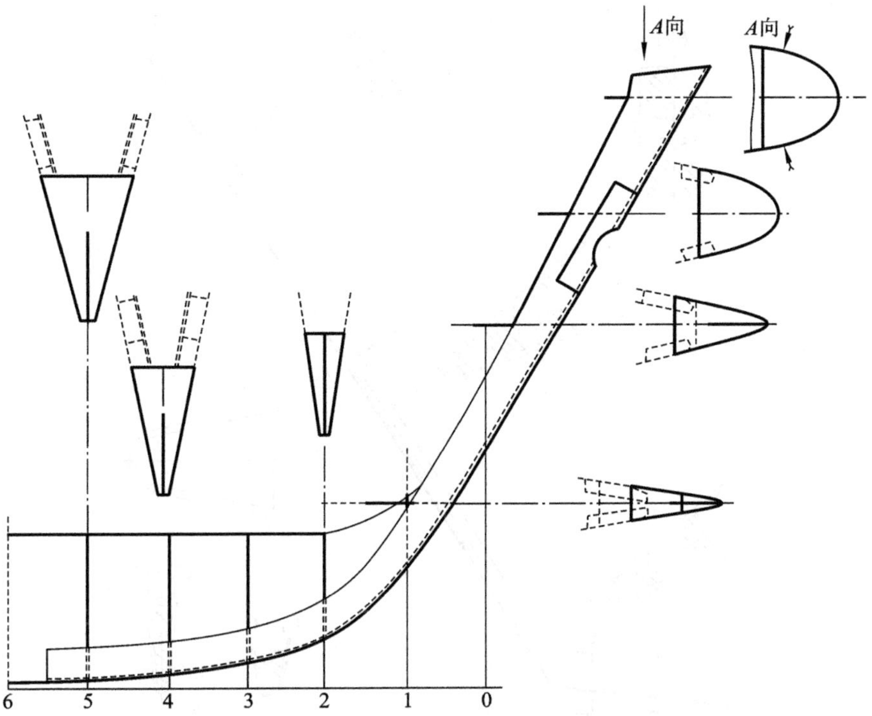

图 7-1-6　护卫艇钢板焊接首柱

连接(也可在某号肋骨间距内直接对接连接)。首柱弧形外板在 5 号与 6 号肋板处终止,并与船底板对接。

因为该艇只在首部中央安装一个锚,所以只在首柱弧形外板上开有圆形锚孔,并用双层板增强。

2) 锻造首柱

当舰艇首部外形不很复杂时,可用锻造首柱,或采用由锻钢件与钢板焊接而成的联合首柱,即上部用钢板焊接首柱,下部用锻造首柱。图 7-1-7 所示为护卫舰首柱的锻造部分。如图所示,首柱的断面形状为舌形,船体壳板在凹槽处与首柱连接。由于首柱尺寸较大,加工装配不便,将其分成两段,用焊接连接。首柱的上端与钢板焊接首柱部分连接,下端与平板龙骨连接。由于这种首柱是实心的舌形断面钢柱,比钢板焊接首柱坚固,因此无须设置纵向加强筋。

3) 铸造首柱

当舰艇首端外形比较复杂时,用钢板焊接首柱或锻造首柱制造比较困难,在此情况下,可采用铸造首柱或上部为钢板焊接首柱、下部为铸造首柱的联合首柱。图 7-1-8 所示为一由铸造首柱和钢板焊接首柱组合而成的联合首柱。首柱上部用钢板焊接,下部铸造。上下两段首柱在下甲板处用焊接对接。

为减轻重量,铸造首柱通常铸成薄壁,在其对称面上设置纵向加强筋,且每隔一定距离设置横向加强肘板。它与船体其他构件的连接方式与钢板焊接首柱相同。

7.2　尾端部结构

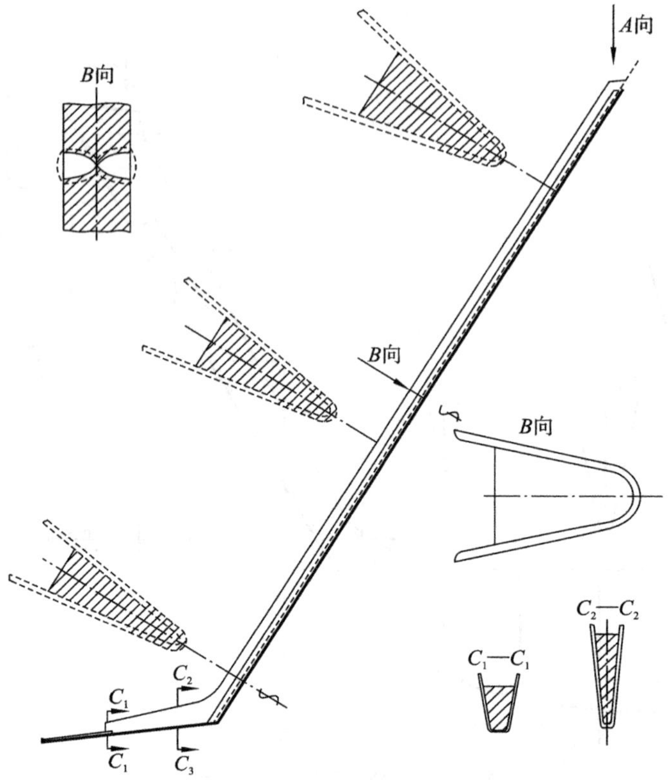

图 7-1-7　锻造首柱

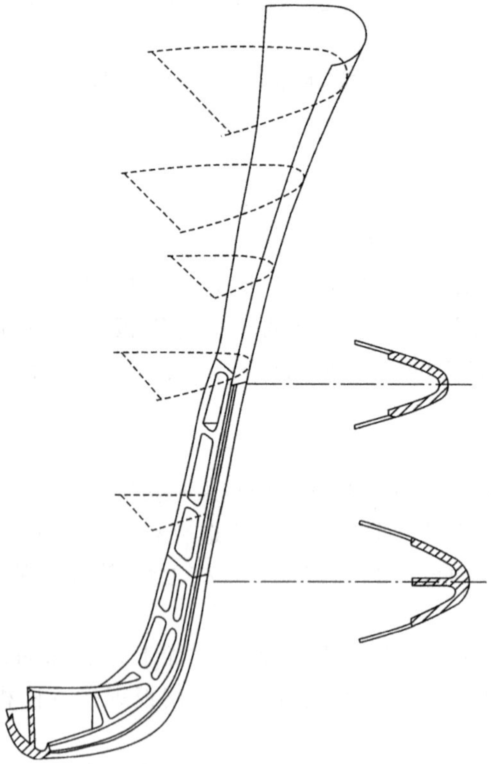

图 7-1-8　铸造首柱

7.2.1　舰尾形状

舰艇尾部约 $0.25L$ 的范围称为尾端部。根据尾端推进器、舵、尾轴及尾轴架等的布置不同，和水流对推进器效率的影响，船尾有不同的形状(见图 7-2-1)。

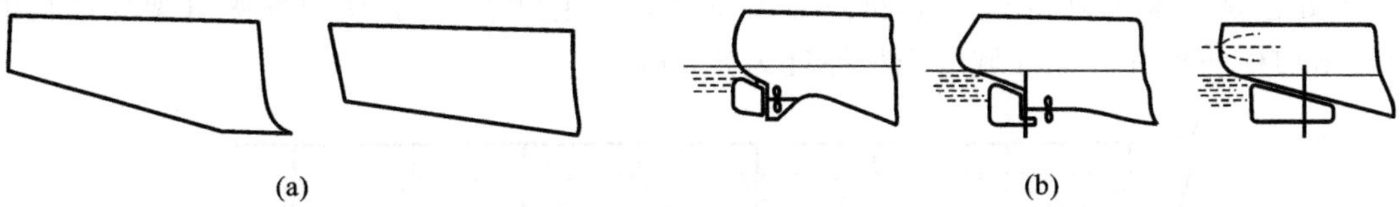

图 7-2-1　舰尾形状

(a)方尾式尾型　(b)巡洋舰式尾型

舰艇设计时，舰尾的形状根据舰艇的类型、性能要求，以及对各方面(如阻力、航海性、战斗使用、推进器及舵的数目与布置，以及尾部的布置等)进行全面考虑、分析比较后并经过船模试验确定，或者以此为依据对母型舰艇的尾型加以改进。现代舰艇广泛采用方尾式尾型和巡洋舰式尾型。高速舰艇用方尾式尾型对舰艇的快速性有利，且该尾型形状较简单，建造方便，但舰艇后退时航向稳定性较差。巡洋舰式尾型对中、低速的舰艇有利，航向稳定性较好，但形状复杂，建造较难。

学习指导：了解水面舰艇常见的舰尾形状和优缺点。

7.2.2　尾端部的外力

尾部所受总纵弯曲力矩较中部小。尾端部的外力，主要是推进器工作时产生的动水压力，最大动水压力作用区域在距尾垂线约 $(1/8)L$ 的范围内，在距尾垂线 $(1/8 \sim 1/4)L$ 范围内逐渐减小。它使尾部结构产生振动，严重时会影响结构的正常工作，甚至使某些构件或局部结构产生裂缝。其次，当舰艇后退时，尾封板承受较大的动水压力，当发生尾倾时，由于吃水增大，尾部所受静水压力也增大。此外，尾端部还受碰撞与水下爆炸等偶然性外力的作用。因此，应保证尾部结构有足够的强度与刚度，使其在动水压力的作用下，不产生剧烈的振动、变形和破坏。

学习指导：了解水面舰艇尾端部的受力，并能结合首端部受力，分析水面舰艇首尾端部受力与船体中部受力的区别。请做习题 7-3。

7.2.3　尾端部的结构形式

目前，多数中、小型舰艇尾部结构采用横向加强的纵骨架式结构。在动水压力作用及振动较大的区域，常用的增强方法是缩小肋骨间距或增加外板厚度。从减轻重量方面考虑，减小肋骨及纵向构件的间距是较好的办法。一般在距尾垂线 $(1/8)L$ 区域，护卫艇、猎潜艇的肋骨间距为 500 mm；扫雷舰为 500～750 mm；护卫舰、驱逐舰为 500～1 000 mm，大型舰船为 1 000～1 500 mm。在尾部 $(1/8)L$ 范围内，小型舰艇(如护卫艇、猎潜艇、扫雷艇)船外板的厚度通常不小于 5 mm，驱逐舰不小于 8 mm。在动水压力直接作用的区域，船体骨架的连接及骨架与外板的连接均须采用双面连续焊。此外，舰尾结构应尽可能消除导致产生应力集中的因素，即构件不应突然终止或剧烈改变断面尺寸。必须改变构件尺寸或终止构件时，应用肘板逐渐过渡。所有构件最好互相坚固连接，形成闭合框架。

图 7-2-2 所示为某护卫舰的尾部结构，该舰为方尾式舰尾，采用横向加强的纵骨架式结构，自中部延伸至尾部的纵向构件(底纵桁、纵骨)，除因舰尾横断面形状变小而有少数不延伸至尾端外，其余纵向构件均延伸至尾端，并用肘板与尾板连接。推进器的位置在 208 号肋骨附近，且该处正是动水压力冲击区域，推进器工作时会产生剧烈振动，所以在纵骨架式结构的基础上再增加横向构件。此区域的壳板厚度为 8 mm。

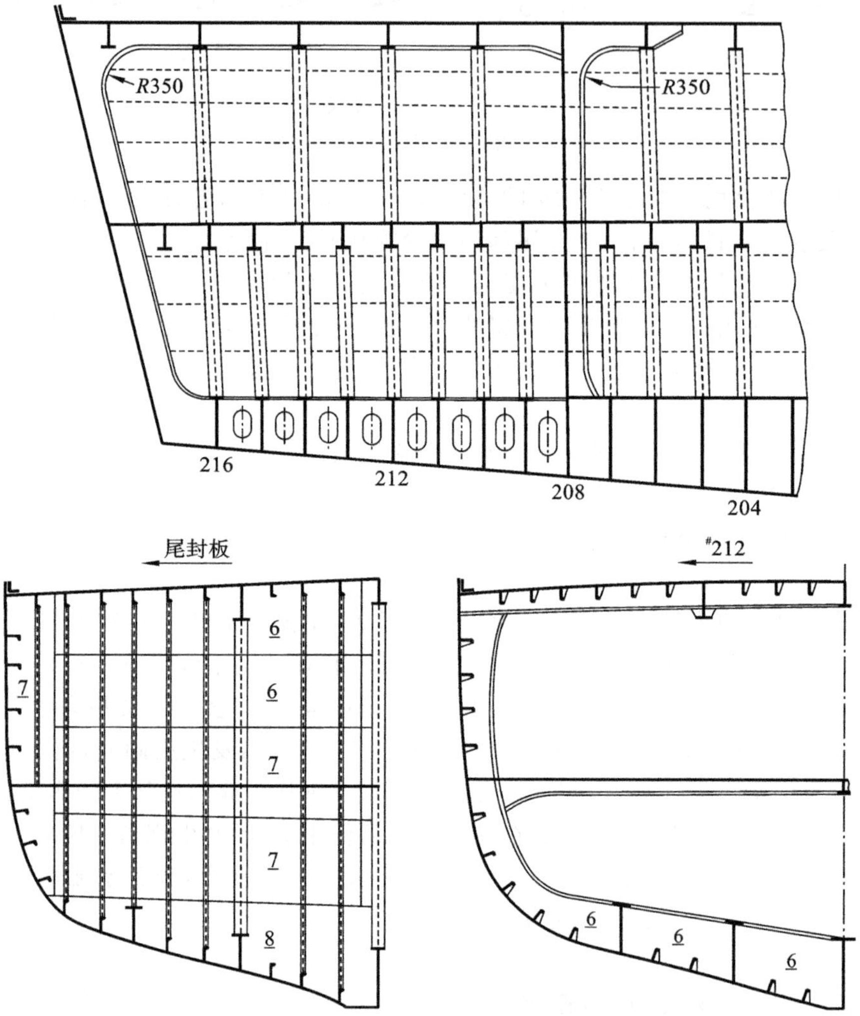

图 7-2-2　某护卫舰尾部结构

因该舰为方尾式尾型，尾端结束处是一横舱壁似的平面结构，称为尾封板。它是船壳板的一部分，结构与横舱壁结构基本相同，由于尾封板受力较大并考虑到腐蚀，钢板厚度及骨架的尺寸均较舰艇内部横舱壁钢板及骨架的尺寸要大些。同时，底部及甲板部的纵向构件与尾封板垂直扶强材相对应，并用肘板互相连接，形成闭合框架。

学习指导：了解水面舰艇尾部常用的骨架形式及尾部加强的主要措施。请做习题 7-4。

7.2.4　推进器轴出口处的结构

推进器轴在穿出船体时，将穿过舱壁与多根肋板，并在外板上开孔通出。当推进器工作时，轴出口处承受着较大的局部作用力和比较严重的振动，这将影响船体结构的局部强度和结构的紧密性。

推进器轴出口的位置是由轴系位置确定的，它关系到整个轴系的正常工作，因此要求出口处的结构有较高的精确性和坚固性，保证不因外力作用和振动而产生变形或破坏，并防止海水进入舰内。

通常，中、小型舰艇有 1～4 个推进器，其轴出口处有两种结构形式。

1. 中间轴出口处结构

中间轴是从舰船中线穿出船体的。对于某些尾部线型比较尖瘦的舰船（如巡洋舰式尾型），中间轴穿出时要切断多根肋骨，会削弱该处的结构强度。为了防止以上情况发生，可将轴出口处的肋骨加工成弧形，但这又会给施工带来麻烦，所以一般将肋板加高，在肋板上开孔并安置尾管，轴从尾管内穿出船体，从而保证该处结构的坚固性与紧密性（见图 7-2-3）。

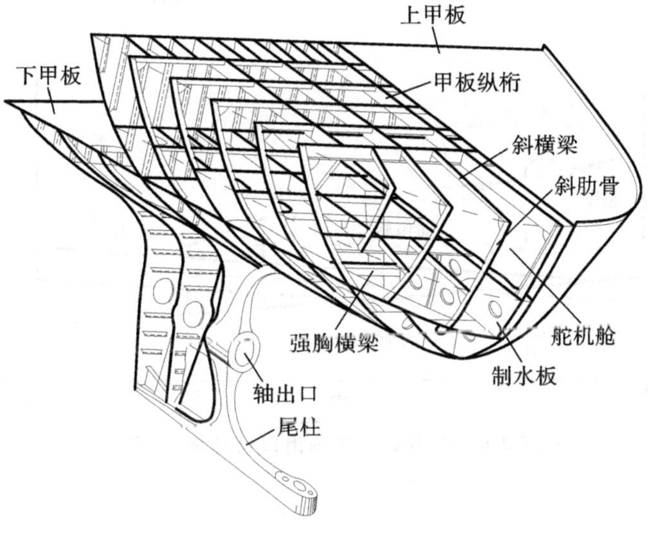

图 7-2-3　中间轴出口处结构

2. 边轴出口处结构

从船体两侧穿出舰外的推进器轴，出口处与壳板形成尖锐的夹角，且从多个肋板的下缘开口穿出，结构紧密性受到影响。为此，通常将轴出口区域做成外凸包形式（见图 7-2-4），使轴出口处的开孔形状比较规则，尾管和外凸结构还局部加强了船体，但施工比较麻烦。有的舰船采用如图 7-2-5 所示的眼镜式尾轴架和轴包套的形式，这种形式不仅会削弱船体强度，且出口处难以施工和保证质量。

为了减小船体突出部分的阻力，一般一些小型舰艇不采用外凸包形式，而采用如图 7-2-6 所示的内凸包形式。

3. 尾轴管

为了保证推进器出口处船体的紧密性，一般都在该处设置专门的导管即尾轴管，推进器轴

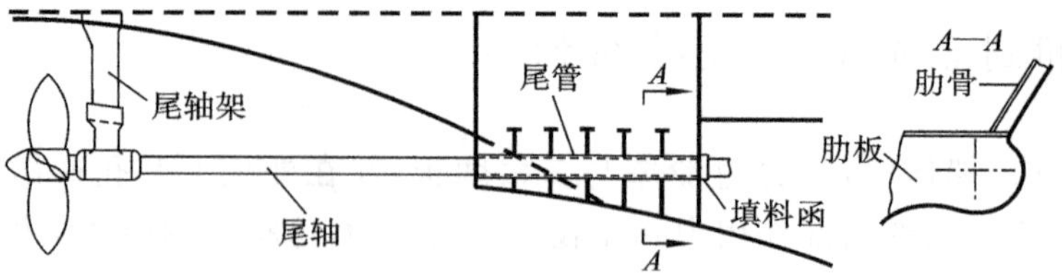

图 7-2-4　边轴出口处结构(外凸包)

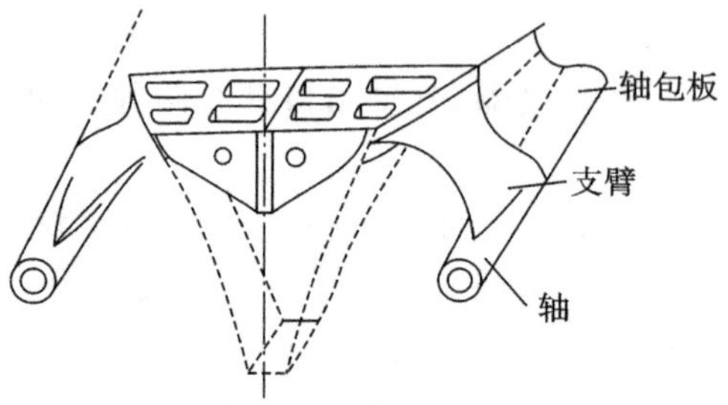

图 7-2-5　眼镜式尾轴架和轴包套

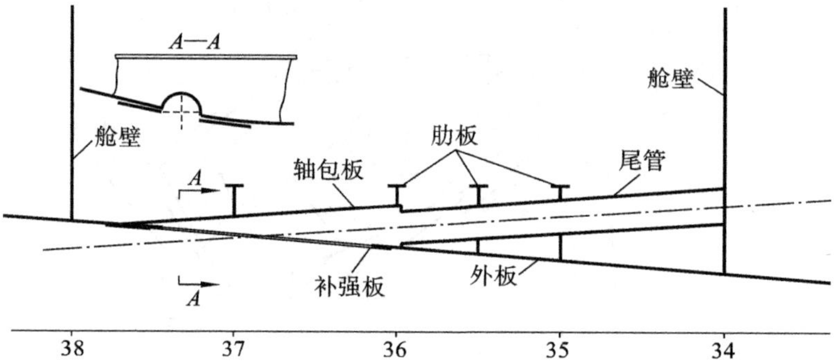

图 7-2-6　小型舰艇尾轴出口处结构(内凸包)

从尾轴管中穿出。

尾轴管的结构如图 7-2-7 所示。尾轴管的前端用焊接垫圈固定在舱壁上,后端用焊接垫圈固定在船体上。尾轴管由两部分组成:尾端是轴承部分,首端是填料密封部分,它们共同装填在尾轴管内。轴承部分由轴套和金属橡皮板条组成,轴套是一个青铜套,内拼装一条耐磨的金属橡皮板条。金属橡皮板条之间有间隙,海水在间隙内流动,润滑摩擦表面。填料密封部分用来保持船体的水密性。填料采用浸油麻丝和耐油橡皮。通过齿轮螺母传动大齿轮移动压紧套筒来压紧和放松填料。润滑冷却水由消防水管通过接头向注水环注水,以润滑金属橡皮板条和密封填料。为了防止尾管和船体的腐蚀,在尾管的尾端装有防腐锌板。有的尾管用铁梨木代替金属橡皮板条。小型舰艇尾管结构比大中型舰简单。

学习指导:了解水面舰艇尾轴出口处的主要结构形式与采取的措施。请做习题 7-5。

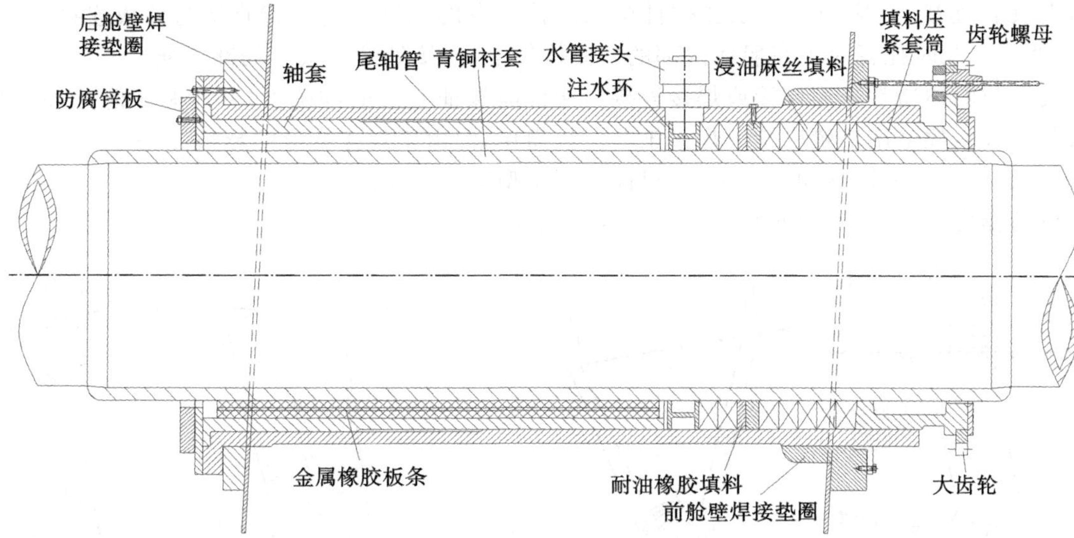

图 7-2-7　尾轴管结构

7.2.5　尾轴架

当舰艇有两个以上的推进器时，推行器轴自两舷伸出舰外，类似悬臂梁式结构，承受推进器的重量及其工作时所产生的动载荷。因此，需要在船体外装设支座托住推进器轴，以保证其正常工作，此支座称为尾轴架。它的作用是支撑推进器轴，增强轴的强度和刚度，减小尾轴的振动。

尾轴架由轴毂和一个或两个托臂组成，推进器轴穿过轴毂并由托臂固定在船体上。尾轴架的受力比较复杂，除承受尾轴和轴上螺旋桨的重量外，还承受螺旋桨工作时的水动力。此外，在螺旋桨与泥土或其他水下障碍物相碰时，尾轴架将受到巨大的突然作用力，并当螺旋桨碰掉一个或数个叶片旋转时，尾轴架会受到相当大的不平衡作用力。这些偶然性外力往往事先不容易确定。因此，在进行尾轴架设计时，一般先参照母型确定尾轴架的尺寸，然后进行校核性强度计算。

尾轴架有三种类型：铸造尾轴架、钢板焊接尾轴架，以及铸造与钢板焊接联合结构尾轴架。图 7-2-8 所示为铸造双托臂尾轴架结构，又称“人”字架，是经常采用的一种结构形式。两托臂一般为 60°～90°（常取 60°）。为减小阻力，托臂的断面做成流线型。

一些高速小型舰艇装有 2～4 个推进器，若装 4 个“人”字架，会增大舰艇的航行阻力，因此，在这些舰艇上采用单托臂的尾轴架。单托臂尾轴架有铸造、钢板焊接两种形式，如图 7-2-9 所示。焊接尾轴架应尽量减小焊接变形，因为过大的变形常常增加轴系安装的难度。单托臂尾轴架的强度与刚度比双托臂尾轴架要小些，实践中发生过单托臂尾轴架折断的事故。

尾轴架与船体的连接，一般是使托臂伸入船体内部，与船体的主要构件可靠连接，如图 7-2-8所示。为了保证尾轴架与船体的连接具有足够的刚度以减小振动，应对船体做局部加强，如局部加大构件剖面尺寸，增加板厚，使托臂伸入船体后与船体中坚固的纵、横构件连接，同时托臂通过外板的切口处应保证紧密。当托臂与船体的连接处无主要构件时，应设置附加构件与托臂连接，并应与船体主要构件坚固连接。有的尾轴架的托臂直接与外板连接，如图7-2-9所示。此时托臂应顶在船体内部的坚固构件上，连接处的外板应局部加强。

托臂与船体通常采用铆接或焊接连接。铆接能保证安装的准确性，并有利于防止裂缝扩展，减缓振动，故采用比较广泛。焊接工艺比较简单，但由于焊接变形的影响，准确安装比较困难，且焊缝区域容易因振动产生裂缝，目前仅在小型舰艇上使用。

学习指导：了解水面舰艇尾轴架的结构形式与局部加强措施。

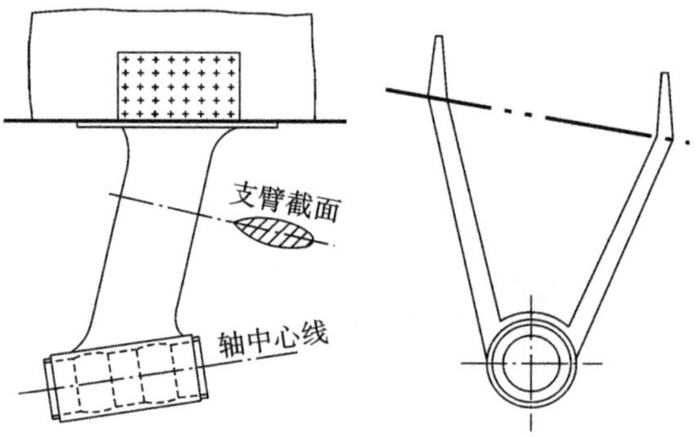

图 7-2-8　双托臂尾轴架

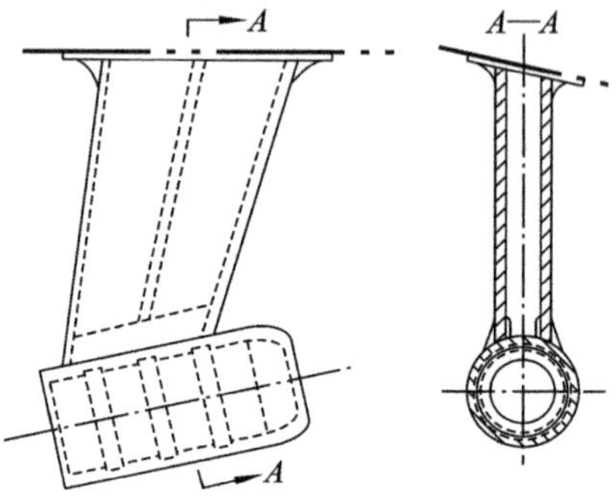

图 7-2-9　单托臂尾轴架

习　题

7-1　水面舰艇加装球鼻首的作用是什么？

7-2　首柱的作用是什么？其结构形式有哪几种？各有何优缺点？

7-3　舰尾的受力主要有哪些？舰艇首尾端部受力与船体中部受力有何不同？

7-4　船体尾端部结构的常用骨架形式是什么？常采用的加强措施有哪些？

7-5　尾轴出口处结构的主要问题是什么？应相应采用什么结构措施？

第 8 章　水面舰艇上层建筑结构

8.1　概　　述

8.1.1　上层建筑的种类

位于上甲板以上的各种围蔽建筑物，无论其宽度是否延伸到船体的两舷，均统称为上层建筑。上层建筑包括船楼、甲板室、机舱棚、直升机机库和指挥塔，以及甲板室和船楼的外伸结构，如檐棚、围屏、舷台等。

船楼是指宽度与船体宽度相同，左右侧壁与船体的两舷外板相连，并作为舱室使用的上层建筑结构。根据船楼所处的位置不同，位于船体首部、中部和尾部的船楼分别称为首楼、桥楼和尾楼。船楼也可按长度划分，如长桥楼和短桥楼、长首楼和短首楼等。舰艇中部桥楼上部的作战与操纵指挥部位称为舰桥。

舰艇上设置船楼，除了可增加舰艇的可利用容积和面积以外，还可提高干舷高度，改善舰艇的适航性，减少甲板上浪。现代舰艇的船楼主要采用长桥楼和长首楼，或是将长首楼与桥楼合为一体，形成直通船楼甲板型舰型，这样不仅可增大可利用容积，而且可布置内部通道，更好地适应作战要求。对于战斗舰艇来说，上甲板上要布置各种武器，为了不妨碍武器布置和使用，如影响布雷、火炮射界及设置直升机平台等，往往不设尾楼；而如果要设首楼，通常将其与船中部桥楼连为一体，形成长首楼，以免影响武器的布置。

甲板室是指宽度不延伸至两舷，并设在船体中部作为舱室使用的上层建筑。甲板室根据长度不同分长甲板室和短甲板室。如果甲板室长度大于或等于舰长的 15%，或不小于甲板室高度的 6 倍，且支持在 3 个刚性支座(如横舱壁或强肋骨框架)上，则该甲板室称为长甲板室；反之为短甲板室。甲板室根据总布置需要，可分为前甲板室和后甲板室，前、后甲板室之间可设置导弹发射架等。

学习指导：熟悉上层建筑的概念，理解并掌握船楼与甲板室的概念与区别。请做习题 8-1。

对于参与船体总纵弯曲程度很小的上层建筑，包括船楼和甲板室，应设计为轻型上层建筑。长度超过 0.15 倍的舰长或本身高度 6 倍的甲板室，可采用伸缩接头将长甲板室分割成若干个可以相对移动的短甲板室，从而将该甲板室设计为轻型上层建筑。长船楼不允许设置伸缩接头，因而长船楼必须设计为强力上层建筑。

学习指导：理解掌握强力上层建筑和轻型上层建筑的概念和设计条件。请做习题 8-2、8-3。

8.1.2　上层建筑的用途与受力

1. 上层建筑的用途

现代水面舰艇对战斗能力的要求较高，通常要求有多层次的攻击与防御武器，应具有距离很远的通信、导航、警戒及指挥等电子设备及其相应的雷达天线。为此，一方面对舰艇的舱容有更高的要求，另一方面对舱面武器的配置层次、高度及雷达天线的高度都提出了更高的要求。为了满足上述舰艇战斗与使用的要求，水面舰艇都设置了上层建筑。上层建筑的主要用途：①增加舰艇有效利用空间（容积）与面积，从而可更好地布置各种舱室；②提高舰桥（指挥部位）的高度，便于操纵与指挥；③有利于武器的布置，使舰炮与导弹分层布置，避免相互影响，增大射界；④有利于设置较高的桅杆和安装相控阵雷达等，增大舰艇的通信、导航、警戒和火控能力；⑤强力上层建筑参与保证船体总纵强度，增加船体结构的坚固性；⑥船楼可以提高干舷高，减少甲板上浪，改善舰艇的适航性。

2. 上层建筑结构的受力

上层建筑结构的主要受力如下。

（1）重力。船楼或甲板室上面都要承受设备和人员的重量，这是局部强度计算需考虑的载荷。

（2）波浪冲击力。舰艇航行时，飞溅水压力作用于上层建筑的前后端壁、侧壁和露天甲板，受力大小因位置不同而异，第一层上层建筑前端壁所受冲击压力最大。

（3）总纵弯曲时的拉、压力。对于长度较大的上层建筑，特别是强力上层建筑，它作为船体梁的最上缘，在船体产生总纵弯曲时，将承受相当大的总纵弯曲应力。为了减小上层建筑所受的总纵弯曲应力，可采用短船楼、短甲板室，或利用可伸缩接头将长甲板室分成若干个分段，使上层建筑不与主船体一起产生弯曲变形，或是由伸缩接头提供变形的位移量。

（4）其他外力，包括上层建筑甲板上武器发射的后坐力，上层建筑上重物在舰艇摇荡时产生的惯性力，以及风力等。

由于上层建筑与主船体的连接存在突变，如船楼、甲板室的前后端部，甲板室侧壁与主船体的连接部位等，因此，当主船体产生总纵弯曲时，船楼和甲板室端部区域将产生严重的应力集中。这是确定上层建筑结构强度时必须考虑的问题。

学习指导：了解水面舰艇上层建筑的作用与受力。

8.1.3　上层建筑结构形式

1. 上层建筑的外形

一般，上层建筑（船楼和甲板室）的各层甲板应采用与上甲板相同的梁拱与脊弧。上层建筑端壁与侧壁的设置应考虑舰艇的外形隐身，尽量避免与上甲板成直角相交，各层上层建筑之间的端壁、侧壁与露天甲板也要避免成直角相交，从而避免电磁波的凹角反射。为了使电磁波呈发散反射，各层上层建筑的端壁、侧壁应具有不同的倾斜度。

上层建筑的前后端壁常受波浪冲击，为增大其强度和刚度，可将其设计成圆弧形或折线形。端壁下面应有主船体强力横向构件作支持，并设扶强材与主船体甲板坚固连接。

学习指导：了解水面舰艇上层建筑的外形设计要求，可结合 4.3 节中的相关知识进行理解。

2. 上层建筑的骨架形式

上层建筑的骨架形式，主要根据上层建筑是否参与船体总纵弯曲，是否为强力上层建筑而定；同时也考虑其与主船体骨架结构的配合，以及上层建筑围壁的局部受载情况。

强力上层建筑位于船体梁的上缘，受到相当大的总纵弯曲应力的作用，因此在确定其骨架形式时主要考虑如何保证总纵弯曲时的强度与稳定性，通常上层建筑的甲板和侧壁均采用纵骨架式骨架结构，并与主船体的纵骨架式结构相配合。上层建筑甲板纵骨间距与上甲板纵骨间距一致；上层建筑甲板和侧壁上的横向构件应与主船体肋骨、横梁在同一平面内；上层建筑端壁和内部横隔壁应作为支承上一层结构的强力结构，必须安置垂向扶强材，并与上甲板纵骨间距配合，以有效地传递载荷。上层建筑骨架结构除了要保证满足总纵弯曲时的强度和稳定性要求以外，还必须保证有足够的局部强度，其侧壁、横隔壁、端壁还应具有承受上层承重的稳定性要求。

轻型上层建筑的骨架形式，主要根据满足局部强度的要求来确定，通常采用横骨架式骨架结构。横骨架式骨架结构对于侧壁的承载是极为有利的，可以减小构件尺寸，减轻重量。若主船体为横骨架式结构，则轻型上层建筑的骨架间距与主船体骨架间距配合一致，这样，轻型上层建筑的强度和刚度较容易保证。当主船体为纵骨架式骨架结构时，横骨架式轻型上层建筑的骨架间距应根据主船体的肋骨间距的整数倍缩小设置，这样与主船体肋骨（横梁）位置对应的上层建筑骨架与主船体骨架相配合，有利于保证其强度和刚度。

学习指导：从强度要求的角度，掌握和理解水面舰艇强力上层建筑和轻型上层建筑所采用的骨架形式的区别。

8.2　船楼结构

目前，舰艇的船楼形式主要为长首楼、长桥楼，或是首楼延伸与桥楼连为一体，因此舰艇船楼都是强力上层建筑，其骨架形式采用与主船体一致的纵骨架式结构，材料采用与主船体相同的材料。船楼结构的强度与稳定性要求与主船体是一致的。由于强力船楼结构完全参与船体总纵弯曲，因此船楼甲板成为船体梁的最上缘，船楼侧壁为船体的舷侧顶部，这样，船楼的甲板与舷侧受力很大，其结构尺寸要较大，以保证强度和稳定性要求。

学习指导：理解掌握强力船楼骨架形式及其材料的选用。

强力船楼结构的部分端部不参与保证船体的总纵强度。为了减轻重量，不参与总纵弯曲部分的船楼甲板、舷侧板及纵向构件，在船楼端部 2 倍船楼高度的长度范围内，可适当减小构件尺寸，如图 8-2-1 所示。

另一方面，由于船楼结构参与船体总纵弯曲，使有船楼部分的船体梁剖面模数增大，船体梁上缘由上甲板移至船楼甲板，因此该区域主船体上甲板部分的构件尺寸可以减小，如上甲板板、舷侧顶板及上甲板纵向构件等。从结构强度及结构完整性方面考虑，主船体上甲板部分构件尺寸的减小应逐渐过渡，并从距船楼端部 2.5 倍船楼高度或 1/3 船体宽度处开始，以保证该处的船楼结构完全参与总纵弯曲，如图 8-2-1 所示。

强力船楼结构的甲板及舷侧的开口要求与主船体上甲板及舷侧外板的开口要求是一致的，并必须按有关规定进行加强。

由于船楼端部区域船体剖面几何参数有剧烈的突变，当船体产生总纵弯曲变形时，在船楼

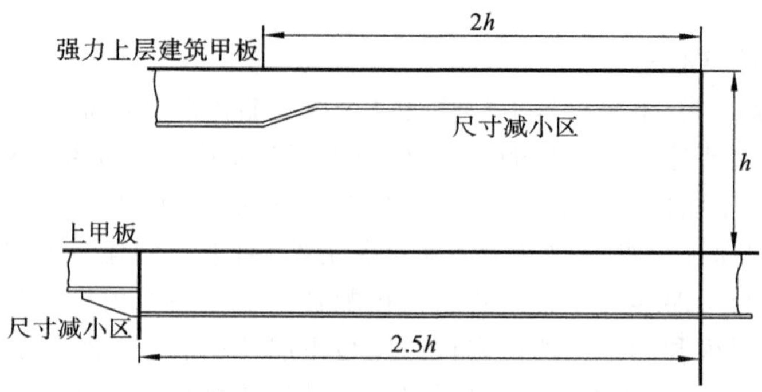

图 8-2-1　强力上层建筑端部构件尺寸变化

端部区域将产生较大的应力集中。目前，降低该处应力集中的主要措施是在船楼两舷增加圆弧或椭圆形过渡肘板，使船楼端部舷侧壁延长，逐渐减小剖面，形成与主船体外板的过渡连接（见图 8-2-2）；并对船楼端部区域结构进行加强，从而降低该处的应力水平，如图 8-2-3 所示。

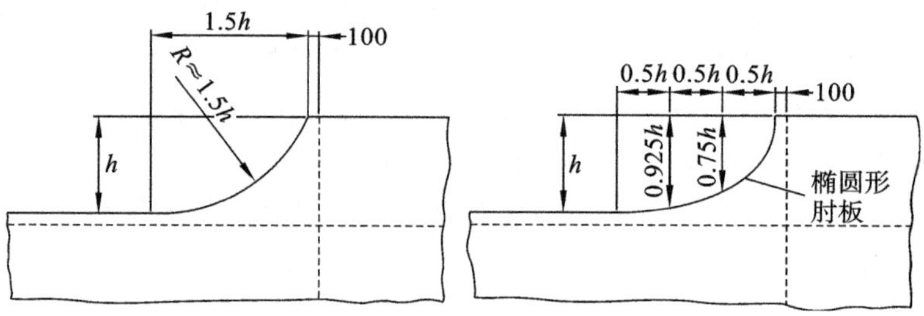

图 8-2-2　船楼端部舷侧壁的圆弧或椭圆形肘板过渡

船楼端部舷侧壁采用圆弧过渡肘板时，其圆弧半径不小于 1.5 倍的船楼高度 h。采用椭圆形过渡肘板时，其长轴半径应大于 $1.5h$。

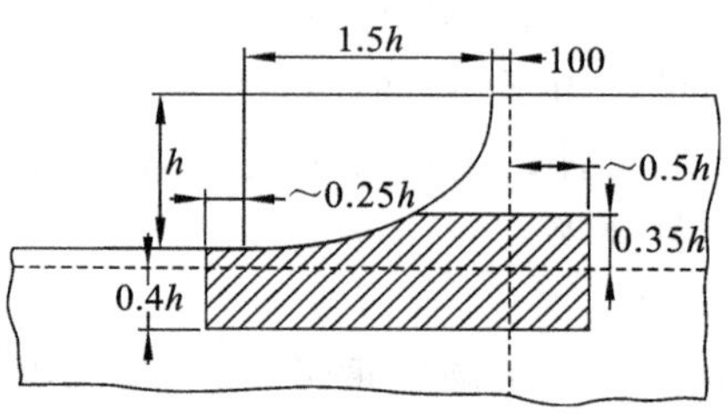

图 8-2-3　船楼端部区域外板的加强

船楼端部区域主船体的舷顶列板及甲板边板应加厚，其中舷顶列板应加厚 40%，甲板边板应加厚 20%，舷顶列板与甲板边板加厚的长度相同，都不小于 $2.25h$，如图 8-2-3 所示。另外，舷顶列板应适当加宽，并覆盖船楼舷侧板，覆盖高度不小于 $0.35h$。当上述板的加厚值大于 4 mm 时，应在长度方向设置过渡板结构。

长度小于 0.2 倍舰长的首楼和尾楼，其端部舷顶列板和甲板边板可不加厚，原因是首尾区域处船体总纵弯曲力矩较小。对于短桥楼，其端部仍需加强，并要设置过渡肘板，其加强程度要有所减小。

由于船楼端部舷侧过渡肘板较大，为了保证过渡肘板的强度及稳定性，过渡肘板自由边缘应采用型材镶边，并设置加强筋予以加强。

在船体产生总纵弯曲时，上层建筑端部区域将产生较大的垂向作用力，考虑到桥楼末端垂向剪切应力和水平剪切应力都较大，要求船楼端壁与主船体的横舱壁设置在同一平面内，以有效传递垂向作用力。同时，该处的舷侧板架应适当加强，通常在桥楼两端的四档肋骨间距内的桥楼肋骨也应增大剖面尺寸，以承受水平剪切应力。

上层建筑前端壁及后端壁，可能受到较大的波浪冲击力的作用，因而要求端壁扶强材应伸至上甲板，尽量与甲板纵骨位置配合，直接与甲板焊接，并加肘板加强。

如果桥楼上面还有较长的甲板室，则桥楼内部应设置一定数量的横舱壁或强肋骨框架，用于支撑其上面的甲板室。

学习指导：了解降低船楼端部应力集中程度的措施。请做习题 8-4。

8.3　甲板室结构

8.3.1　概述

甲板室在舰艇上使用较多，上层建筑只要宽度不伸至两舷，无论其在上甲板上还是在船楼甲板上，都称为甲板室。根据需要，甲板室的长度、层数及位置可以不同，这些都由舰艇总布置要求确定。甲板室的结构形式主要根据其是强力甲板室还是轻型甲板室来确定。强力甲板室为纵向连续的、较长的甲板室，它参与总纵弯曲；轻型甲板室的长度较小，或是在长甲板室中间设置伸缩接头，将其分为多段较短的甲板室，这种甲板室不参与总纵弯曲，其结构尺寸仅由局部强度要求确定，因而尺寸较小，重量较轻。

甲板室一般为多层，受风面较大，因而每层甲板室之间应牢固连接。下层甲板室的端壁应尽量与主船体横舱壁或横梁重合在一个平面内，其侧壁与端壁的扶强材下端，应设置肘板与上甲板或船楼甲板牢固连接。上一层甲板室与下一层甲板室至少应有 2 个横舱壁或端壁相重合，或者应使上一层甲板室侧壁与下一层甲板室侧壁（或纵舱壁）重合。上下两层甲板室相接的端壁或侧壁应设置对应的扶强材，并牢固连接。图 8-3-1 所示为多层甲板室端壁与主船体横舱壁对应设置，并坚固连接的示意图。当甲板室层数较多（大于 3 层）时，为了保证其各层坚固连接，避免舰艇摇摆时产生摆动，及在风力等的作用下产生振动与破坏，甲板室至少有 2 层端壁与主船体（船楼）横舱壁位于同一平面内。甲板室侧壁应与上甲板（或船楼甲板）的纵向构件相对应，并且甲板室侧壁与端壁相交处的主船体横舱壁上应设置较大的扶强材。该扶强材上端应加宽或加尺寸较大的肘板，以减小甲板室侧壁终止造成的应力集中，如图 8-3-2 所示。同样，当上、下层甲板室侧壁不在同一平面内时，则在上层甲板室端部的侧壁平面内应设置扶强材，并加大扶强材上端尺寸，因为该部位是结构上的“硬点”。

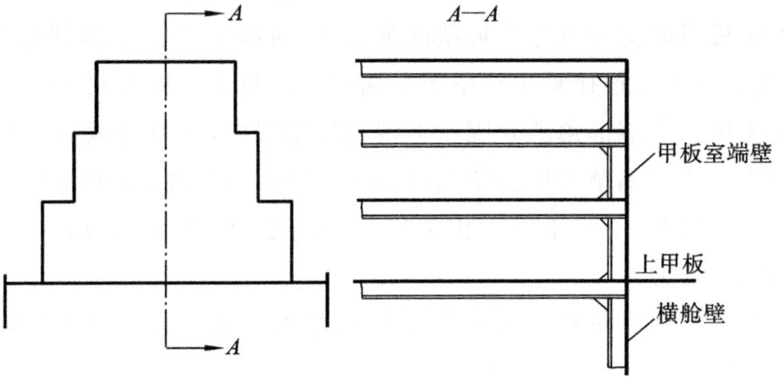

图 8-3-1　多层甲板室的端部连接

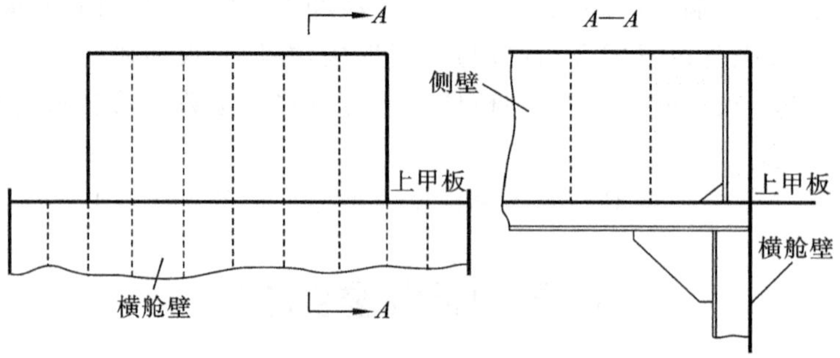

图 8-3-2　甲板室端部侧壁平面内的加强

上层建筑中类似的成刀刃相交的“硬点”较多，必须注意消除。另外，上层建筑甲板室的端壁、侧壁扶强材终止于甲板板的情况，也是结构上的“硬点”，应注意增设过渡结构，以有效地传递载荷，消除“硬点”。

8.3.2　强力甲板室结构

强力甲板室参与船体总纵弯曲，因此只有长度较长的甲板室，并且可以和船体一起弯曲的甲板室，才设计成强力甲板室。具体条件为甲板室长度超过 0.15 倍的船体长度，且不小于本身高度的 6 倍，同时该甲板室应支持在不少于 3 个本体横向刚性构件上。这里的横向刚性构件必须是横舱壁或支柱。满足上述条件的甲板室，一方面因长度较长，在船体总纵弯曲时能有效地承受弯曲应力；另一方面 3 个刚性支座可以保证其与主船体同向弯曲。

由于强力甲板室要承受很大的船体总纵弯曲时的拉、压应力，因此其结构尺寸应设置得较大。从板的稳定性角度考虑，甲板室的甲板与侧壁应采用纵骨架式结构，以提高甲板板和侧壁板的稳定性。强力甲板室端壁扶强材仍垂向设置，以便与上甲板牢固连接。

为了降低长甲板室端部的应力集中程度，在甲板室端部侧壁与端壁相交的角隅处，应采用圆角过渡连接，圆角半径为 0.5～1.0 m。该处的甲板板可适当加厚，在围壁角隅位置的下面应用横舱壁、强横梁或支柱进行加强。

满足上述要求的甲板室端部角隅，由于断面的突变以及上甲板较强的约束，该处仍然存在一定的应力集中而成为结构上的“硬点”。为此，甲板室端部角隅处与上甲板的连接可采用柔性连接，以减小上甲板板的受力及弯曲形状的突变，同时减小甲板室端部角隅处的约束强度，降低应力集中程度。该柔性连接是指将甲板室端部角隅与上甲板之间用柔性板（扁钢）过渡连接，具体方法是先将甲板室端部角隅处围壁下端与扁钢焊接，再将扁钢与上甲板铆接。采用该连接方法时，甲板室端壁与侧壁可用折角或较小半径的圆角过渡，但角隅处与上甲板的铆接长度应保证每边（端壁与侧壁）不小于 0.5 倍的甲板室高度，如图 8-3-3 所示。铆接可采用双行铆钉，以承受较大的剪切力。

学习指导：理解掌握强力甲板室的概念和条件，了解降低强力甲板室角隅应力集中程度的结构措施。请做习题 8-5。

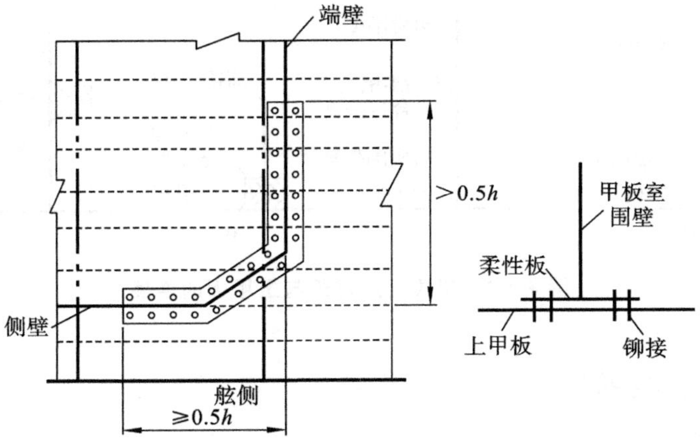

图 8-3-3　甲板室端部角隅处柔性连接

8.3.3　轻型甲板室结构

在船体中部的短甲板室(长度小于 0.15 倍的舰长或其本身高度的 6 倍),因其参与总纵弯曲的程度较小,为了减轻重量、降低重心,通常将其设计为轻型结构,仅根据局部强度、工艺性和耐腐蚀性等要求确定其结构形式与构件尺寸。

轻型甲板室一般用普通碳钢制造或用铝合金制造。一般钢质轻型甲板室的端壁、侧壁与甲板多采用板筋(板和骨架)结构,其最小板厚为 2.5～3 mm,加强筋(扶强材)多垂向布置或横向布置(横骨架式)。甲板室端壁与侧壁下部设置高为 150～200 mm 的围槛板,其板材与主船体材料相同,厚度应加厚 1～2 mm(主要从腐蚀余量方面考虑,甲板室下部较易腐蚀)。在制造上,围槛板是划入上甲板分段的,这样可以提高结构的工艺性。

钢质轻型甲板室的内部横隔壁与纵隔壁可允许用压筋板结构,以减少加筋的焊接工作量,同时减轻重量。压筋板结构必须充分考虑其承载的稳定性。

目前,普遍采用铝质轻型甲板室,其优点:一是重量轻,可以降低船体重心;二是材料弹性模量值较小,允许有较大的弹性变形。铝质轻型甲板室与上甲板的连接应采用过渡结构,根据连接方法的不同,过渡结构有所不同。当采用铆接连接时,上甲板上设置 150～200 mm 高的围槛板,围槛板下端与上甲板焊接,上端与铝质围壁铆接,如图 8-3-4(a)所示。

铝与钢的焊接目前无法在常压下进行,因此铝质上层建筑与钢质船体的焊接必须由钢-铝复合接头来实现。钢-铝复合接头由爆炸焊接复合而成,根据爆炸焊接复合接头结合力的性能要求,目前有钢-钛-铝合金复合接头,钢-纯铝-铝合金复合接头等。钢-铝复合接头的结合强度相对较差,工艺较为复杂。

铝质上层建筑与上甲板的焊接可分为加围槛对称焊接,不加围槛直接焊接和加围槛外侧平齐焊接三种形式,如图 8-3-4(b)所示。

轻型甲板室端部角隅处与上甲板的连接,也要考虑减小应力集中与约束强度,其结构形式和强力甲板室端部角隅与上甲板的连接基本一致。

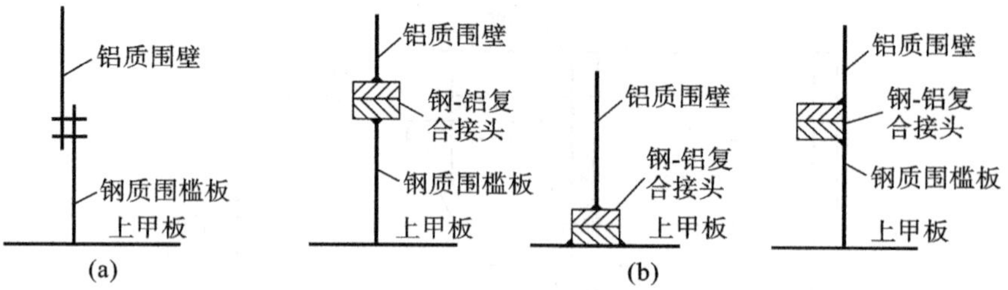

图 8-3-4　铝质上层建筑与上甲板的连接

8.3.4　伸缩接头

长甲板室一般应设置伸缩接头，将其分成若干段长度小于 0.15L 或 6 倍甲板室高度的短甲板室，并使每段甲板室仅与 2 个船体刚性横向构件连接。

将长甲板室分割为分段的短甲板室，多采用沿甲板室横剖面周长设置伸缩接头的方法来实现。伸缩接头具有在较小外力作用下产生较大位移的功能。长甲板室设置伸缩接头后，在船体总纵弯曲时，甲板室的纵向变形集中在伸缩接头处，而伸缩接头以外的各分段甲板室的纵向拉压变形很小。舰用伸缩接头主要有两种：弹性伸缩接头和滑动伸缩接头。目前多用弹性伸缩接头，滑动伸缩接头已经很少应用。下面主要对弹性伸缩接头进行介绍。

虽然伸缩接头的位置与数量可以任意设置，但设置时必须遵守以下基本原则：

(1) 长甲板室伸缩接头的间距应小于 0.15L 或 6 倍的甲板室高度，以保证分段后的短甲板室不参与总纵弯曲，但间距不应小于 3 倍的甲板室高度。

(2) 伸缩接头宜设置在对穿横向通道内，这样可以避免伸缩接头通过甲板室内部的纵舱壁，而且甲板室侧壁有门框，伸缩接头实际上只需在甲板室的顶部甲板板上一处设置即可，从而大大简化了结构形式和制造工艺上的难度。

(3) 伸缩接头与强力甲板大开口角隅的距离一般不宜小于甲板室的高度，以避免在主船体开口角隅处重复产生应力集中。

(4) 甲板室两侧壁与甲板的伸缩接头应在同一平面内，不能错位，否则可能会引起结构上的破坏，无法发挥伸缩接头的作用。

(5) 伸缩接头以单层设置为宜，当有充分依据可保证伸缩接头的可移动距离满足要求且结构连接无困难时，可多层设置伸缩接头。

弹性伸缩接头是利用波形板(U 形板)结构可以产生较大弹性变形的原理，来实现其分隔长甲板室的功能的，其可使相邻两段甲板室产生相对较大的位移而不产生较大的应力。波形板弹性伸缩接头的结构如图 8-3-5 所示。其中波形板最大弹性变形的位移值 C(每边 $C/2$，如图 8-3-5 所示)，即为相邻甲板室可允许的相对位移值。在波形板材料及板厚一定的情况下，波形板弹性变形位移值 C 将由波形板平直部分高度 h_1 确定。

根据甲板室与船体相对变形方式的不同，弹性伸缩接头的结构形式也有所不同。甲板室与船体相对变形有两种形式：当各段甲板室与船体刚性连接(每段甲板室下有 3 个刚性构件支撑)时，甲板室与船体为同向弯曲变形，如图 8-3-6(a)所示；当各段甲板室仅在端部与 2 个船体横向刚性构件相连时，甲板室与船体为反向弯曲变形，如图 8-3-6(b)所示。产生上述两种变形的原因是主船体对上层建筑的强制变形是偏心作用的，作用在上层建筑下沿的水平剪力将使

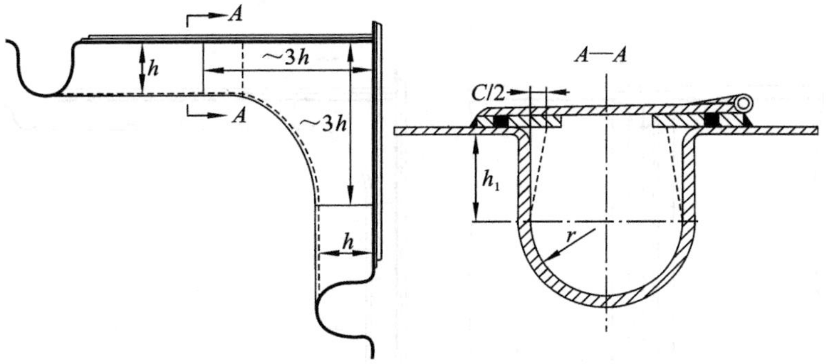

图 8-3-5　波形板弹性伸缩接头

上层建筑向与主船体弯曲相反的方向弯曲；当上甲板刚度很大时，则通过连接作用迫使上层建筑与主船体一起弯曲变形，否则，上层建筑将可能产生反向弯曲变形。

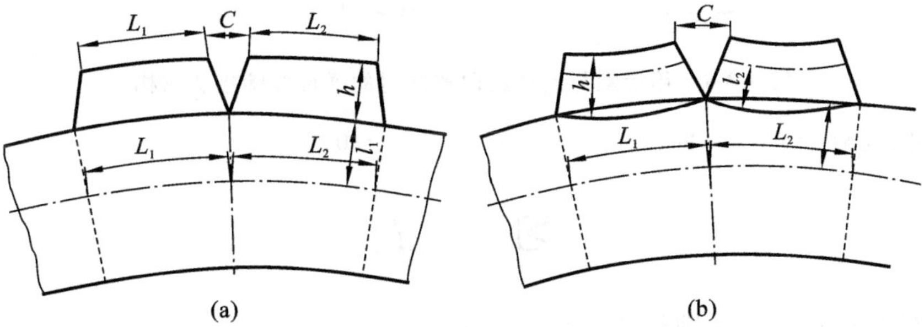

图 8-3-6　甲板室与船体的相对变形方式

(a)刚性连接时的同向弯曲　(b)2 个刚性构件支撑时的反向弯曲

当被弹性伸缩接头分割的各段甲板室与船体同向弯曲时，该弹性伸缩接头应采用如图 8-3-7所示的变刚度(上面波形板的 h_1 值大，下面波形板的 h_1 值小)伸缩接头。

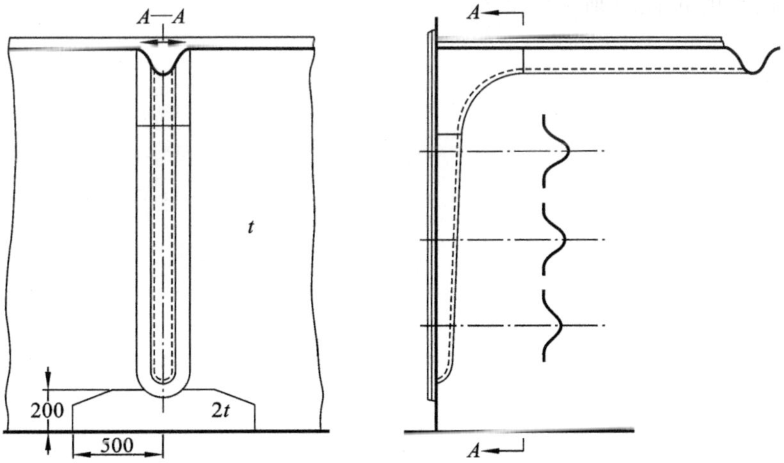

图 8-3-7　甲板室与船体同向弯曲时的弹性伸缩接头结构

当被伸缩接头分割的各段甲板室与船体反向弯曲时，应设置如图 8-3-8 所示的弹性伸缩接头。其中伸缩接头下端(上甲板处)间距 D_1(甲板室侧壁上)可放松该处上甲板的约束，减小该处上甲板的应力集中。D_1 值的大小由甲板室和船体变形状态确定，船体规范中给出了有关计算公式。

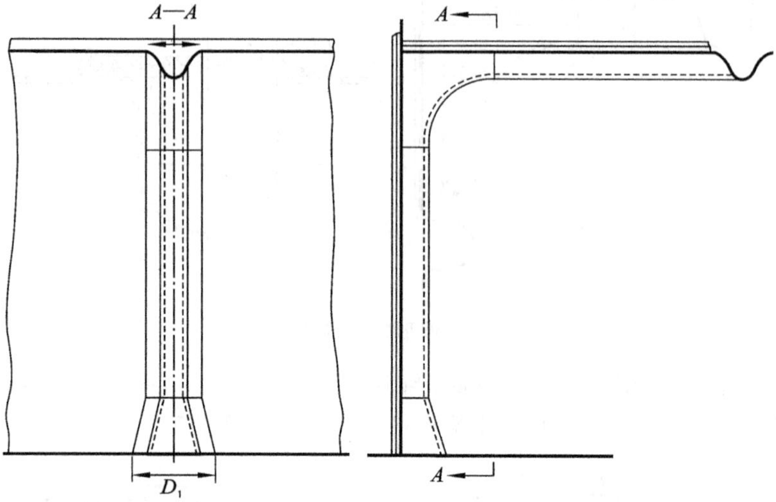

图 8-3-8　甲板室与船体反向弯曲时的弹性伸缩接头结构

学习指导:理解伸缩接头的布置原则。请做习题 8-6。

习　题

8-1　船楼与甲板室的区别是什么?

8-2　什么是强力上层建筑?什么样的上层建筑应设计为强力上层建筑?

8-3　什么是轻型上层建筑?如何才能将长甲板室设计为轻型甲板室?

8-4　降低船楼端部区域船体结构应力集中程度的主要措施是什么?

8-5　强力甲板室端部应采取什么结构措施,以减小该处应力集中?

8-6　伸缩接头的布置原则是什么?

第 9 章　潜艇耐压船体结构

9.1　潜艇耐压壳体

9.1.1　耐压壳体的作用和结构要求

为了能在深水中执行各项任务(航行、战斗等),潜艇必须设有坚固的船体以承受巨大的水压力,由于目前绝大多数耐压船体均由带有环形肋骨的圆柱壳或锥壳组成,因而在习惯上称为耐压壳体。

耐压壳体的主要作用是承受深水压力,保证舱室内部人员和各种设备的正常工作,同时,潜艇耐压壳体组成一个水密空间,为潜艇提供 80%～85%的固定浮容积,为潜艇在水下维持重力等于浮力的平衡条件提供基础。为了保证耐压壳体具有上述功用,其结构应满足如下要求:

(1) 耐压壳体必须具有足够的强度和稳定性,为此,应该选择合理的结构形式和建造方法;

(2) 耐压壳体必须具有良好的紧密性,为此,要求耐压壳板的接缝应保证紧密性和坚固性,各种出口处的紧密性应由专门的填料函保证。

学习指导:了解潜艇耐压壳体的作用和结构要求。

9.1.2　耐压壳体的一般形状

耐压壳体的形状是由受力、舱室设备布置、建造工艺以及外形等因素决定的。对于不同历史时期、不同类型的潜艇,各个因素所起的作用亦不相同,但是一般情况下,潜艇“受力”的因素总是起主导作用。

1. 耐压壳体横剖面形状

历史上耐压壳体横剖面形状是多种多样的,曾出现过圆形、椭圆形、矩形以及半圆形等形状。但从抵抗深水压力的观点来看,以圆形最为有利。所以圆形剖面的耐压壳体从一开始就被广泛采用,并且一直沿用至今。圆形剖面的耐压壳体受力状态之所以最好,是因为其在均匀外压力作用下船体只产生均匀收缩变形,故壳板内部只有均匀压缩应力而无弯曲应力。而椭圆形、矩形等其他横剖面形状,由于它们不是一个纯圆,因此船体不能均匀变形,如图 9-1-1 所示,在静水压力作用下除了承受压缩应力外,还承受弯曲应力,为了达到与圆形剖面同样的强度,就必须增加壳板厚度,增加结构的重量。在保证强度的前提下,圆形横剖面的结构的重量最小,现代绝大多数潜艇的耐压壳体横剖面都采用圆形。

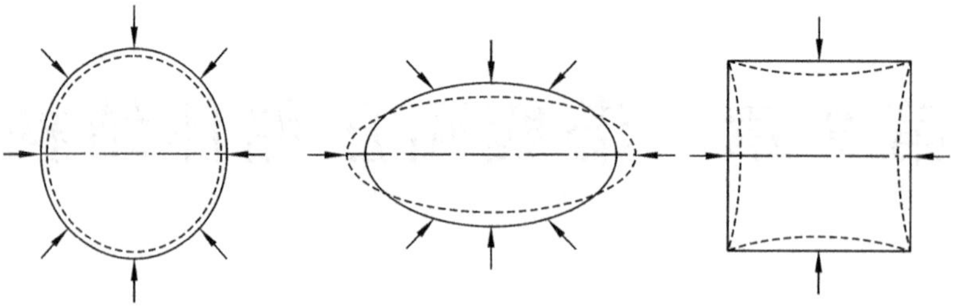

图 9-1-1　不同横剖面形状的耐压壳体在均匀外力下的变形

学习指导：理解潜艇耐压壳体横剖面采用圆形的原因。请做习题 9-1。

2. 耐压壳体纵剖面形状

耐压壳体纵剖面形状基本上可分为两种：曲线形和直(折)线形。在某些单壳体潜艇上，耐压壳体就是外形的一部分，为了使潜艇在水下航行时获得最小阻力，就必须把耐压壳体做成光顺的曲线形。这种形状虽然给耐压壳体的加工带来一些困难，但为了减少阻力必须如此。我国早期潜艇受到加工能力的限制，多采用直线形耐压壳体，新一代潜艇的外形向更加光顺的曲线形转变。

9.1.3　耐压壳体尺寸

耐压壳体的尺寸主要指其直径和长度。

1. 耐压壳体直径

耐压壳体直径的大小与潜艇的排水量大小、潜艇线型和主要设备的尺寸有关，但主要由分层布置条件决定。在考虑分层时，要考虑人员正常生活、工作条件及设备安装与检修等因素。例如，为了保证人员的生活、工作条件，要求舱室不包括构架的净高度不小于 1.8 m，考虑潜艇圆形结构的特点，上层一般要求为 2～2.3 m。因此，同一类型潜艇排水量可能差别较大，但如果分层数目相同，其直径差别却不大。目前，常规动力潜艇耐压壳体内一般只有一层甲板(即二层布置)，个别外形为水滴形的常规动力潜艇，由于艇体短而肥，中部采用二层甲板，如日本的“涡潮”级潜艇、美国的“巴伯”级潜艇。对于核潜艇，由于其排水量大，又都采用水滴形外形，常常采用三层或四层布置。为了提高舱室甲板利用率，采用二层布置的耐压壳体直径一般在 4.3 m 以上，采用三层布置的一般在 7 m 以上，采用四层布置的一般在 9 m 以上。

2. 耐压壳体长度

耐压壳体长度虽然也与排水量大小、耐压壳体直径有关，但主要由潜艇舱室纵向布置条件决定。例如，以柴油机-蓄电池为动力的直接传动潜艇，尽管不同的潜艇排水量差别会较大，但由于布置方式基本相同，其耐压壳体长度差别不大，而不同布置方式的潜艇，其长度差别较大，如水滴形的潜艇，为了减小阻力，要求艇体的长宽比为 7 左右，因此，往往加大耐压壳体直径，缩短耐压壳体长度。

9.1.4　耐压壳体的构件组成

潜艇耐压壳体在深水压力作用下或遭受水下爆炸时，可能会产生各种形式的破坏，如耐压壳体外壳板因应力过大而产生轴对称屈服破坏、肋骨间壳板失稳破坏、舱段总体失稳破坏、刚性构件和结合壳部位断裂破坏、框架肋骨或舱壁处断裂破坏等。图 9-1-2 所示为舱段总体失稳破坏示意图，图 9-1-3 所示为肋骨间壳板失稳破坏示意图。为了抵抗各种形式的破坏，耐压壳体必须采用合理的结构形式。耐压壳体由壳板和肋骨组成，它们牢固地连接在一起，共同保证结构的强度和稳定性，不过它们所起的作用各不相同。

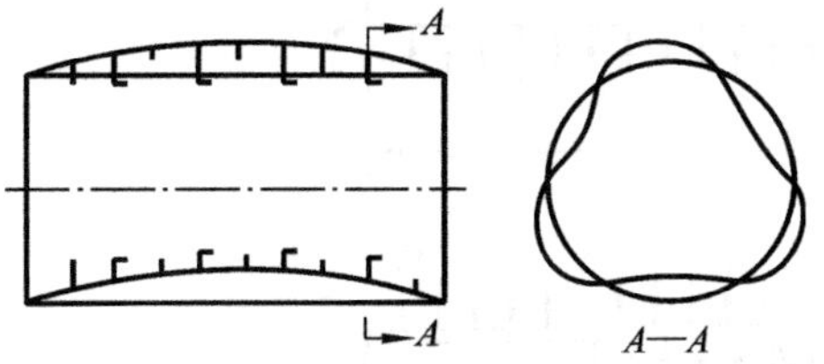

图 9-1-2　耐压壳体舱段总体失稳破坏

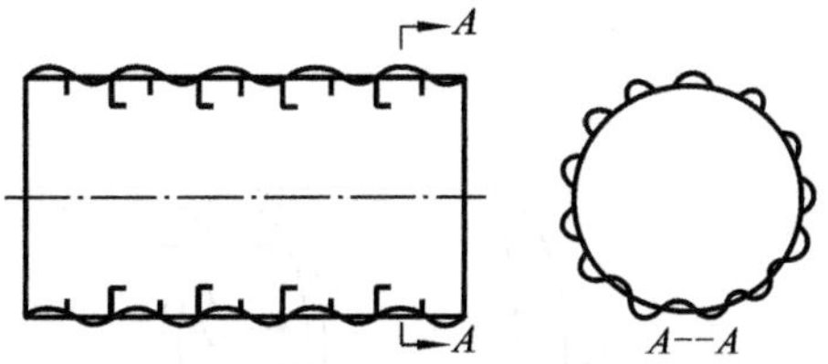

图 9-1-3　耐压壳体肋骨间壳板失稳破坏

1. 耐压壳体壳板

1）耐压壳体壳板的厚度

耐压壳体壳板是承受深水压力、抵抗轴对称屈服破坏的主要构件，根据一些潜艇的实际统计数据，有 80%～85%的外力由壳板承受。为了使壳板内部的应力不超过壳板许用应力，应合理确定壳板的厚度。为了研究壳板厚度取决于哪些因素，先研究没有肋骨加强的圆柱形壳板的受力情况，如图 9-1-4 所示。圆柱形壳板在深水压力 P 的作用下，其结构内部的应力很容易由力的平衡条件求得。设壳体在均匀外压力作用下，产生均匀压缩变形，壳板内的应力为

$$\sigma = \frac{Q}{F}$$

式中：Q——总压力；

F——承受外力的壳板剖面面积。

从横剖面看，纵向应力为

$$\sigma_1 = Q_1/F_1 = \frac{PR}{2t}$$

式中：

$$Q_1 = P \cdot \pi R^2$$

$$F_1 = 2\pi Rt$$

从纵剖面看，周向应力为

$$\sigma_2 = Q_2/F_2 = \frac{PR}{t}$$

式中：

$$Q_2 = P \cdot 2RL$$

$$F_2 = 2Lt$$

由此可见，壳板的周向应力是纵向应力的 2 倍。

对于有肋骨加强的圆柱壳体，肋骨的存在一方面起到支持壳板的作用，但另一方面却破坏了壳板均匀收缩的特点，使肋骨间壳板产生弯曲。考虑这种影响，壳板在相邻肋骨跨距中点的周向中面应力为

$$\sigma_2^0 = K_2^0 \frac{PR}{t}$$

对于一般潜艇，K_2^0＝0.9～1.05，并且要求潜艇壳板的周向中面应力小于许用应力[σ]，因此潜艇耐压壳体壳板厚度可表示为

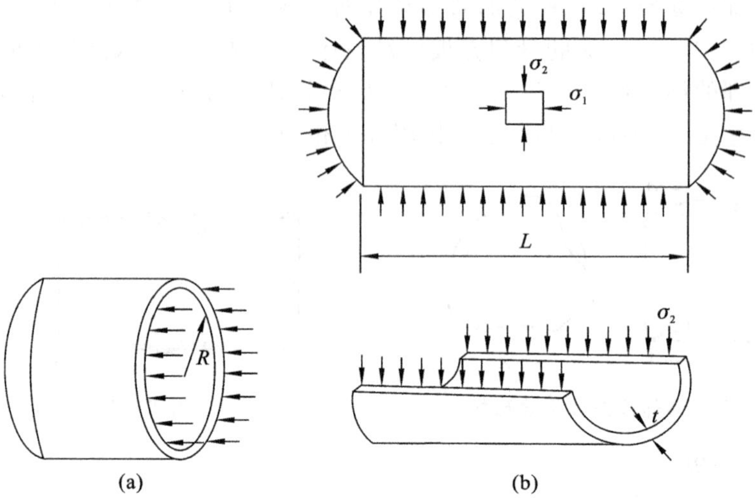

图 9-1-4　圆柱形壳板的受力

$$t \geqslant K_2^0 \frac{PR}{[\sigma]}$$

从强度的观点来看，潜艇壳板的厚度主要取决于潜艇的下潜深度即外载荷 P、耐压壳体的半径 R 以及壳板材料的屈服强度 σ_s。显然，潜艇的下潜深度愈大，耐压壳体的半径愈大，壳板材料的屈服强度 σ_s 愈小，则壳板厚度应愈厚，反之则愈薄。但是需要特别指出：确定潜艇耐压壳体壳板厚度时，壳板内部的应力只是一个条件，另外一个条件是壳板稳定性。

壳板失稳的概念如压杆失稳一样，当外压力超过某一临界值时，壳板失去了原来的平衡状态，形成波浪形表面。此时，壳板中出现由弯曲产生的附加应力，此应力又促使变形进一步加大，导致壳板破坏，因此，壳板失稳时的临界压力被看作破坏载荷。壳板理论临界压力计算公式为

$$P_E = E \cdot \left(\frac{t}{R}\right)^2 \frac{0.6}{u - 0.37}$$

式中：$u = 0.6425l/\sqrt{Rt}$；

l——肋骨间距。

由上式可以看出，壳板的理论临界压力近似与壳板厚度的 2.5 次方成比例，壳板厚度减少一点而 P_E 却减少很多。因此，确定耐压壳体壳板的厚度时，除了考虑强度条件以外，还应考虑稳定性条件。对于实际潜艇，由强度条件所确定的厚度与由稳定性条件确定的厚度，基本上是一致的，故总可以通过选取适当的肋骨间距与采用合适的材料，使强度与稳度之间得到协调。现代潜艇耐压壳体壳板厚度一般如下：小型潜艇为 8～14 mm；中型潜艇为 16～28 mm；大型潜艇为 22～32 mm，核潜艇可达 40 mm 以上。

学习指导：理解潜艇耐压壳体壳板厚度的确定方法。

2）耐压壳体壳板的布置

（1）壳板的布置及其连接：耐压壳体壳板的布置在很大程度上是由建造工艺决定的。根据钢板的长边相对于耐压壳体的轴线方向，壳板的布置有两种形式，即纵向布置与横向布置，如图 9-1-5 所示。

纵向布置时，钢板长边平行于耐压壳体的轴线方向，整个耐压壳体周向由若干块钢板连接

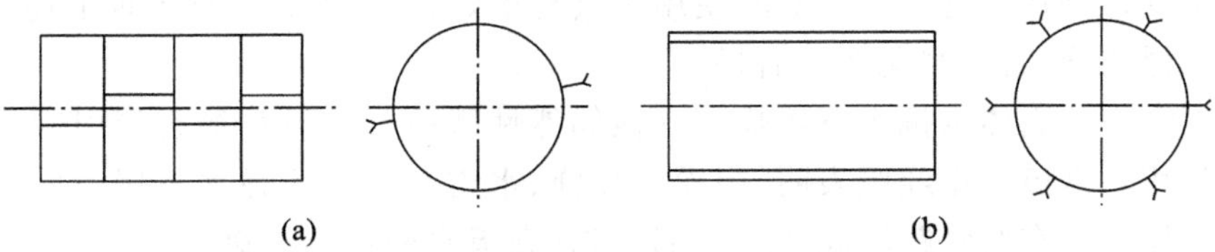

图 9-1-5　耐压壳板的布置

(a)横向布置　(b)纵向布置

而成，这种布置方式在过去铆接的潜艇上被广泛采用。现代潜艇由于采用焊接和分段建造法，不再采用纵向布置方式，因为纵向布置方式不仅不便于分段建造，而且会使整个圆周有较多的接缝，接缝由于工艺上的原因会影响耐压壳体横剖面保持严格意义上的圆形，从而严重影响壳板的稳定性。但在局部位置，为了适应厚度变化的需要，也可采用纵向布置方式。例如：指挥舱、导弹舱顶部开有大量的孔口，为了弥补强度的不足，局部加厚壳板，局部位置采用纵向布置方式；耐压水舱由于周向曲率半径不同，需采用不同厚度的壳板，因而也采用纵向布置方式。

壳板横向布置时，钢板的长边垂直于艇体的轴线。耐压壳体的周向通常用 2 块或 3 块钢板分别弯成圆弧形拼接而成。这种布置方式可以减少周向的接端数目，而且便于焊接和分段建造，因此被广泛采用。

壳板之间目前基本都采用焊接连接，而且采用对接的形式。为了避免焊缝出现在同一截面上而削弱强度，有的潜艇把相邻壳圈的钢板接缝相互错开（一般相差 200～300 mm）。而在现代潜艇上，由于焊接工艺的改进，焊材性能的提高，焊接强度有了可靠的保证，因此所有壳板的接端、接缝都布置在同一直线上，这样在建造时，就可以使装配、焊接的工作大大简化。为了避免焊接时应力集中，耐压壳体壳板壳圈之间的接缝一般都布置在两档肋骨的中间。

（2）壳板厚度的分布：耐压壳体壳板的厚度主要是根据强度来确定的。由前面叙述可以看出：如果采用的材料一定，外部作用载荷一定，则壳板厚度主要与耐压壳体的直径相关。潜艇直径一般中间大，两端小，因而壳板厚度随直径变化，在保证同等强度的条件下，两端的壳板厚度相对要薄一些。但在某些有开孔的部位，为了弥补开孔后强度的减弱，需进行局部加厚，如鱼雷装载舱口的壳板需加厚。

学习指导：理解潜艇耐压壳体壳板的布置方式与优缺点。请做习题 9-2。

2. 耐压壳体肋骨

1）肋骨的作用

耐压壳体肋骨的主要作用是保持壳板原有的形状，提高壳板的稳定性。前面已经指出，在深水压力的作用下，结构可能因强度不足而破坏，也可能因刚度不足而丧失稳定。强度与材料的屈服强度、耐压壳体的半径及潜艇下潜深度有关，与肋骨的间距及肋骨型材的尺寸关系较小。而从稳定性方面分析，壳板的理论临界压力与肋骨间距成反比，即肋骨间距愈大，理论临界压力愈小，反之则愈大。根据计算，如果耐压壳体的直径为 4.9 m，壳板名义厚度为 22 mm，如果没有肋骨，相邻两个舱壁之间（舱壁之间距离为 7.8 m）的壳板在相当于 34.8 m 的均匀水压力作用下即丧失稳定。如果每隔 600 mm 安装一根 20 号球扁钢制成的肋骨，则耐压壳体能承受相当于 420 m 的水压力而不丧失稳定。由此可见，肋骨的存在可以大大地提高壳板的稳定性。

潜艇在服役过程中，耐压壳体局部区域常常出现大面积腐蚀，在外力作用下，通常局部区域首先失稳，一些模型试验表明，如果此时肋骨仍具有足够的强度和刚度，其仍能保持圆形，那么壳体就不会立即破坏。这一点在实际使用中具有重要意义，因为一旦出现上述情况，如果立即采取应急上浮措施，就可避免严重后果。

肋骨在保证耐压壳体抵抗水下爆炸或其他偶然性载荷（如碰撞、触礁等引起的载荷）方面也具有重大作用。潜艇使用经验表明，当深水炸弹、水雷及空投炸弹水下爆炸时，动水压力的作用经常使耐压壳体在肋骨跨度间产生局部凹陷（壳板水密性不被破坏），变形后的壳体抵抗外部水压力的能力大大降低，外力主要由肋骨承受，此时，潜艇的生命力和局部强度主要靠肋骨来保证。

2）肋骨的形式

根据不同潜艇的结构特点，潜艇上的肋骨一般有下列几种形式。

学习指导：熟悉潜艇耐压壳体肋骨的种类与作用。

（1）普通肋骨，即在潜艇耐压壳体上按一定间距设置一档断面尺寸相同的肋骨。这种形式是潜艇最普遍采用的形式，如图 9-1-6(a)所示。

（2）带有中间支骨的肋骨。壳板的稳定性主要靠肋骨来保证，肋骨间距愈小则壳板的稳定性愈高。但由于工艺（装配、焊接等因素）上的原因，肋骨间距又不能太小（一般要求不小于 500 mm），为了提高壳板稳定性，就要增加壳板厚度，从结构设计的观点来看，这种方式不能满足强度与稳定性相匹配，增加了结构的重量。为了解决强度与稳定性之间的矛盾，比较有利的措施是在两根普通肋骨之间再安装一根断面尺寸比较小的“中间支骨”（见图 9-1-6(b)），理论分析与试验证明，安装中间支骨时，如果中间支骨有足够的刚度，就相当于肋骨间距缩小一半，可以大大提高壳板的稳定性。

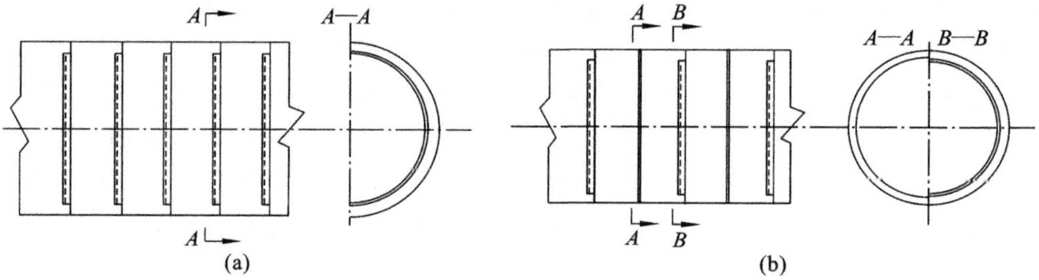

图 9-1-6　肋骨的形式

(a)普通肋骨　(b)带有中间支骨的肋骨

采用带有中间支骨的肋骨，从结构力学的观点来看是有利的，它在一定程度上解决了耐压壳体采用高强度钢时强度和稳定性之间的矛盾，但在实际使用中效果却并不理想，因为肋骨采用大小相间的布置方式，增加了制造工艺的难度。此外，由于设置了中间支骨，肋骨间距很小（一般为 250～300 mm），在布置一些设备如船舷阀等时，经常不得不切断肋骨或支骨。此时为了弥补被切断的肋骨或支骨的强度又不得不增设加强筋，给施工带来了很多麻烦。因此带有中间支骨的肋骨形式虽然有优点但使用并不广泛，只在某些小型潜艇上，强度和稳定性矛盾比较突出时才采用。

（3）特大肋骨。如前所述，肋骨对提高壳板稳定性有重要作用，这是建立在肋骨本身有足够刚度的前提下的，如果肋骨刚度不足，自身丧失稳定，就不能起到支持壳板的作用。所以在潜艇结构设计中，肋骨的稳定性通常要比壳板的稳定性高。

理论与试验研究表明，肋骨总是与壳板一起在相邻舱壁内产生总体失稳，如图 9-1-7 所示。

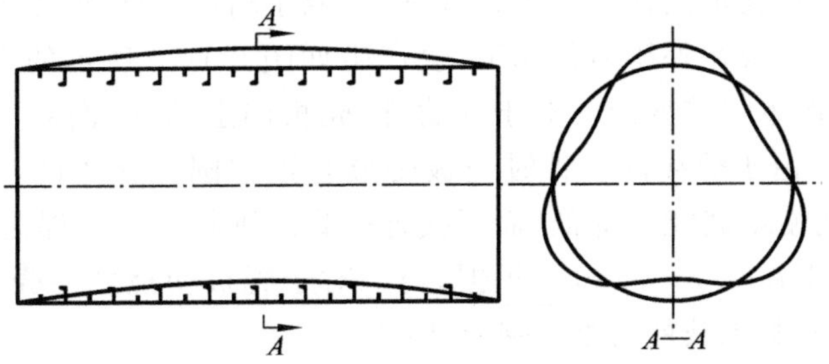

图 9-1-7　总体失稳示意图

总体失稳的理论临界压力主要取决于肋骨的惯性矩，同时还与壳板的厚度及相邻舱壁之间的舱段长度有关。理论计算表明，耐压壳体的舱段长度愈大，则两端舱壁对肋骨稳定性的有利影响就愈小，总体失稳的临界压力愈低。当舱段长度相当长时，肋骨的稳定性可能成为主要问题。这时为了保证肋骨稳定性所需要的肋骨断面尺寸可能超过由应力条件确定的尺寸，造成肋骨的强度和稳定性不匹配，为了提高舱段的稳定性，常需要增大肋骨的断面尺寸。因此，为了减小肋骨的尺寸，常常在舱段的中间设置一根特别加强的肋骨，这根肋骨称为“特大肋骨”，如图 9-1-8 所示。它相当于将整个隔舱分为两部分，起到舱壁的作用。计算表明，从重量方面考虑，设置特大肋骨未必有利，但它可使普通肋骨尺寸减小，舱室容积利用率得到提高。

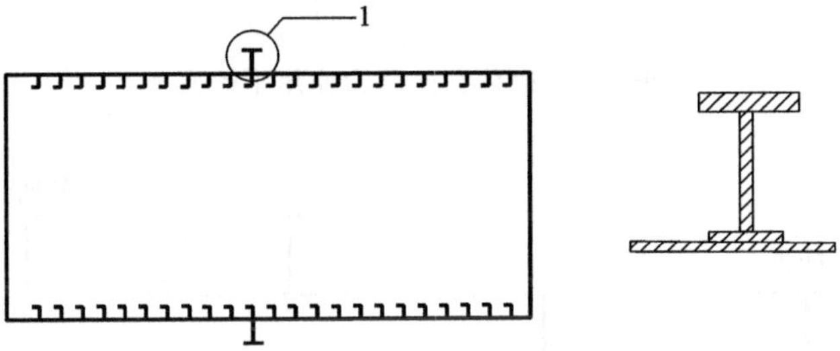

图 9-1-8　特大肋骨

3）肋骨的布置

潜艇耐压壳体肋骨的布置方式一般分为两种：内肋骨与外肋骨，如图 9-1-9 所示。采用内、外肋骨各有优缺点。

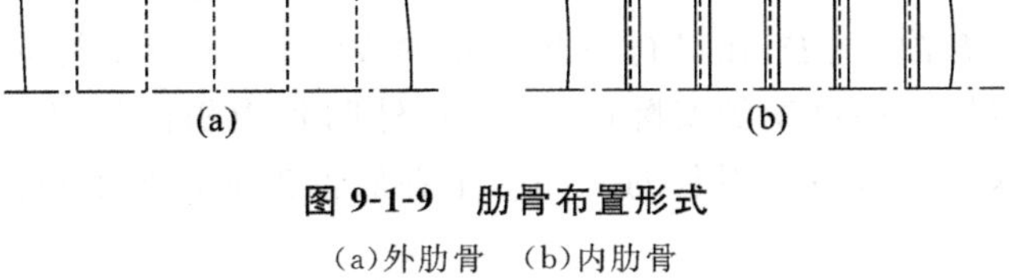

图 9-1-9　肋骨布置形式

(a)外肋骨　(b)内肋骨

从容积利用率和重量方面考虑，采用外肋骨的主要优点是使耐压壳体内部有效容积增大。分析表明，对于一般潜艇，相比于采用内肋骨，采用外肋骨容积利用率可提高 12%～15%。计算表明，在下潜深度、壳体材料一定时，耐压壳体重量只与容积有关(即单位容积的重量不变)，所以提高容积利用率，在满足同样的布置条件下，可减小耐压壳体容积，从而减轻重量。

从强度方面考虑，壳板在外压力作用下，会产生如图 9-1-10 所示的变形。焊接肋骨时，相邻肋骨之间的壳板会产生焊接变形。对于外肋骨，壳板向上凸起，而对于内肋骨，壳板向下凹陷，如图 9-1-11 所示。由于焊接内肋骨时壳板变形与正常圆柱壳体的变形方向一致，因而结构内部应力增加，从而使承载能力降低，而焊接外肋骨时则相反。由焊接肋骨产生的壳板初挠度与壳板厚度之比通常在 0.1～0.2 内，根据计算，对于壳板初挠度与壳板厚度之比为 0.1 的焊接变形，内、外肋骨屈服承载能力之差可达 15%。

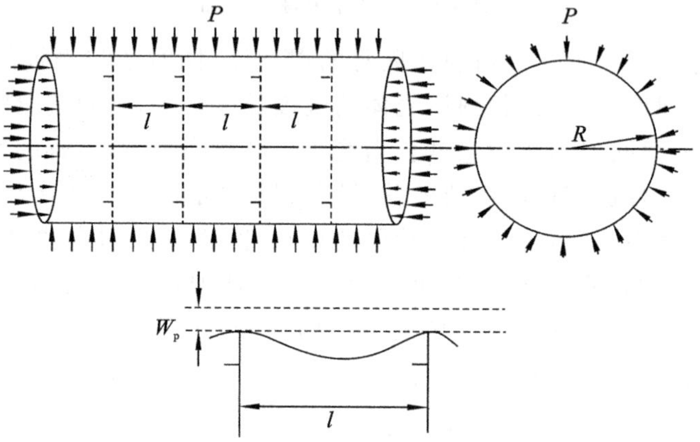

图 9-1-10　壳体在外压力作用下的变形

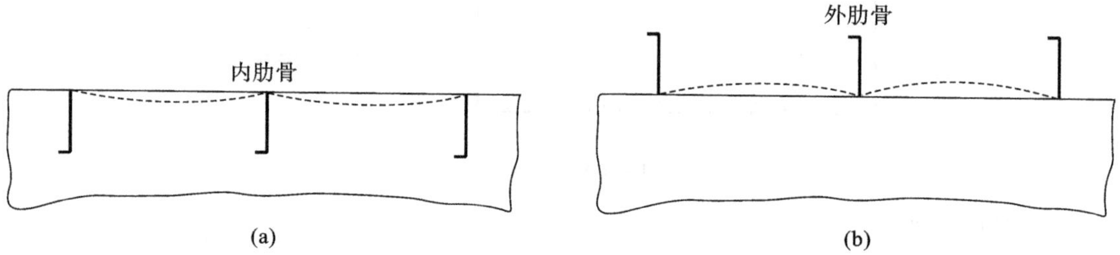

图 9-1-11　焊接肋骨时壳板的变形

(a)焊接内肋骨　(b)焊接外肋骨

而在深水压力作用下，对于采用外肋骨的潜艇耐压壳体，肋骨与壳板之间的焊缝承受巨大的拉应力，如果焊接质量不高，肋骨可能与壳板分离，这是非常危险的。另外焊缝的冲击韧性一般比母材差，当潜艇遇到水下爆炸时，采用外肋骨的潜艇可能首先从焊缝处被撕裂，一些模型试验结果也证实了这一点。而采用内肋骨的潜艇则不存在这些缺点。

此外，外肋骨容易腐蚀，过去，在进行一些潜艇的设计时，确定肋骨的断面尺寸偏重于从强度的观点来考虑，但根据一些潜艇的实际使用经验，外肋骨腹板两侧都会被腐蚀，总腐蚀深度常常高于一般壳板，这对强度也是不利的。而除了在底部液舱区域的内肋骨外，内肋骨很少被腐蚀。

从工艺的观点来看，采用外肋骨简化了内部舱壁、平台、绝缘设备等的安装工艺，但为了安装各种设备及固定绝缘设备等又不得不在壳板上焊接大量的固定件，这对壳板强度是不利的，而内肋骨则相反。

从上面的分析可以看出，内、外肋骨各有优缺点，在实际工程中，主要根据布置上的要求来确定采用内肋骨还是外肋骨。对于同一艘潜艇而言，根据各个舱室布置要求的不同，可以有的舱段采用外肋骨，而有的舱段采用内肋骨。但必须指出，单壳体或一个半壳体的潜艇只能采用内肋骨，因为外肋骨将破坏艇体的线型而使航行阻力增加。

学习指导：理解掌握潜艇耐压壳体内肋骨、外肋骨布置方式的优缺点。请做习题 9-3。

4）肋骨的构造

（1）肋骨间距。肋骨的主要作用是提高壳板的稳定性，壳板的稳定性又与肋骨的间距有关，因此，肋骨间距主要由壳板稳定条件决定。壳板的实际失稳压力应满足

$$P_{cr}=C_g C_s P_E=C_g C_s E\left(\frac{t}{R}\right)^2\frac{0.6}{u-0.37}\geqslant P_0$$

式中：C_g——壳体几何非线性修正系数；

C_s——材料物理非线性修正系数；

P_0——耐压壳体的计算压力；

R——耐压壳体半径；

t——耐压壳体壳板厚度。

在具体确定肋骨间距时，还必须充分考虑施工工艺的便利性。工艺上允许的肋骨的最小间距一般为 500 mm，因为肋骨间距过小不仅造成施工难度大，而且常常为了安装设备而不得不切断肋骨，这对强度是不利的。从施工角度来看，一般希望全船的肋骨间距保持一致，最好是一个简单的整数，这样在建造装配时不容易出错。现在潜艇上肋骨间距一般如下：

小型潜艇的肋骨间距不小于 500 mm（如设中间支骨，则肋骨间距不小于 250 mm）；

中型潜艇的肋骨间距为 500～700 mm；

大型潜艇的肋骨间距为 600～800 mm。

（2）肋骨型材。肋骨形状及其大小主要由肋骨的强度和稳定条件决定，同时还要考虑施工的方便性。潜艇耐压壳体肋骨剖面一般采用球扁钢或焊接的 T 型肋骨。

（3）肋骨的连接。

耐压壳体肋骨通常由两段半圆形型钢对接而成，某些大型潜艇上也采用三段或四段圆弧形型钢对接而成。接缝处应为刚性连接，接缝处如果没有足够的刚度，就相当于圆弧上出现铰链，铰链的存在会大大降低肋骨的稳定性，因此要特别注意肋骨接缝处的连接刚度。

肋骨与壳板的连接一般采用双面自动角焊，肋骨与壳板连接时，应注意肋骨腹板与壳板表面的垂直度，其偏差一般应不大于腹板高度的 3%。如果偏差过大，不仅会使环肋圆柱壳截面惯性矩减小，而且在均匀外压力作用下，可能会使环肋圆柱壳在肋骨平面内丧失稳定。

3. 导弹舱结构

在导弹核潜艇上，一般配备 12～24 枚弹道导弹，导弹长度比较大，一般在 10 m 以上，如美国的“海神”导弹长 10.36 m，苏联的“索弗莱”导弹长 10.8 m，导弹发射筒加顶盖的高度达 12 m 左右。为了垂直布置导弹发射筒，导弹舱耐压壳体直径都比较大，一般在 10 m 左右，通常做成单壳体结构，其壳板厚度相应地也较大，一般在 40 mm 以上。导弹沿纵向一般采用两列布置方式，在耐压壳体顶部有两列大开孔。为了弥补开孔对强度的削弱，采用围壁和加厚垫板加强，因此在导弹舱顶部沿纵向嵌入一列较厚的钢板，由于壳板较厚，对稳定性有利，其肋骨间距也相应增大，一般为 800～1 000 mm。在纵向通常每一排导弹筒要切断一根肋骨，两排导弹之间应保证一根肋骨连续。导弹筒垂直布置，在垂直方向刚度较大，国外一些模型试验表

明,在外压力作用下,两侧应力最大,其总体失稳形状在横向呈椭圆形。为保证结构强度,肋骨在圆周方向采用变断面T型钢,同时在纵向设置几根纵桁,这对提高总体稳定也是有利的。

4. 耐压壳体锥、柱结合部过渡结构

为了适应各种设备布置的要求,常常需要加大潜艇耐压壳体部分舱段(如核潜艇的导弹舱、常规潜艇的主推电机舱)的直径,为了将不同直径的圆柱壳连接起来,结合部必须采用过渡结构。比较常见的是用环肋圆锥壳过渡,即在不同直径的圆柱壳中间嵌入一段锥壳,因而在柱壳和锥壳连接处形成锥、柱结合部,如图9-1-12所示。在锥、柱结合部处由于子午线存在折角,因而该部位有较大的集中应力,必须采用合理的结构形式进行加强,保证该部位的强度。目前潜艇上采用的锥、柱结合部的加强方式主要有贴板加强、嵌入厚板加强、锻钢环加强和厚板削斜加强等,如9-1-13所示。

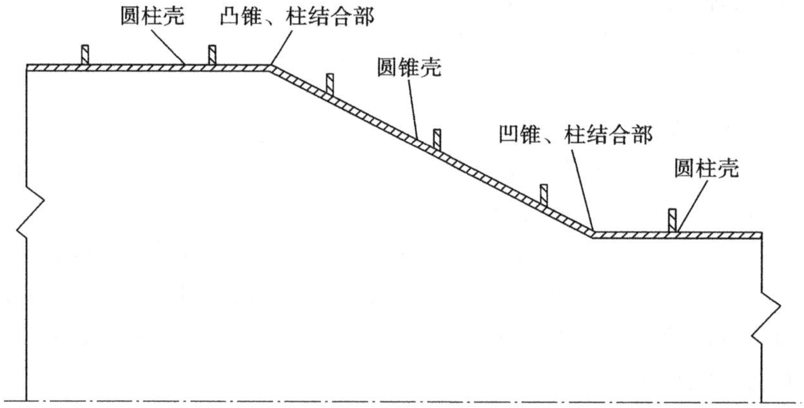

图9-1-12 锥、柱结合部示意图

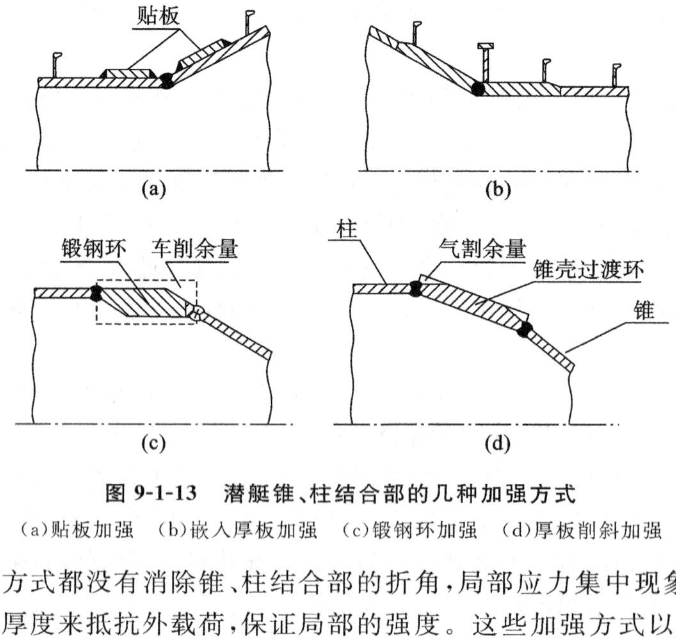

图9-1-13 潜艇锥、柱结合部的几种加强方式

(a)贴板加强 (b)嵌入厚板加强 (c)锻钢环加强 (d)厚板削斜加强

上述几种加强方式都没有消除锥、柱结合部的折角,局部应力集中现象依然存在,只是通过增加局部壳板的厚度来抵抗外载荷,保证局部的强度。这些加强方式以增加潜艇耐压壳体的结构重量来保证强度,对于对重量要求较高的潜艇结构来说,这样的代价是很高的。近年来，一种新型的更合理的结构形式——锥-环-柱结合壳结构在潜艇上得到应用，如法国“凯旋号”潜艇。锥-环-柱结合壳的示意图如图 9-1-14 所示。

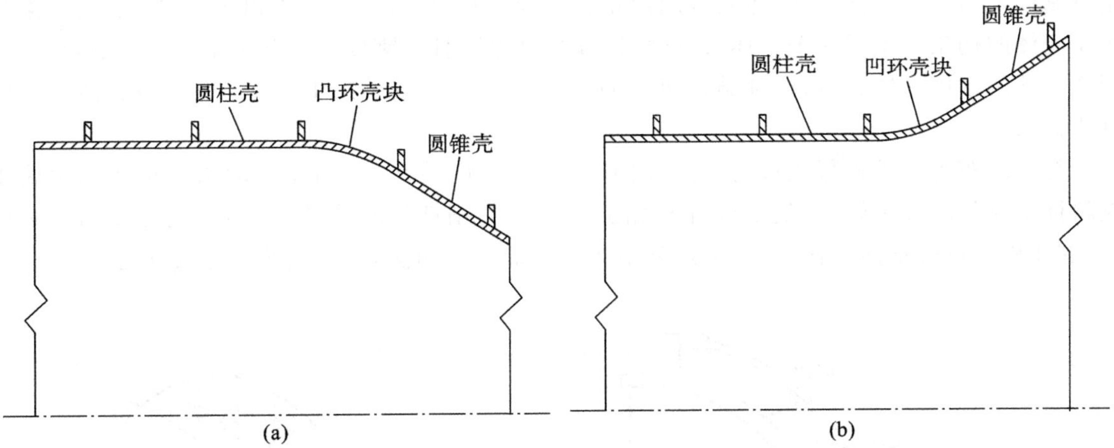

图 9-1-14 锥-环-柱结合壳示意图

(a)凸锥-环-柱结合壳 (b)凹锥-环-柱结合壳

锥-环-柱结合壳结构是在锥、柱结合部嵌入一段双曲率的环壳块，实现了柱壳与锥壳的光顺连接，消除了结合部的折角，使该部位的应力大大降低，是一种优越的、合理的结构形式。由于受到加工能力的限制，这种双曲率的结构形式目前还没有在我国潜艇上得到应用。随着加工水平的提高，这种结构形式将在我国新型潜艇上得到应用。

学习指导：熟悉耐压壳体锥、柱结合部的几种过渡（或加强）方式。请做习题 9-4。

9.2 耐压水舱结构

9.2.1 舷间耐压水舱

在双壳或一个半壳结构的潜艇上，浮力调整水舱和快潜水舱一般都布置在耐压壳体与非耐压壳体之间的舷间。这些水舱需要承受与耐压壳体相同的深水压力，因此结构必须设计成耐压结构。舷间耐压水舱由壳板和构架组成，根据构架形式不同可分为托板式、实肋板式和实肋板带纵骨式三种。

学习指导：了解潜艇舷间耐压水舱的不同构架形式与结构特点。请做习题 9-5。

1. 托板式舷间耐压水舱

托板式舷间耐压水舱由壳板和构架组成，如图 9-2-1 所示。

1）壳板的构造

耐压水舱横截面一般由几段不同曲率半径的圆弧组成。因为水舱壳板的受力类似于圆柱壳的受力，因此其厚度亦根据半径的不同而有所不同。例如，水舱顶部曲率半径比较小，壳板可以薄些，水舱中部或底部曲率半径大，壳板就要厚些。为了方便加工制造，壳板采用纵向布置方式。在钢板厚度突变处，需将厚板边缘削斜进行过渡。

2）构架的构造

托板式舷间耐压水舱的构架主要由横向构件托板和肋骨组成。肋骨一般用球扁钢或T型钢制成，肋骨间距与耐压壳体肋骨间距相等，中间用托板与耐压壳体相连接。水舱的构架与耐压壳体的构架连接成一个整体，这样可以提高水舱肋骨的刚度。一些模型试验表明，相比于同样尺寸的耐压壳体壳板，这种结构可以使壳板周向应力减小约15%，壳板的稳定性也相应有所提高。

托板的布置要求相邻托板的顶点在同一圆周上，如图9-2-2所示。因为托板式构架属于无斜杆支撑的曲杆刚架，它是由圆环和相交于圆环的刚性杆组成的，若四个端点在同一圆周上，这些构件仅受轴向力作用，在端点处不产生附加弯矩和横倾力，显然这是最有利的。

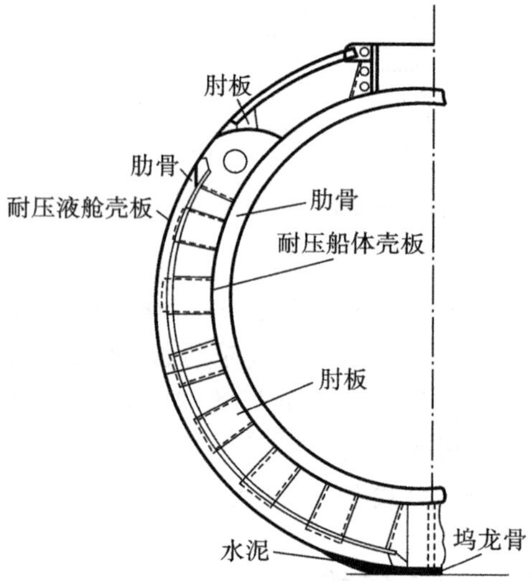

图9-2-1　托板式舷间耐压水舱

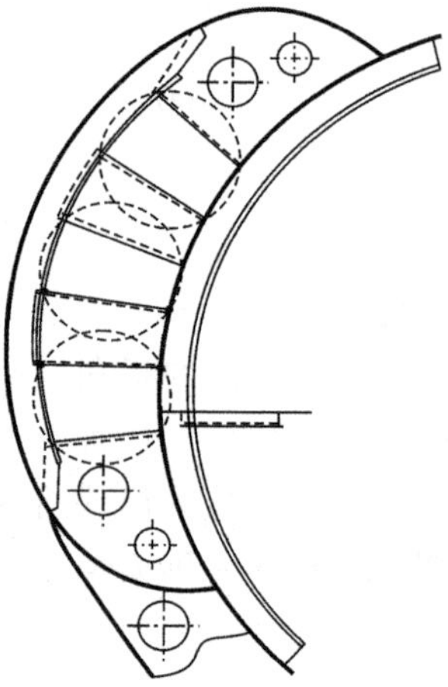
图9-2-2　相邻托板的布置

为了便于施工和维护保养，托板与托板之间的距离应能通过人员，一般不小于450 mm。舷间耐压水舱的两端用月牙形平面舱壁与非耐压水舱分开。舱壁由钢板和支骨组成，钢板的厚度由强度要求确定，一般为12～16 mm。支骨呈辐射状布置，支骨间距为250～300 mm，一般用球扁钢制成。

2. 实肋板式舷间耐压水舱结构

实肋板式舷间耐压水舱结构与托板式舷间耐压水舱结构不同之处在于每档肋骨设置一档实肋板，如图9-2-3所示。这种结构分段施工的时候比较简单，但在总段装配时，由于内部空间分隔很小，给装配焊接带来一定困难。在一些采用外肋骨的潜艇上，采用实肋板式结构比较简单，因为此时在耐压水舱区，水舱及耐压壳体均可不设肋骨，但在实肋板与肋骨交接处应设置过渡肘板以减小应力集中程度。

实肋板上一般都开有减轻孔，且在每档肋板上至少有两个以上的人孔保证人员能从中通过。人孔尺寸为320 mm×450 mm，其中一个应布置在肋板的中间位置。为了防止实肋板丧失稳定，在实肋板上应装有支骨。

3. 实肋板带纵骨式舷间耐压水舱

在某些大型潜艇上，由于耐压液舱圆弧半径比较大，如果采用托板式结构，壳板厚度需要很大，不仅材料供应困难，而且加工难度也很大，采用实肋板带纵骨式结构可以减小壳板厚度，而且还可以采用屈服强度比较低的材料以降低成本。这种实肋板带纵骨式结构之所以能减轻重量，主要是因为这种结构形式改变了结构内部应力状态。在托板式结构中，耐压水舱受力如耐压壳体受力一样，壳板最大应力在肋骨跨中，因为这个部位均匀收缩变形最大。在实肋板带纵骨式结构中，由于实肋板刚度大，纵向又有密集的纵骨支承着壳板共同承受外部载荷，提高了壳板失稳临界压力，所以与托板式结构相比，该结构可以减小壳板厚度。

实肋板带纵骨式结构如图 9-2-4 所示。这种结构的主要特点是在两实肋板之间的水舱壳板上，每隔一定间距安装一根纵骨，纵骨之间的距离除了考虑壳板强度和稳定性要求外，还应考虑施工时装配、焊接的方便性。实肋板的构造与实肋板式耐压水舱结构中的构造相同。同样，在耐压水舱区域由于设置了实肋板，这些区域的耐压壳体上可不设肋骨，为了防止应力集中，在实肋板与肋骨交接处应安装过渡肘板。

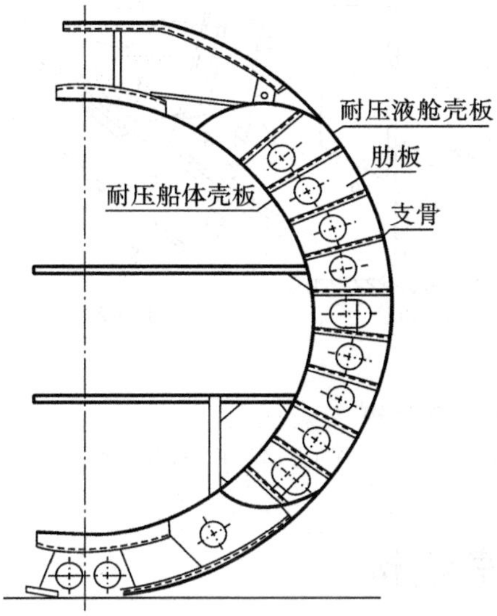

图 9-2-3　实肋板式耐压水舱结构

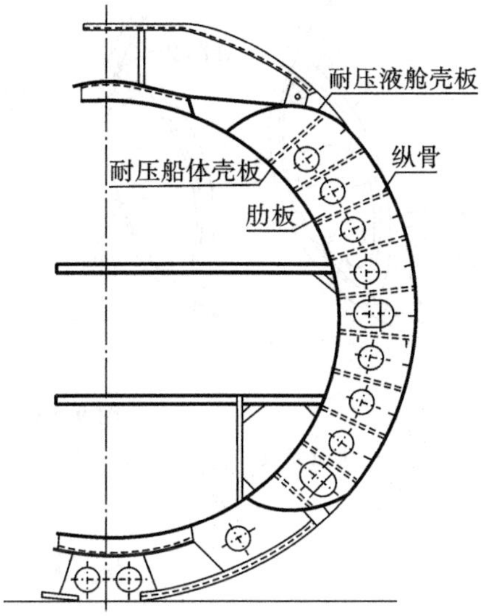

图 9-2-4　实肋板带纵骨式耐压水舱结构

这里需要指出，既然实肋板带纵骨式耐压水舱壳板的厚度可以减小，为什么耐压壳体不采用纵骨式结构呢？这是因为：潜艇耐压壳体的基本结构为环向加肋骨的圆柱壳、圆锥壳以及组合壳，这些都是轴对称结构。在静水压力作用下，这些轴对称结构均匀收缩，沿圆周方向的应力分布是均匀的，即某一横截面的应力沿圆周方向是一致的，以轴对称的结构抵抗轴对称的静水压力，这是非常合理的结构形式。如果在耐压壳体上设置一些纵骨，虽然可以提高壳体沿纵向的刚度，提高耐压壳体的承载能力，但纵骨的存在必然会破坏耐压壳体的轴对称性，从而使耐压壳体某一横截面的应力沿圆周方向发生周期性变化，即在纵骨处出现较大的弯曲应力，出现应力集中点。而这些应力集中点是耐压壳体萌生疲劳裂纹的起始点，在潜艇反复上浮、下潜的过程中容易出现壳体的疲劳破坏，这对潜艇的使用安全是一个隐患。因此，对于潜艇耐压壳体这种关键、重要的结构不采用加纵骨的结构形式。

9.2.2　耐压壳体内部耐压水舱结构

在一些单壳体潜艇上，主压载水舱、调整水舱、快潜水舱都布置在耐压壳体内部，这些水舱都需要做成耐压结构。水舱壳板一般设计成曲面形的，如图 9-2-5 所示。

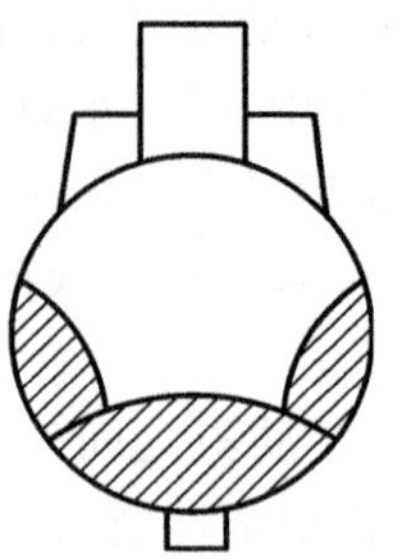

图 9-2-5 内部耐压水舱形状

水舱结构也由钢板和构架组成，如图 9-2-6 所示。水舱的肋骨用托板和耐压壳体肋骨相连接。为了使水舱肋骨和耐压壳体肋骨只受到简单的拉、压应力，而几乎不受弯曲应力，相邻托板的四个顶点应在同一圆周上。托板之间的距离要保证人员在施工或修理时能通过。在这种结构中，耐压壳体的肋骨是连续的，在穿过水舱壳板处用补板密封以保持水密性。

为了便于人员在施工和修理中出入水舱，在壳板上开有带活动盖板的人孔，人孔周界尺寸比较小，一般只用焊接垫板加强，在人孔盖与垫板之间放有水密垫圈。

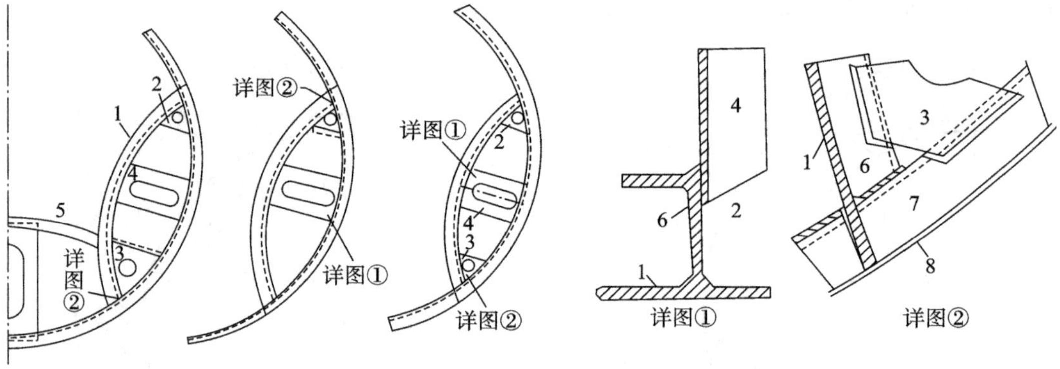

图 9-2-6 耐压壳体内部耐压水舱结构

1—水舱壳板；2、3—肘板；4—托板；5—横梁；6—水舱肋骨；7—耐压壳体肋骨；8—耐压壳体壳板

9.3 耐压指挥室结构

耐压指挥室位于上层建筑中，包括耐压设闸室和耐压升降装置室。

9.3.1 功用和要求

耐压设闸室是耐压船体外的耐压舱室结构，该结构平时用于人员出入潜艇，失事时用于水下脱险，也可为雷达天线提供耐压空间，图 9-3-1 所示为带升降装置座架的耐压设闸室结构。耐压升降装置室用来为雷达天线和无线电天线提供水密空间，如图 9-3-2 所示。耐压设闸室布置在上层建筑指挥室围壳内，一般与耐压升降装置室一起称为耐压指挥室。耐压指挥室的功用根据潜艇的设计观点不同有所差别，归纳起来有下列几方面：设置战斗指挥所，保证艇长在指挥室内能集中精力进行指挥、攻击敌舰而不受干扰；作为出入耐压壳体的通道和救生闸室；增大潜望镜的升降高度，提高艇的隐蔽性。此外，耐压指挥室所提供的浮力如同一个“浮子”，可改善潜艇的稳性。

从上述功用可以看出，耐压指挥室是潜艇船体不可缺少的一部分，不过它的存在增大了潜艇水下航行时的阻力。因此，现代潜艇为了提高水下航速，尽量缩小指挥室的尺寸，特别是指挥室的宽度，可以移到耐压壳体内的仪器、设备(包括潜望镜)等，尽量不布置在指挥室内，有些潜艇在耐压指挥室内根本不设指挥所，这样耐压指挥室实际上只是一个出入耐压壳体的通道。

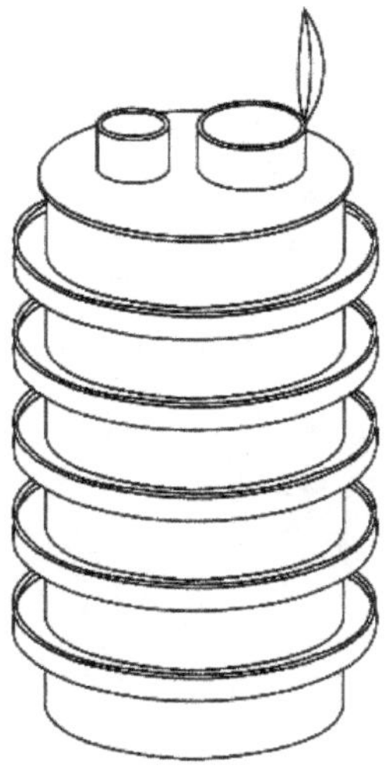

图 9-3-1　带升降装置座架的耐压设闸室结构

图 9-3-2　耐压设闸室与耐压升降装置室示意图

根据耐压指挥室的功用及工作特点，其结构要求：

(1) 具有与耐压壳体同等的强度和稳定性；

(2) 耐压指挥室应具有足够大的容积，能容纳和安装与它功用相适应的各种仪器设备，作为战斗指挥所使用的耐压指挥室一般布置有潜望镜、罗经、车钟、鱼雷射击指挥及通信联络设备等。

(3) 尽可能缩小其宽度尺寸，以减少水下航行的阻力，结构上力求简单以便于施工。

9.3.2　耐压设闸室的形状

现代潜艇耐压设闸室最常见的有圆柱形和椭圆形(或卵圆形)两种形状。圆柱形耐压设闸室能够有效地承受外力。但其容积利用率不高，因此，只用于耐压指挥室不设在耐压设闸室内的潜艇上，这种耐压指挥室实际上仅仅作为出入耐压壳体的通道和救生闸室。为了增大耐压指挥室内部容积，又不增加其宽度，比较常见的方法是采用椭圆形耐压设闸室。为了制造方便，其横剖面实际上并不设计成纯椭圆形，而是由不同半径圆弧组成的"卵圆形"。显然从抵抗外力的观点来看，椭圆形比卵圆形稍微有利，因为由不同半径的圆弧所组成的耐压设闸室，在曲率半径变化处不连续，此处壳板将产生较大的弯曲应力，对强度不利。尽管如此，考虑到制造上的方便性，卵圆形结构还是被广泛采用。下面主要介绍这种形式的耐压设闸室的构造。

椭圆形耐压设闸室的尺寸主要根据布置及人员工作条件来确定，其高度主要考虑人员工作条件，一般为 2 100～2 500 mm；其长度主要根据设备布置的多少而定，若布置 1～2 个升降装置，其长度一般为 2 200～3 600 mm；其宽度由椭圆形状的椭圆度(即长半轴与短半轴之比)来决定，其椭圆度一般为 1.4～1.6，因此宽度一般为 1 500～2 200 mm。

现代潜艇下潜深度增大，为了提高耐压设闸室壳板的稳定性，通常四周都布有肋骨。布置肋骨时，应尽量减小其宽度，并尽可能使内部容积得到充分利用。

习　题

9-1　潜艇耐压壳体横剖面一般采用何种形状,原因是什么?

9-2　潜艇耐压壳体壳板采用何种布置方式,原因是什么?

9-3　潜艇内、外肋骨的优缺点是什么?

9-4　目前潜艇锥、柱结合部的过渡结构有哪些形式?

9-5　舷间耐压水舱有哪几种构架形式?

第 10 章　潜艇舱壁结构

10.1　舱壁结构的作用、结构要求及其分类

10.1.1　舱壁的作用

将潜艇耐压壳体内部空间分隔成若干独立舱段(室)的板壁结构称为舱壁。它是潜艇结构的重要组成部分之一,具有多方面的作用。

(1) 把耐压壳体内部的空间分隔成各个不同用途的舱室。

(2) 保证潜艇在水面状态时的不沉性。潜艇因破损而灌水时,舱壁能防止海水漫延至其他舱室,使潜艇仍能漂浮于水面,不沉不翻,从而增强了潜艇的生命力。

(3) 组成失事救生舱室。这主要依靠耐压舱壁来完成。当潜艇在水下遭到破损时,如果不能继续保持"零浮力",就会一直沉入海底,此时,破损舱室的深水压力将直接作用在舱壁上。如果所有舱壁仅能承受水面破损时的水压力,那么舱壁将全部破坏,导致全艇进水。为了使艇员在潜艇水下破损后,有进行抢修自救或者脱险的机会,必须在艇内设置几个专门的耐压舱壁,组成救生舱室。

(4) 增强潜艇耐压壳体的横向强度。舱壁是一个具有很大刚度的结构,它能承受耐压壳体传来的部分深水压力,并支持耐压壳体保持正圆形,特别是在提高舱室的总稳定性方面具有重要作用。

此外舱壁还能有效地防止火势蔓延,毒气或有害气体扩散。在核潜艇上,专门的舱壁屏蔽能有效地防止核辐射。

10.1.2　舱壁结构的要求

舱壁应具有足够的强度和刚度,当舱室破损后,能承受一定的水压力而不至破坏。舱壁的承载能力根据其用途有所不同。为保证潜艇水面不沉性而采用的舱壁,其承载能力一般为0.098～0.49 MPa。组成救生舱室的耐压舱壁,其承载能力一般为0.98～1.96 MPa(此承载能力对应的深度是目前人员可能脱险的深度)。核屏蔽舱壁一般要求与耐压壳体有同等的承载能力。

舱壁应具有良好的紧密性(包括水密、气密及油密),这不仅可以保证潜艇的不沉性,而且还可以防止火灾、毒气及其他有害气体在艇内扩散。要达到这一点,除舱壁本身应具有良好的紧密性外,舱壁上的附属结构如水密门、管路、电缆穿过舱壁处也要保证坚固紧密。但必须指出,这些附属结构的紧密性与舱壁刚度有关,如果舱壁变形很大它们就很难保持紧密,因此舱

壁的紧密性首先建立在舱壁坚固性的基础上。

10.1.3 舱壁的分类

潜艇舱壁一般按舱壁用途、布置位置及结构形式等进行分类。

(1) 按舱壁用途和耐压程度可分为耐压舱壁与非耐压舱壁。前者主要用于组成救生舱室,后者主要用于分隔舱室、保证水面不沉性。

(2) 按布置位置可分为内部舱壁与端部舱壁。内部舱壁将耐压壳体内部分隔成不同用途的舱室,而端部舱壁则用来封闭耐压壳体的首尾两端。显然,端部舱壁的强度不应低于耐压壳体的强度。

(3) 按结构形式可分为球面舱壁与平面舱壁。球面舱壁都是耐压舱壁,而平面舱壁则有耐压舱壁与非耐压舱壁之分。

学习指导:了解潜艇舱壁的作用,熟悉潜艇舱壁的分类。请做习题 10-1。

10.2 球面舱壁结构

10.2.1 概述

球面舱壁主要是为了解决承载能力与结构重量之间的矛盾而设置的一种结构形式。如前所述,当潜艇破损沉入海底后,破损舱与未破损舱之间的舱壁就要承受对应于海深的深水压力。在如此巨大的压力作用下,如果舱壁采用一般的平面结构,那么结构就会相当笨重。因为在横向载荷作用下,平面舱壁内部的应力主要是弯曲应力,应力分布是不均匀的,因而不能充分利用材料。如果换一种结构形式,采用球面结构,那么舱壁内部的应力就不是弯曲应力而是简单的拉、压应力了,这样材料就能被充分利用,因而在一定条件下能减轻结构的重量。

10.2.2 球面舱壁的工作条件及其结构要求

如前所述,球面舱壁的主要优点是承载能力好,但这是有条件的。首先,这种"承载能力好"仅仅针对凹面受力的情况,如果载荷作用在凸面方向,舱壁的承载能力将大大降低。这是因为凸面受力时舱壁内部的应力是压应力,当应力超过某一临界值时,球面舱壁就丧失稳定。如某艇球面舱壁凹面能承受 0.98 MPa 的压力,而凸面只能承受 0.254 MPa 的压力。其次,只有在球面上没有刚性支撑的条件下,球面舱壁内部的受力才是均匀的,如果球面上有刚性支撑(如平台、纵舱壁等),那么球面上就会出现弯曲应力,从而使舱壁受力不均匀。再者,为了使球面舱壁能很好地承受外力,在与耐压壳体相连接的周界应有足够的刚度。如果刚度不足,不能有效地阻止球面舱壁的变形,那么在球面舱壁的四周就会出现皱折而使舱壁丧失稳定,如图 10-2-1 所示,就会导致安装在舱壁上的各种设备被破坏,同时四周边界失稳最后导致舱壁被破坏。

因此,对球面舱壁结构有如下要求:球面舱壁凹面与凸面承载能力相差悬殊,应该通过合理的布置来解决这个矛盾,即应使球面舱壁的凸面朝救生舱室,这样当其他舱室破损后能有效

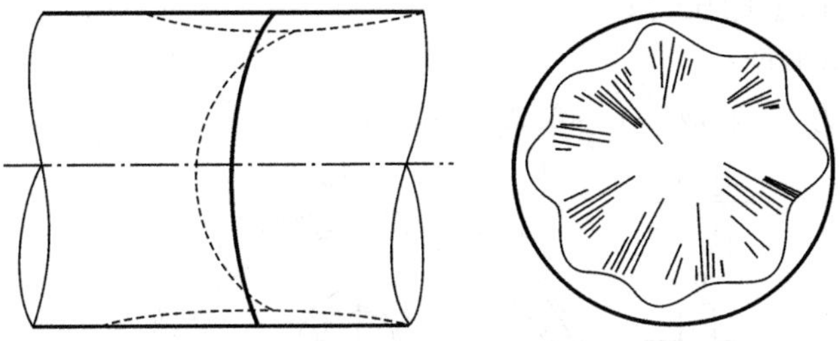

图 10-2-1　球面舱壁失稳示意图

地保证救生舱室的安全。在有的情况下，凸面需要承受高压，如单壳体潜艇内部布置有水舱，水舱的一壁就是球面舱壁的凸面，这时需要在承受高压的部分用支骨进行加强，如图 10-2-2 所示。

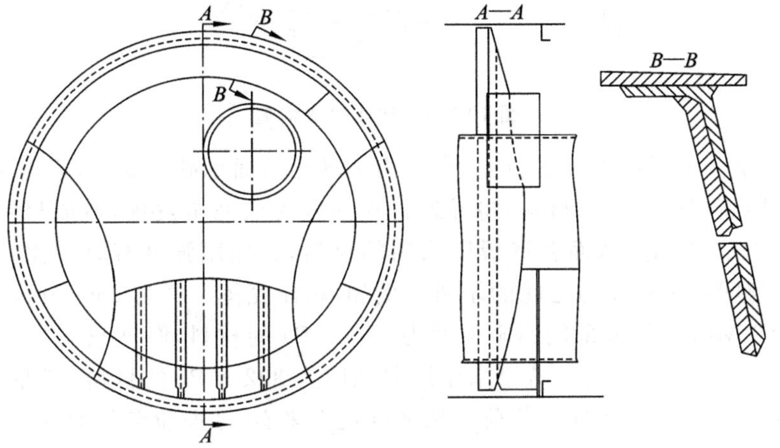

图 10-2-2　凸面用支骨加强的球面舱壁

为了保证球面舱壁内部受力的均匀性，球面舱壁上不应连接有刚性平台、水舱围壁等构件。如果必须连接这些构件，它们之间的连接不应该是刚性连接，而应该是柔性连接，如平台铺板可做成滑动式的。如果铺板下面有水舱需要保持水密，那么不应该将纵向加强筋等构件和舱壁相连接。为了使球面舱壁凹面受力时边缘不丧失稳定，要求在球面舱壁与耐压壳体连接处设置支承环结构。

学习指导：理解并掌握潜艇球面舱壁的工作条件及其结构要求。请做习题 10-2。

10.2.3　球面舱壁的构造

球面舱壁主要由球面舱壁板及支承环两部分组成，如图 10-2-3 所示。此外，为了能使人员通过及布置各种管系、电缆，球面舱壁上专门设有圆形水密门和各种杯形管节等附属构件。

1. 球面舱壁板的构造

球面舱壁是在特制的球面模子中压制出来的，一般由数块钢板对接而成。球面舱壁板的厚度主要根据凹面受力条件确定，其厚度为

$$t = \frac{PR_0}{2[\sigma]}$$

式中：P——作用在球面上的压力；

R_0——球面曲率半径；

$[\sigma]$——许用应力，一般取$[\sigma]=0.8\sigma_s \sim 0.85\sigma_s$。

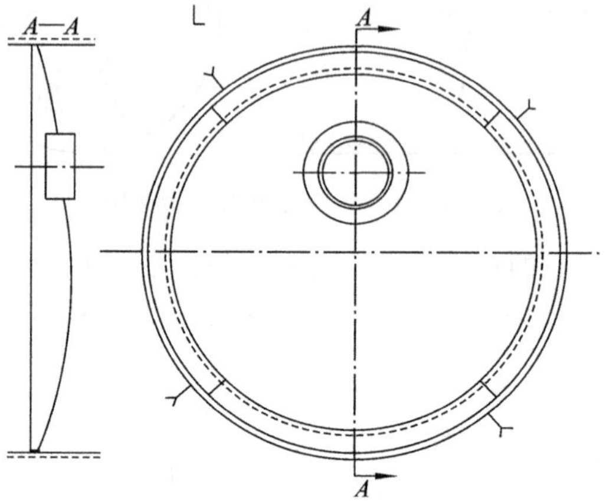

图 10-2-3　球面舱壁构造

由于球面舱壁凸面承载能力比较差，有时为了满足凸面承载的要求，不得不增加球面舱壁板的厚度，若采用高屈服强度的材料，将导致材料强度无法完全发挥，造成材料浪费。显然这不是最理想的方式。因此，球面舱壁板所采用的材料，其屈服强度有时要比耐压船体材料的小，以解决凸面与凹面承载能力之间的矛盾。例如，耐压壳体半径为 2500 mm，$R_0/R=3.2$，要求凹面承载 1.96 MPa。如果采用屈服强度为 588 MPa 的材料，厚度只需为 16 mm，此时，凸面只能承受 0.254 MPa 的载荷。若果采用屈服强度为 392 MPa 的材料，则厚度应为 24 mm。此时，凸面就能承受 0.574 MPa 的载荷。从强度观点来看，球面舱壁的曲率半径应愈小愈好，但从舱室容积利用率方面来看，球面舱壁的曲率半径不宜太小。另外，曲率半径太小也给制造加工带来困难，因此，潜艇上球面舱壁实际采用的曲率半径一般满足

$$R_0/R = 2.7 \sim 3.3$$

式中：R_0——球面舱壁曲率半径；

R——耐压壳体半径。

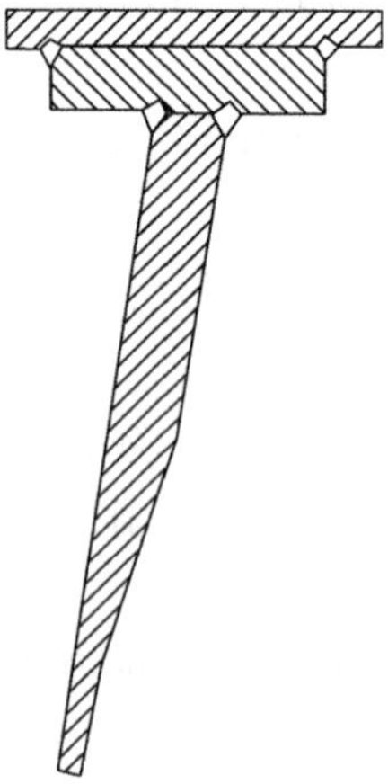

图 10-2-4　支承环的构造图

2. 支承环的构造

如前所述，支承环主要用来增强球面舱壁边缘处的刚度，使其提供足够的“牵制力”来制止球面舱壁板因受力而产生过大的变形。其“牵制”能力的大小与支承环的面积有关，随着支承环面积的增大，边缘区域的应力迅速减小。但并不是说支承环的面积愈大愈好，支承环面积过大，将使材料不能得到充分利用。支承环通常由两部分组成，即水平支承环（又称加强箍）和垂直支承环，如图 10-2-4所示。

水平支承环主要是为了加强耐压壳体，因为无论试水试验还是实际破损情况，球面舱壁受力时，在连接的边缘处产生巨大的弯曲应力，如图 10-2-5 所示，但这种弯曲应力沿纵向很快衰减，所以水平支承环的宽度不宜太大。对于中、小型潜艇，水平支承环的宽度一般为 120～200 mm。水平支承环的厚度与耐压壳体厚度之间的

差别也不宜太大，一般为耐压壳体厚度的 1.5～2.0 倍。

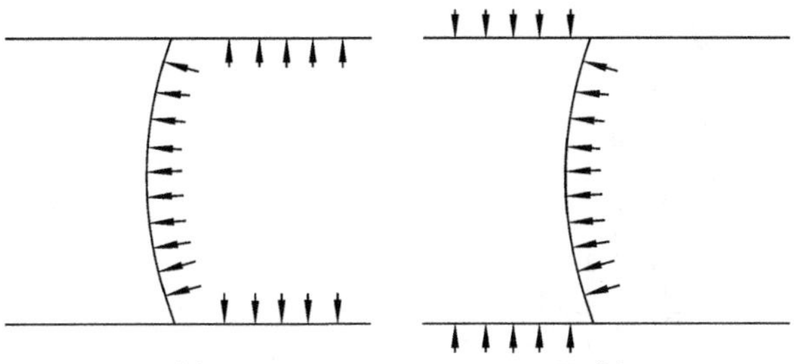

图 10-2-5　球面舱壁试水试验和实际破损时受力示意图

(a)试水时舱壁受力　(b)破损时舱壁受力

由于水平支承环与耐压壳体交接处形成断面突变，因此，在交接的边缘处，耐压壳体壳板产生应力集中现象，使这些部位的壳板表面应力大大超过材料的屈服强度。为了改善这些部位的应力集中现象，比较合理的结构是将耐压壳体壳板在舱壁位置局部加厚，并将两端削成梯形过渡形式，如图 10-2-6 所示。

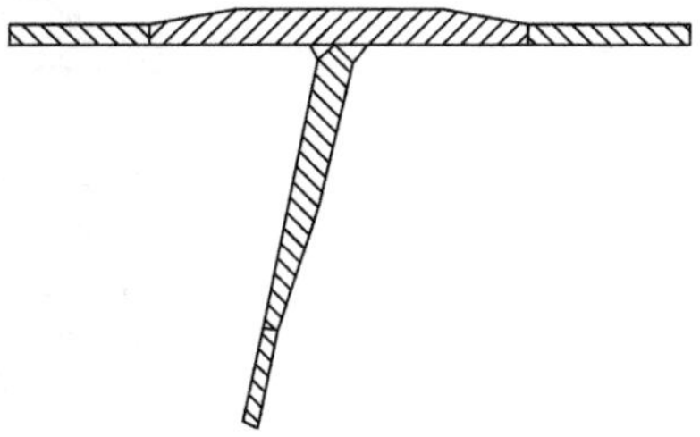

图 10-2-6　舱壁部位耐压壳体壳板局部加厚

垂直支承环通常是指在球面舱壁边缘采用一圈加厚的板。厚板与舱壁板之间用一个变厚度板作为过渡。厚板主要是为了承受弯曲应力，同时防止边缘区域丧失稳定。由于边缘区域压应力不大，而且弯曲应力衰减很快，因此，垂直支承环也无须做得很高。根据计算，对于中、小型潜艇，其高度取为水平支承环宽度的 1～1.5 倍，其厚度取为水平支承环厚度的 1～1.2 倍较为适宜。

水平支承环与垂直支承环通常都不是一个完整的圆环，它们各自由几段圆弧拼焊而成。为了减小焊接应力，通常将水平支承环与垂直支承环接端的焊缝相互错开一定距离。在支承环装配、焊接完成以后，为了精确地将它们安装到耐压船体上，还必须在大型车床上对它们进行车削加工。

10.2.4　舱壁上的附属设备结构

学习指导：了解潜艇舱壁上的附属结构，熟悉相关水密措施，下面介绍的措施在平面舱壁中同样适用。请做习题 10-3。

1. 圆形水密门

为了使人员能在舱室内部通行，在球面舱壁上开有水密门，水密门一般安装在凹面。球面舱壁上的水密门和一般的水密门不同，它不是做成矩形的，而是做成圆形的。因为，开设矩形孔不仅对强度不利而且难以保证水密。圆形水密门的构造如图 10-2-7 所示。

水密门的直径一般不大于 800 mm。为了在承受压力时，门能关得更紧，门应装在球面的凹面一边。水密门的紧密装置结构及其工作原理如下。在球面舱壁的开孔处安有一圈围槛，围槛上套有关闭圈，关闭圈的外缘焊有一段弧形齿条，弧形齿条与齿轮啮合。当关闭水密门时，首先用手柄将水密门与围槛初步压紧，然后旋转关闭手柄带动齿轮再带动齿条，使关闭圈绕围槛转动一个角度。在转动的同时，关闭圈上的凸键恰好嵌压在水密门外缘的凸键上。由

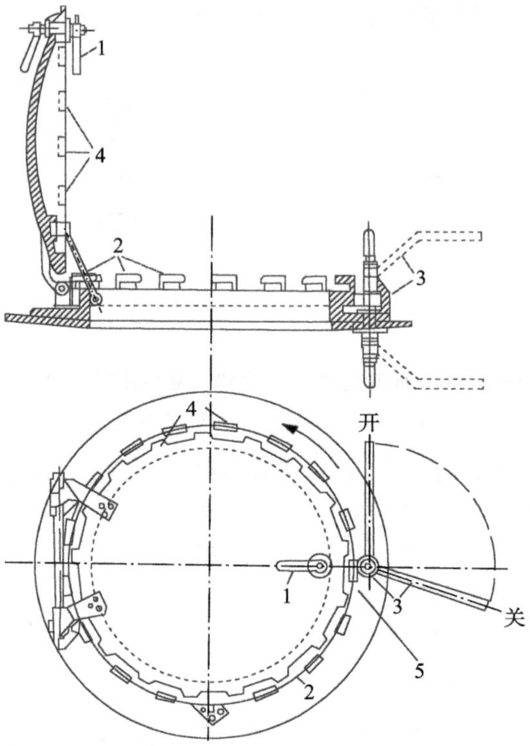

图 10-2-7　圆形水密门构造

1—手柄;2—关闭圈;3—齿轮;4—凸键;5—弧形齿条

于凸键都做成斜面的,因而水密门上的橡皮圈就在斜面滑动的过程中与围槛压紧了。这种紧密装置的紧密性能好,使用方便,在潜艇上得到了广泛的应用。

球面舱壁上开设水密门以后,为了弥补强度的不足,通常在结构上采取两个措施:一是在开口处安装围槛,此围槛同时也兼作水密门的围槛;二是在开口区域附近局部加厚球面板壁厚度,加厚的范围一般为开孔半径的 2 倍。

2. 水密填料函和杯形管节结构

潜艇上有很多管系、电缆,为了保证这些设备通过舱壁时保持水密,在舱壁上设有各种连接件结构。这些结构如图 10-2-8 所示。

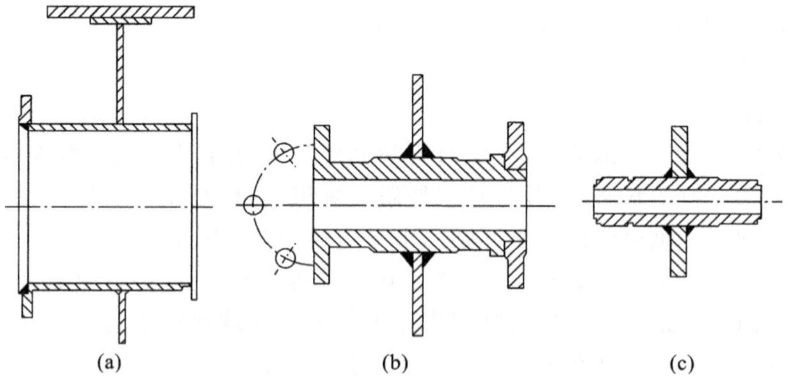

图 10-2-8　各种管件通过舱壁时的连接

(a)通风管　(b)水管、燃油管　(c)空气管

10.2.5 端部球面舱壁结构

端部球面舱壁主要用来封闭耐压壳体两端，使耐压壳体形成一个水密的空间。因此端部球面舱壁应具有与耐压壳体相等的承载能力。现代潜艇上，端部球面舱壁通常以凸面向外。这种布置方式虽然从重量的观点来说是不利的，但从舱室容积利用率，特别是生产工艺方面来说是非常有利的。如果凸面朝内，很难保证球面舱壁与耐压壳体连接处的焊接强度。过去由于工艺水平的限制，端部球面舱壁都采用铸造的结构，如图 10-2-9 所示。铸造的球面舱壁不仅重量大，而且工艺质量常常不能得到保证。现在，由于大型水压模压机的出现，爆炸成形技术的发展以及焊接工艺技术的发展，端部球面舱壁都采用模压焊接结构或爆炸成形结构。

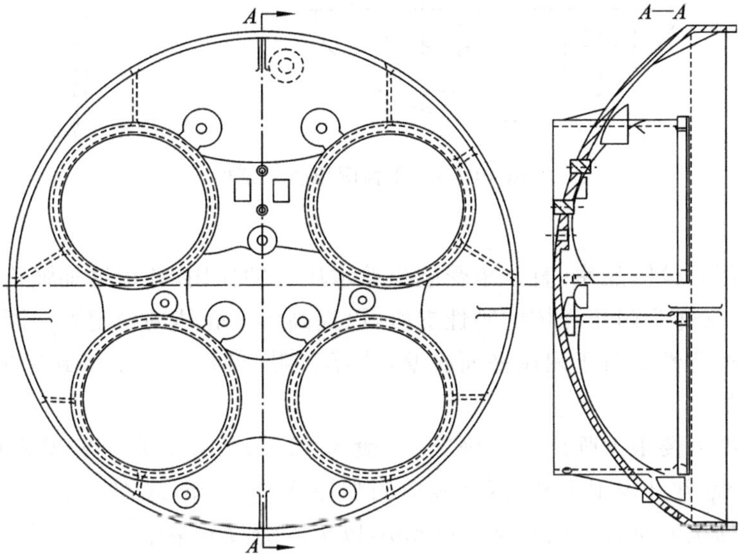

图 10-2-9 铸造的端部球面舱壁

实际中，潜艇的端部球面舱壁上通常设有许多附属件，如鱼雷发射管、杯形管节结构等，它们可防止端部球面舱壁的变形，也提高了凸面的稳定性。

10.3 平面舱壁结构

10.3.1 耐压平面舱壁结构

前面已经指出，要使球面舱壁的承载能力好，其中间不应该设刚性支撑结构。现代有的大型潜艇的耐压壳体直径很大，舱室内部分成多层，这些平台都要与舱壁相连接，如果仍采用球面舱壁，就破坏了球面舱壁受力均匀的特点。反之，如果能充分利用平台作为平面舱壁的支撑，就可以减轻平面舱壁结构重量。现代有的潜艇上，某些舱室要求两边都能承受同样的载荷，如核反应堆舱舱壁，由于平面舱壁承受的载荷没有方向性，因而比较有利。此外，在大型潜艇上，耐压壳体直径很大，若做成球面舱壁，球面曲率半径会很大，而球面板都是模压成形的，这样会使加工很困难，因此，目前一些潜艇倾向于采用平面耐压舱壁。

平面耐压舱壁由钢板和构架两部分组成，如图 10-3-1 所示，下面分别叙述它们的构造。

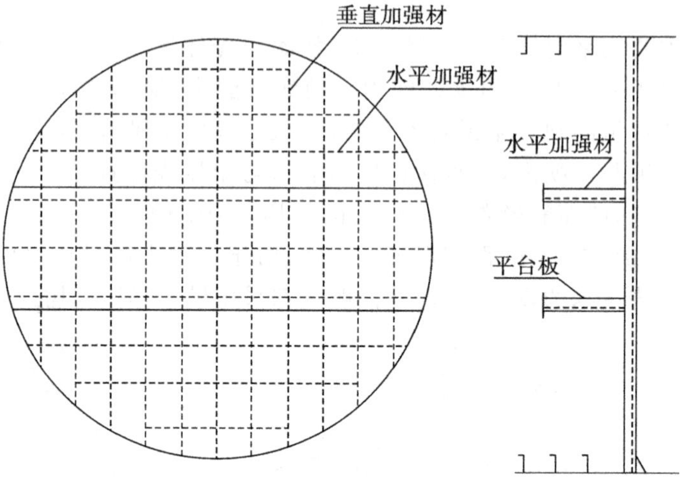

图 10-3-1 平面耐压舱壁结构

1. 舱壁板

舱壁板的作用是分隔舱室，直接承受破损舱水压力的作用，并借助加强构件把载荷传递给耐压壳体；同时它又作为耐压壳体的刚性支座，以提高耐压壳体的稳定性。因此舱壁板必须具有足够的强度和稳定性。对于耐压平面舱壁，计算表明，只要其强度得到保证，稳定性一般也是可以得到保证的。

舱壁板的厚度主要根据强度要求确定，一般为 12～16 mm，整个舱壁板由若干块钢板拼接而成，上部由于常常开设很多孔，钢板应适当加厚 1～2 mm，底部一般容易锈蚀，也应适当加厚。钢板之间的接缝至少应距构架 200 mm，以免焊缝过分集中。

舱壁承载时，在舱壁与耐压壳体连接部位处，耐压壳体产生比较大的弯曲应力，一些模型试验结果显示，在构架根部的耐压壳体常常首先破坏。为了减小“边跨”的弯曲应力，通常在耐压壳体上焊有一圈水平支承环(加强箍)。但这种结构会使高应力区转移到断面突变处，比较合理的结构是在舱壁区域设置一段变厚度的耐压壳圈，这样做会增大施工量，但从强度的观点来看是有利的。

2. 构架

现代潜艇耐压平面舱壁的构架一般由水平承梁材、垂直加强材和水平防挠材组成。水平承梁材是承受舱壁载荷的主要构件，例如只有一根水平承梁材的结构，梁上相当于作用有椭圆形分布的载荷，其值相当于作用在整个舱壁上的总载荷的一半，如图 10-3-2 所示。为了承受如此巨大的载荷，水平承梁材一般非常大，其腹板高度通常大于肋骨间距的 2 倍。为了有效地利用空间，水平承梁材通常与分层平台相结合，多层分布时，则分别设几根水平承梁材。

水平承梁材由腹板和翼板组成，腹板的高度由强度要求确定，当腹板高度较高时，为了保证板不丧失稳定，在腹板上需要安置防挠材。水平承梁材的带板由舱壁板组成，为了提高承梁材的抗弯能力，有时把舱壁板沿水平承梁材区域局部加厚。翼板一般都由板条组成，为了提高翼板的稳定性，翼板宽度不应太大。水平承梁材通常与平台甲板相连接，为了不影响人员的工作及设备的布置，翼板通常不对称布置。

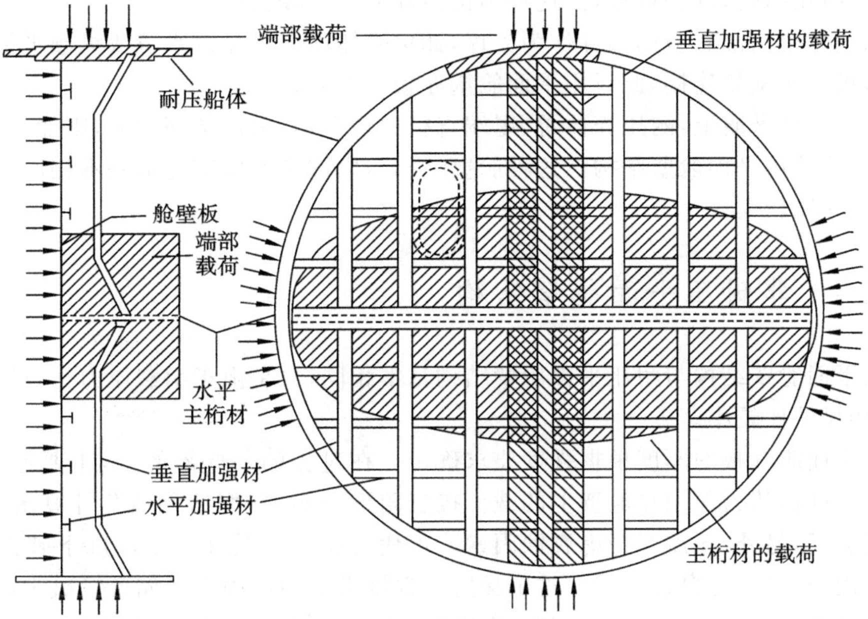

图 10-3-2　作用在舱壁上的载荷

水平承梁材的两端与耐压壳体相连接，为了避免在构件端部首先出现塑性铰承受巨大的剪切应力，在两端安置大的三角肘板，肘板的长度一般不应小于跨长的 0.1 倍。为了防止肘板局部失稳，在肘板上也安装了防挠材。

垂直加强材承受的载荷相当于作用在加强材间距的水压力的总和。垂直加强材的跨中由水平承梁材支持，跨距缩短，减小了梁中的弯矩，一般垂直加强材都采用轧制型材制成。此外，为了进一步减小梁中的弯矩，垂直加强材的两端常装有肘板。计算表明，如果肘板的长度为跨长的 0.1 倍则可使弯矩减少 2/3。此外，在垂直加强材的两端以及水平承梁材处设置肘板，对抵抗剪切应力也有较大的作用。

水平防挠材的作用在于将舱壁板分割成小块板格，以提高板的承载能力和稳定性。此外，这些防挠材对垂直加强材起加强作用，对提高腹板稳定性也有利。水平防挠材一般做成间断的，它嵌接在相邻垂直加强材之间，连接处一般不安肘板。

在耐压平面舱壁上通常也设有圆形水密门，其构造与球面舱壁类似，不再赘述。但在圆形水密门开口的部位，钢板应局部加厚，而且四周应安装支骨加强。为了保证水密门两面受力，两面都设盖子。

学习指导：熟悉耐压平面舱壁的构造，了解为保证其刚度和强度而采取的相关措施。请做习题 10-4。

10.3.2　端部平面舱壁结构

端部平面舱壁也是耐压的，其承载能力与耐压壳体相同，在过去一些中、小型潜艇上，大部分采用球面的结构，但在下列情况下采用平面结构较为有利。

如果潜艇的纵倾平衡水舱布置在首部或尾部，且其中的一壁就是端部舱壁，这样，端部舱壁和水舱的另一壁被鱼雷发射管管套坚固地连接在一起，在水压力作用下，两个舱壁共同受力，这样可以简化结构，减轻重量，但这种结构内部的保养较困难。

如果端部舱壁内部有坚固构件作为支撑，如单壳体潜艇主压载水舱或纵倾平衡水舱等，若水舱的顶盖板与舱壁相连接，此时用平面舱壁亦较为有利。

现代一些大型潜艇上，耐压壳体首、尾端直径比较大，若采用球面舱壁，则加工上有一定困难，因此大部分采用平面舱壁结构。这种舱壁结构与内部平面舱壁构造基本相同，只是钢板比较厚，构架尺寸比较大。

10.3.3　非耐压平面舱壁结构

非耐压平面舱壁结构与耐压平面舱壁结构基本相同，只是由于承载压力比较小，因此钢板比较薄，构架尺寸比较小。

非耐压平面舱壁板的厚度根据强度要求确定。在过去的一些潜艇上，主要考虑潜艇的水面不沉性，计算时，认为作用在舱壁上的载荷按三角形分布，按照这种载荷计算出来的钢板只需要很薄就够了，另外，还需要考虑腐蚀因素。现代潜艇要求其在一定深度下破损后，利用高压气排除舱内的水后，能自行上浮。这个深度常根据潜艇的压缩空气储备量决定，一般要求非耐压平面舱壁能承受 0.392～0.49 MPa 的载荷，根据这一载荷计算出来的钢板的厚度一般为 10～12 mm。

构架一般也由水平承梁材、垂直加强筋和水平防挠材组成，水平承梁材仍利用平台甲板，由于载荷相对比较小，因此不专门安装翼板，两端也不专门设三角肘板。

垂直加强材的间距及水平防挠材的间距在满足强度要求的条件下，主要考虑舱壁板的稳定性。垂直加强材的端部视情况可以采用肘板连接或自由连接。垂直加强材的布置根据需要也可以布置在舱壁板两面上。

平面舱壁上的附属结构同样有水密门、电缆填料函、各种管节等。附属结构的安装除考虑本身一些要求外，还应考虑加强构件的布设、焊缝位置的协调等，以免造成位置冲突、焊缝集中等不利影响。

10.3.4　轻舱壁的结构

在潜艇耐压壳体内部，为了分隔各种工作舱室和居住舱室，常常设置一些轻舱壁。轻舱壁不要求承受载荷，也不要求做成密闭的。轻舱壁通常由很薄(1.5～2 mm)的钢板制成。为了增强轻舱壁的刚度，可在舱壁上焊加强筋，或将舱壁模压成波浪形。它们与其他构件的连接可以用焊接，也可以用铆接。

习　题

10-1　潜艇舱壁的作用是什么？潜艇舱壁有哪几种形式？

10-2　球面舱壁的承载特性和结构布置有什么特点？

10-3　线缆和管路穿过舱壁时如何保证舱壁的水密性？

10-4　耐压平面舱壁的构架由哪几部分组成？

第 11 章　潜艇非耐压船体结构

潜艇非耐压船体结构包括两大部分。一部分是水密结构，这些结构实际上就是双壳体潜艇或一个半壳体潜艇舷间的非耐压液舱，即主压载水舱和燃油舱结构。另一部分是非水密结构，当潜艇潜入水中或浮出水面时，海水可以自由出入这些结构的内部空间，非水密结构根据位置不同又分为上层建筑和指挥室围壳结构，首、尾端部结构，坞龙骨结构等。

潜艇上的非耐压结构具有多种用途，主要如下。

(1) 构成潜艇平滑光顺的外形以减小阻力，提高航速，改善潜艇机动性。如前所述，耐压船体是一个圆锥壳和圆柱壳相结合的、规则的几何体，显然，这样的外形对于航行阻力、操纵性都是不利的。但如果在耐压船体的首、尾以及四周包一层非耐压船体，就有可能获得比较理想的外形。因此，所有潜艇(包括单壳体)都设有非耐压船体结构。

(2) 构成耐压船体之外的空间，用于布设各种油舱、水舱、武备和装置系统等，以解决耐压船体内部容积与布置之间的矛盾。

(3) 增加潜艇的储备浮力，改善潜艇的水面不沉性。

根据非耐压船体的作用及布置位置，其结构有如下特点。

(1) 外形变化较复杂。为了使潜艇具有良好的流线型，其结构大部分是双曲率的，这就给加工制造及装配、焊接带来一定困难。因此，非耐压船体结构无论在建造形式上，还是连接方法上都应充分考虑施工的方便性。

(2) 非耐压船体直接浸入海水中，而且受到波浪的冲击、水面漂浮物(如浮冰等)的碰撞，以及停靠码头时相互碰撞，容易锈蚀损耗及变形，在平时的维修保养中结构应易于拆换。为此，要求耐压船体与非耐压船体之间的舷间空间，一般应不小于 800 mm(通常为 800～1200 mm)。非耐压船体各个构件之间应允许人员通过或开设专门的人孔等，并应尽量消除一些难以维修的死角。

学习指导：熟悉潜艇非耐压船体结构的用途和结构特点。请做习题 11-1。

11.1　非耐压舷间结构

非耐压舷间结构主要包括主压载水舱和燃油舱，这些非耐压液舱由壳板和构架组成。

11.1.1　非耐压液舱壳板

1. 壳板的布置及其厚度

壳板直接承受载荷并保证结构的水密性。壳板由钢板焊接而成，一般都采用纵向布置方式，即钢板的长边沿船体的纵向布置。潜艇非耐压壳板沿圆周方向，由于工作条件不同，承载要求不同，厚度是变化的。例如，潜艇在水线附近容易腐蚀，因此要求壳板局部加厚；有的潜艇设有防冰列板，则要求壳板厚度更大些；又如，有的潜艇舷间上部布置有水舱，下部布置有燃油舱，燃油舱的承载能力要求比水舱的要大，因此燃油舱的壳板也要厚些；潜艇底部要沉坐海底及进坞坐墩，因此，底部壳板更厚些。根据钢板的长、宽尺寸，纵向布置钢板的方式可以适应壳板厚度变化的要求，达到设计合理、减轻结构重量的目的。此外，由于潜艇沿圆周方向的曲率比沿纵向的曲率要大，壳板纵向布置时，钢板的弯曲加工更加方便。

现代潜艇一般都采用分段建造的方式，为了便于两个船体分段之间的连接和装配，通常在总段对接处沿横向空出一列壳板，待耐压船体接头焊接完毕后再把这列壳板嵌入进去。这列壳板称作“嵌补板”，为了便于施工，嵌补板采用横向布置。

壳板的厚度主要由强度要求确定，同时考虑工作条件的要求，一般为 4～8 mm。沿纵向，壳板厚度根据各舱的承载要求不同而变化，如首、尾端及中间水舱壳板相对要厚些；沿周向，除了考虑承载能力外，还应考虑工作条件，例如，水线附近的壳板一般要比其他各列钢板加厚 1～2 mm，加厚宽度一般为 1.2 m 左右，其中水线以下占 2/3；在底部平板龙骨处考虑潜艇沉坐海底或进坞坐墩修理时的局部强度，其应比其他各列钢板加厚 4～6 mm。

学习指导：了解非耐压液舱的壳板布置方式和厚度变化规律。

2. 壳板之间的连接

各钢板之间采用对接连接。如果相邻钢板的厚度差超过 4 mm，如舷间耐压水舱的壳板与非耐压水舱壳板的连接，则需将较厚的板在接缝或接端处削成逐渐变化的坡度，以减小连接处的应力集中程度。若相邻的板厚差别太大，还应在中间设置过渡段壳板，例如某些大型潜艇单壳体部分耐压壳板厚度可达 40 mm 以上，而相邻双壳体部分非耐压壳板只有 6～8 mm，直接连接厚度相差太大，应在中间嵌入一块 20 mm 左右的壳板作过渡连接。

11.1.2 非耐压船体构架

非耐压船体构架是指非耐压船体板和耐压船体板之间的骨架结构，其作用在于加强壳板的刚度，提高壳板的稳定性，同时把作用在非耐压船体壳板的外力传递给耐压船体。

非耐压船体构架通常由肋骨和纵桁、支撑材（包括支柱、托板和肘板）组成。现代某些潜艇上为了提高壳板的抗爆性及抵抗核爆炸的冲击波，在局部位置增设一些纵筋。为了将外力传递给耐压船体，在肋骨上设置各种支撑结构，根据支撑形式的不同，构架一般有下列三种形式，即普通肋骨式、桁架肋骨式和托板肋骨式。

学习指导：熟悉非耐压船体（非耐压液舱）构架的形式分类与各自结构特点。请做习题 11-2。

1. 普通肋骨式结构

这种结构由肋骨、肘板和舷纵桁组成，如图 11-1-1 所示。肋骨通过肘板与耐压船体相连接，中间只设一根舷纵桁，为了防止舷部碰撞时纵桁板失稳，一般在纵桁板上安装防挠支骨。这种结构形式一般只用在一个半壳体潜艇上，因为这种潜艇排水量比较小，水舱周向长度比较短，肋骨中间只设置一根刚性支撑构件就能保证强度了。

2. 桁架肋骨式结构

这种结构是目前潜艇最常用的结构形式，它具有强度好而且工艺简单的优点。桁架肋骨式结构主要由肋骨、支柱、肘板等构件组成平面桁架，如图 11-1-2 所示。非耐压船体的肋骨位置应与耐压船体肋骨位置一一对应，这样才能把外力有效地传递到耐压船体上。

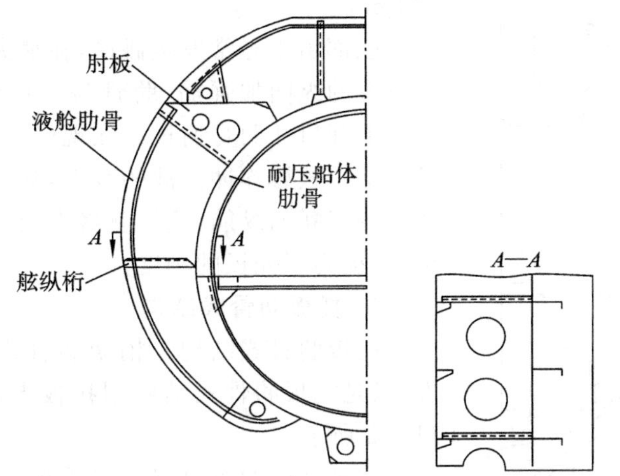

图 11-1-1　普通肋骨式结构

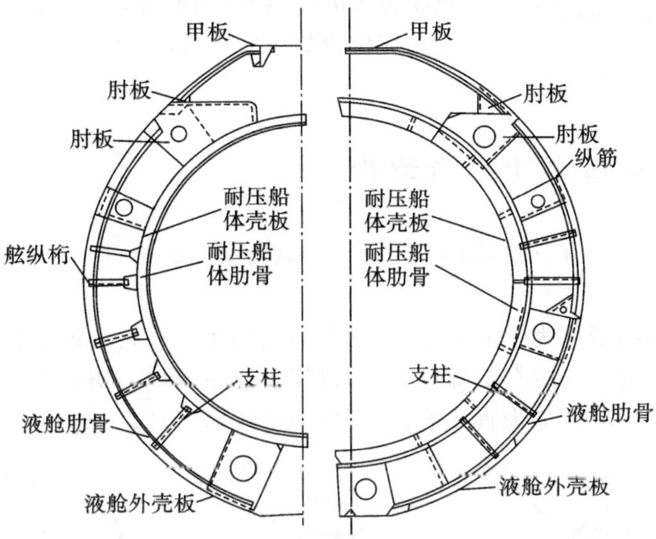

图 11-1-2　桁架肋骨式结构

肋骨一般由轧制型材制成，其大小根据作用在水舱上的载荷大小由强度计算确定，一般由5～12 号球扁钢制成。肋骨与水舱壳板的连接一般要求采用双面填角焊，这样能防止肋骨与壳板之间的锈蚀。肋骨通过肘板与耐压船体相连接，肘板一般采用 4～6 mm 带折边的钢板。为了减轻重量，肘板上常开有减轻孔。肋骨和耐压船体之间还要布置一些支柱，由于支柱受轴向力作用，为了防止失稳，支柱一般用等边角钢制成。现代潜艇的支柱两端都采用焊接方式固定，为了更好地传递外力，大多采用辐射状布置。支柱的一端直接焊在非耐压船体的肋骨上，而另一端则用小肘板与耐压船体相连接，这种不等强度连接的原因，主要是考虑当潜艇遇到碰撞或偶然性载荷时，宁可非耐压船体破坏也不能损坏耐压船体。一些潜艇的实际使用经验也证明，这种连接方法能达到预期的目的。例如，有的潜艇舷部受到严重碰撞，连接肘板常常断裂或失稳，但耐压船体却无损伤变形。此外，这种连接方法方便装配，在安装非耐压分段时，支柱与肘板可以采用搭接方式，因而不需要将支柱尺寸切割得非常精确。组成桁架时，相邻支柱之间的距离除考虑强度条件外，还应考虑人员出入、检修方便，因此不能太小，一般为 600～

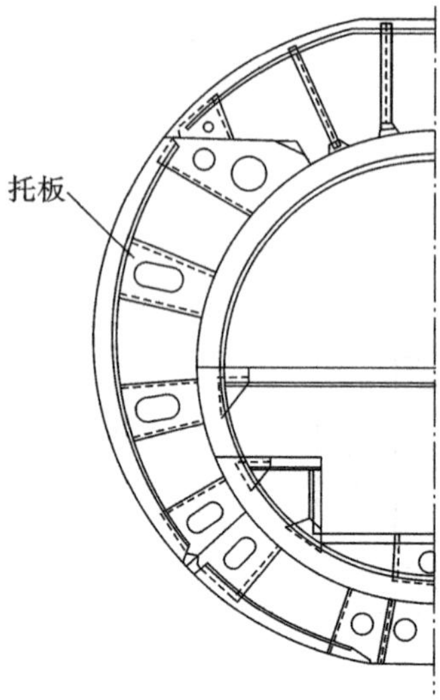

图 11-1-3　托板肋骨式结构

800 mm。

舷部由于经常发生碰撞，在最大半宽处常常设置一根比较大的纵向加强筋，肋骨与它相交时，应在纵向加强筋腹板上开口让肋骨通过。在现代一些潜艇上，为了有效地抵抗空中核爆炸冲击波的袭击，常常在水线以上部位还增添一些间断的纵筋，这样就将壳板分割成一小块一小块的板格，提高了壳板的刚度。

3. 托板肋骨式结构

托板肋骨式结构与桁架肋骨式结构有很多相同的地方，只是托板肋骨式结构用托板支撑代替支柱支撑，如图 11-1-3 所示。

这种结构的主要优点是强度好，不过重量较大，占舱间的面积大，人员出入、检修也不太方便，对于某些要求承载能力大的舱，如燃油舱等，一般采用托板支撑。此外，一些局部位置如舱底部，放置大量压铁或进坞时正好是边墩木位置，一般也采用托板支撑。

11.1.3　非耐压水舱纵桁结构

潜艇非耐压水舱纵桁有三种，即上部纵桁、舷纵桁和底纵桁。

1. 上部纵桁

位于水舱顶部的纵桁称为上部纵桁（也可称为上部龙筋），它由钢板制成，并用肘板与耐压船体相连接。水舱通气阀安装在上部纵桁上，以便潜艇下潜时打开通气阀将水舱内空气全部排出。上部纵桁根据形状可分为直线形、曲线形和折线形三种，如图 11-1-4 所示。

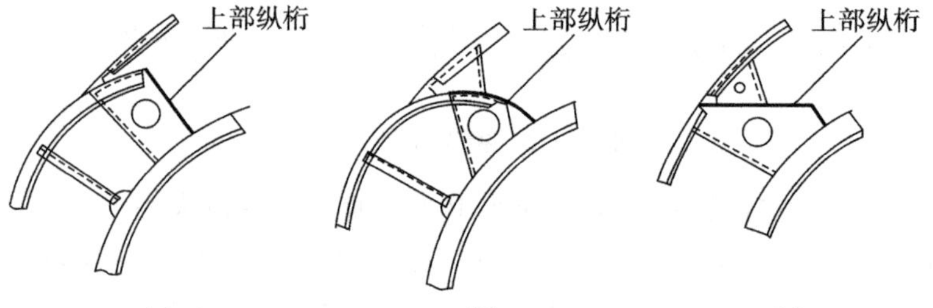

图 11-1-4　上部纵桁的形式

(a)直线形　(b)曲线形　(c)折线形

直线形上部纵桁的优点是施工简便，缺点是潜艇下潜时，有时舱内空气排不尽。为了解决这一问题，有的潜艇的上部纵桁做成斜直线形，但这样水舱容积有所损失。曲线形上部纵桁的优点是强度好，缺点是施工不太方便。此外，根据过去一些潜艇的使用经验，当采用曲线形上部纵桁时，上层建筑与其连接部位的角度很小，平时很难保养，因此锈蚀非常严重，其平均腐蚀深度可以超过正常壳板腐蚀深度的 2.5～3.5 倍。这种形式多用在耐压水舱上。折线形上部纵桁是目前潜艇上常用的一种形式，它既方便施工又能使舱内空气排尽。

2. 舷纵桁

舷纵桁的作用在于提高舷部结构的刚度以防止潜艇碰撞时损坏舷侧。但并不是所有潜艇都设有舷纵桁，前面所提到的普通肋骨式结构常设舷纵桁，其他肋骨形式一般只设纵骨。当舷间设有燃油舱时，常用舷纵桁将水舱与油舱分开，这时舷纵桁既起到分隔舱室的作用，又起到加强舷部的作用。

3. 底纵桁

只有双壳体的潜艇上才有底纵桁，它将水舱分成左右两个互不相通的水舱，以减小自由液面惯性矩，提高潜艇的稳性。其实底纵桁是双壳体潜艇龙骨的一部分（又称竖龙骨），因此，它做得比较坚固，其上端与潜艇耐压船体相连接，下端与非耐压船体底部壳板（又称平板龙骨）相连接，两侧采用肘板加强。

11.1.4　舷间水舱舱壁结构

水舱舱壁将舷间分隔成所需要的各种水舱和燃油舱，同时保证潜艇水面不沉性。舱壁的数目及其布置主要根据不沉性计算与水舱、燃油舱布置来确定。舷间舱壁是一个月牙形平面结构，由钢板和扶强材组成，钢板比较薄，一般为 4～6 mm，但一些修理经验表明，首尾与透水部分相邻的舱壁腐蚀比较严重，应当适当加厚。舱壁上的扶强材一般呈辐射状布置，扶强材一般用 6～8 号球扁钢，扶强材之间的间距一般为 500～800 mm，图 11-1-5 所示为水舱舱壁的构造。

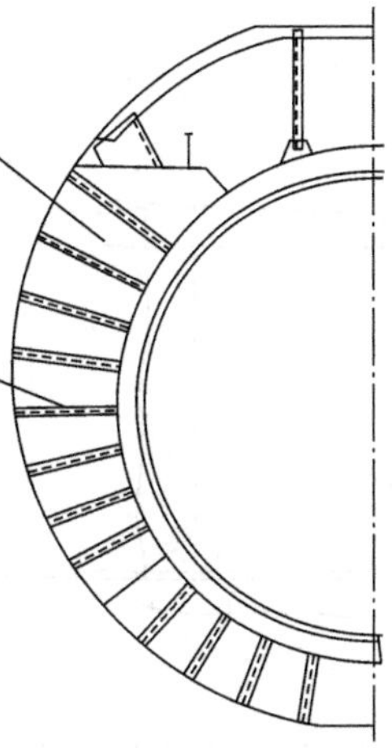

图 11-1-5　水舱舱壁构造

学习指导：了解舷间水舱舱壁结构的组成和结构特点。

11.1.5　水舱的附属结构

为了保证潜艇正常下潜与上浮，以及平时检修保养方便，在非耐压船体上设有通气阀、通海阀及出入人孔，所以水舱上设置了安装这些设备所需要的结构。

1. 水舱通气围壁结构

通气阀设在水舱上部纵桁上，为了使潜艇在 0°～5°首倾下潜时，能完全排尽水舱中的空气，通气阀应设在水舱的尾部，并做成局部突出的结构，这种结构称为通气围壁。此外，为了确保水舱的气密性，避免因通气阀损坏而造成潜艇意外下潜或不能排水浮起，在没有通海阀的水舱中还设有失事挡板，如图 11-1-6 所示。

通常在两档肋骨之间焊接几块钢板，并使其高出上部纵桁，组成一个水密围壁结构，即通气围壁结构，如图 11-1-7 所示。围壁的顶部焊有阀盘座用于密闭通气阀。由于通气围壁经常处于潮湿状态，围壁容易腐蚀，而修理围壁时要保证通气阀的密闭性，因此这些部位的钢板应比正常水舱壳板厚 1～2 mm，目前潜艇上该部位的钢板常与水舱壳板一样厚。

2. 流水孔与通海围壁结构

为了向水舱灌注水或排出水舱内的水，在水舱的底部开有流水孔或设置通海阀。有的潜

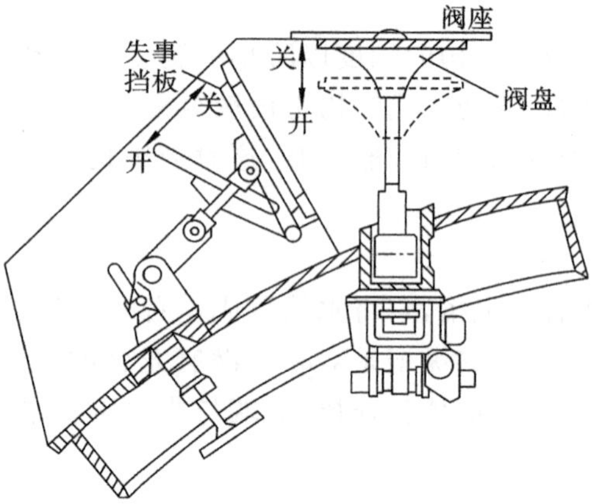

图 11-1-6 失事挡板的布置

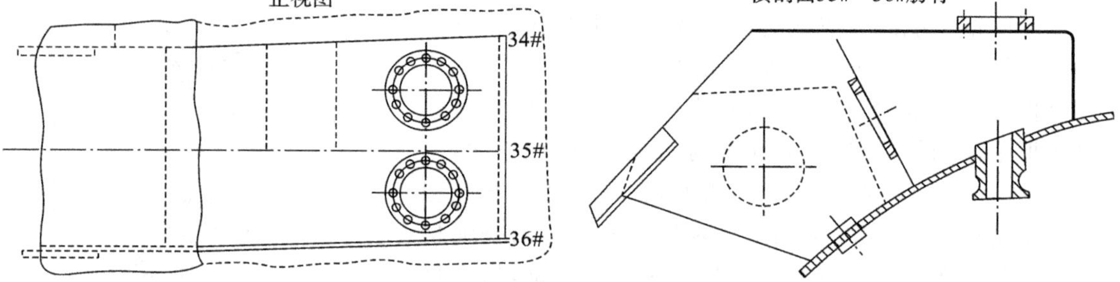

图 11-1-7 通气围壁结构

艇上为了加速下潜速度，只在水舱底部开设一些流水孔，潜艇在水面状态时舱内充满低压气，水舱处于“气垫状态”，只要打开顶部通气阀（或失事挡板）潜艇迅速下潜。流水孔的结构比较简单，通常只在水舱底部开设一些矩形孔，在矩形孔上放置“格子板”以防污物流入舱内。

采用流水孔的主要缺点是减小了水舱内部容积，平时人员不能进入水舱内部进行检修。特别当通气阀或失事挡板漏气时，水舱不能提供浮力。因此，现在大多数潜艇趋向于安装通海阀。

为了安装通海阀，需在水舱底部专门做一个围壁。在双壳体潜艇上，通海围壁设在水舱底部，这样会将龙骨立板切断，故在其两侧与前后位置安装围壁板，如图 11-1-8 所示。在两侧围壁板上开有进、排水孔，为了安装差动式通海阀，围壁内部装有倾斜式平板，在平板上装有通海

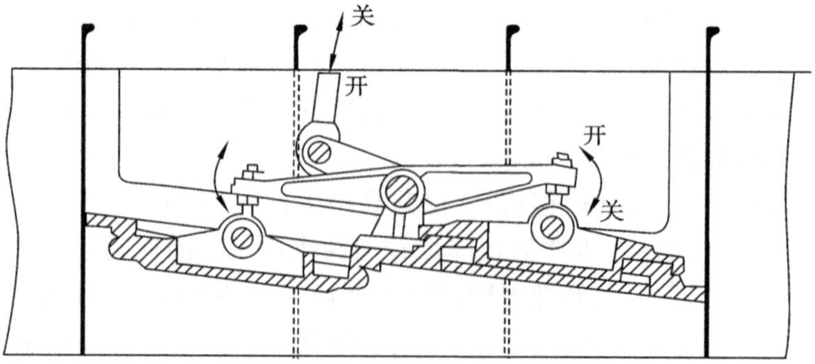

图 11-1-8 双壳体潜艇上通海阀

阀座，外壳底部同样装有格子板。

3. 检修孔（人孔）

为了便于人员对水舱内部进行维修保养，在水舱的水线以上常开设检修孔。检修孔用螺钉与壳板连接，为了保证密闭，孔盖与船体之间垫有橡胶。为了不影响船体外表的光滑性，在孔盖外面还设有导流罩。

11.2　上层建筑结构

潜艇上层建筑的含义有别于水面舰艇，习惯上指的是耐压船体上面沿着艇体长度方向伸展的透水结构。潜艇上层建筑作为舷间液舱壳板向上延伸的部分，保护着布置在耐压壳体外部上层的各种设备、装置和管系；同时，它是潜艇外部完整流线型的一部分，起到降低潜艇水下航行阻力的作用。

上层建筑是非水密的结构，在水下状态时不承受水压力的作用。在水面状态时，过去一些潜艇只考虑承受人员行走和波浪冲击等不大的外力的作用，因此，结构都做得比较简单；现代一些潜艇，为使上层建筑能在空中核爆炸冲击波作用下保护其内部的一些设备如通气阀、高压气系统等不被损坏，上层建筑做得比较坚固。

上层建筑根据船体线型，其横截面可做成矩形或梯形，如图 11-2-1 所示，纵截面一般做成直线形。上层建筑甲板宽度一般为 400～1 500 mm，甲板距耐压船体顶部的高度一般为 800～1 200 mm。上层建筑结构由壳板和构架组成。

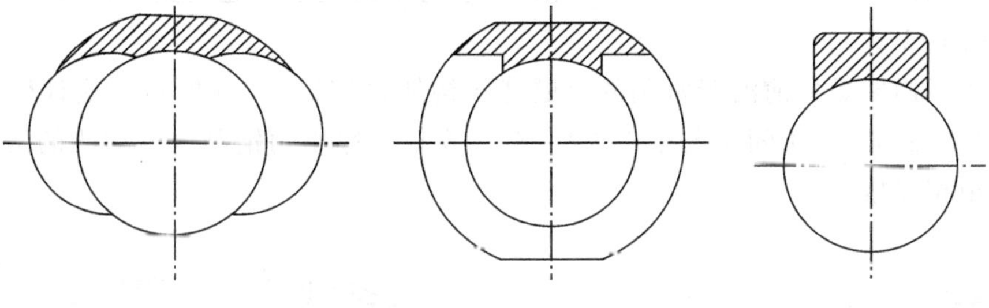

图 11-2-1　上层建筑横截面形状

学习指导：熟悉潜艇上层建筑的概念，了解其作用、受力特点和形状。

11.2.1　上层建筑壳板构造

上层建筑的壳板一般采用纵向布置方式，壳板厚度一般为 3～5 mm，其中甲板处的厚度比两舷要稍厚些，主要是考虑平时人员行走、操作时磨损较大。

上层建筑壳板的最大特点是开有大量的通气孔和流水孔。开设这些孔的目的是使潜艇在潜浮过程中能迅速地向上层建筑空间灌水和排水。通气孔均开设在甲板上，有圆形、椭圆形和矩形等形状，其中矩形的最普遍，它们的布置如图 11-2-2 所示。实验表明，矩形孔采用横向布置方式能减小阻力。

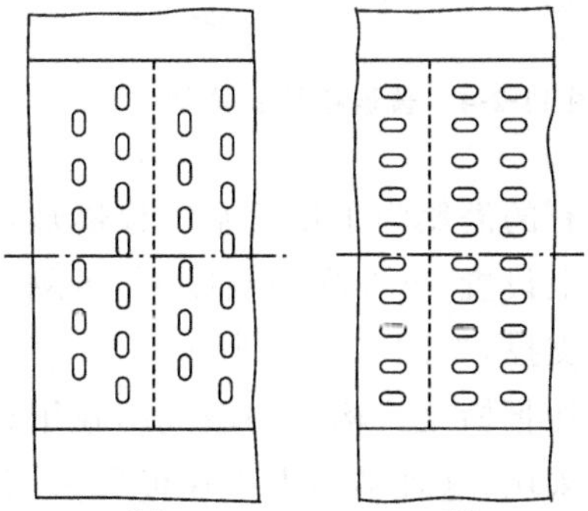

(a)　　(b)

图 11-2-2　通气孔的布置

(a)横向布置　(b)纵向布置

流水孔开设在两舷接近于水舱上部纵桁的非水密板上，有半圆形、矩形等形状。同样为了减小开孔所引起的阻力，矩形孔采用横向布置方式比较合理，如图 11-2-3 所示。

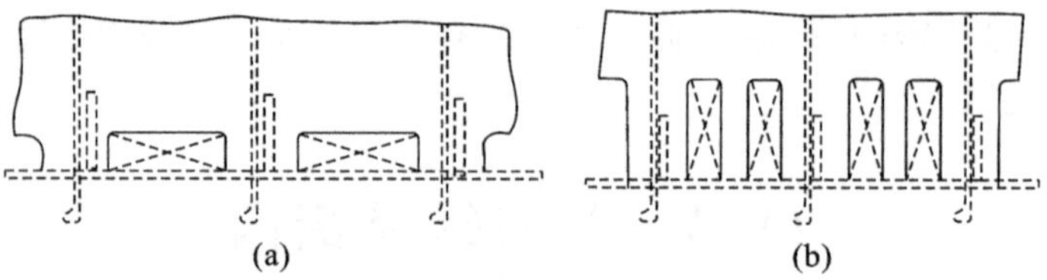

图 11-2-3 矩形流水孔布置

(a)纵向布置 (b)横向布置

在有的潜艇上，为了减小阻力及简化工艺，沿艇的纵向开设一条流水槽，有的潜艇流水槽在水下时可关闭。

学习指导：了解潜艇上层建筑壳板的布置方式及流水孔的布置方式。

11.2.2 上层建筑构架

上层建筑构架一般有三种形式：普通横梁式、支柱横梁式和托板横梁式。

学习指导：熟悉潜艇上层建筑构架的形式分类及结构特点。请做习题 11-3。

普通横梁式构架一般只用在某些小型潜艇上，这些潜艇上层建筑宽度比较小，横梁跨间无须加支撑，如图 11-2-4 所示。

支柱横梁式构架是目前潜艇常用的上层建筑构架，如图 11-2-5 所示。这种构架的横梁一般由轧制型材弯制而成，跨间用若干根支柱支撑，支柱一般用角钢制成。横梁的两端用肘板与水舱上部纵桁相连接。

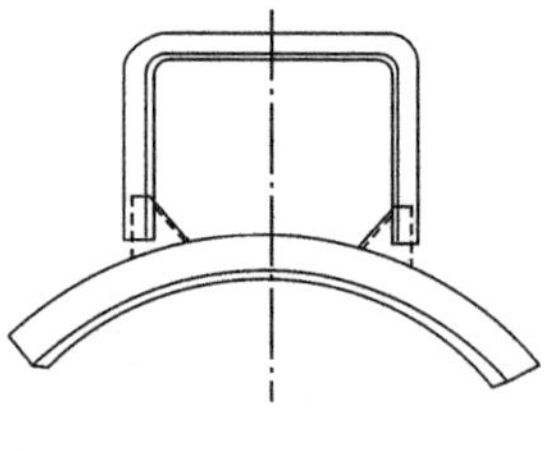

图 11-2-4 普通横梁式构架

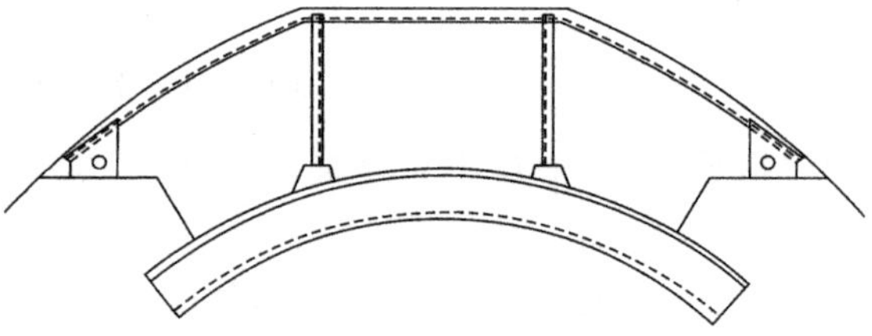

图 11-2-5 支柱横梁式构架

有的潜艇为了抵抗空中核爆炸，上层建筑做得比较坚固，采用纵横式构架结构，即在上层建筑上设置 1～2 根甲板纵桁，每隔几档肋骨设置一根加强横梁，在纵桁与加强横梁相交处用支柱支撑，如图 11-2-6 所示。

托板横梁式构架一般只用在甲板上有较大载荷的部位，如甲板上安装有火炮或其他重物时才采用，这种结构由于托板所占面积较大，上层建筑内部空间利用率不高，因此在其他部位采用比较少。图 11-2-7 所示为托板横梁式结构。

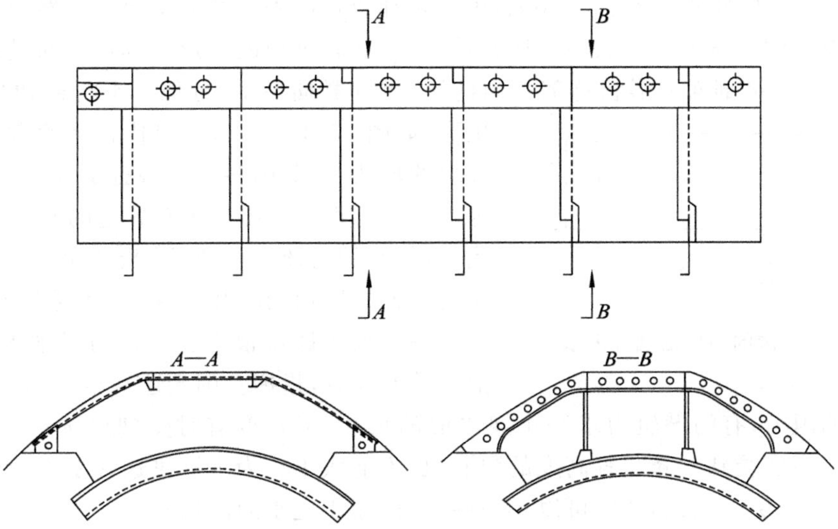

图 11-2-6　纵横式上层建筑构架

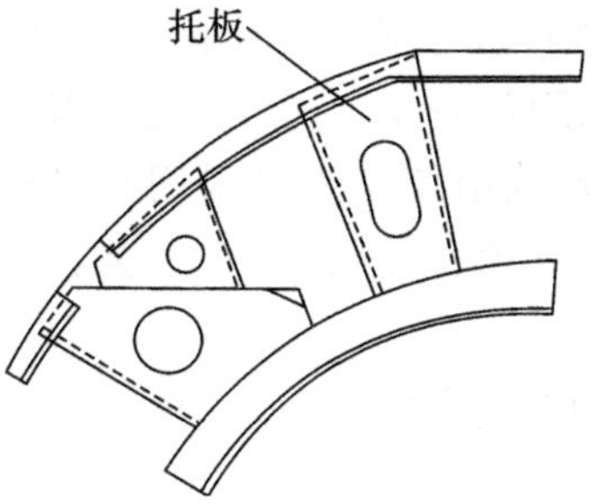

图 11-2-7　托板横梁式结构

11.3　指挥室围壳结构

指挥室围壳是包围在耐压指挥室及升降装置周围的非水密结构，它具有以下作用：

（1）构成耐压指挥室及各种升降装置表面光顺的外罩以减小潜艇水下航行阻力；

（2）构成潜艇的舰桥，设置水面航行指挥所，并在其中布置罗经、操舵装置以及供水面航行指挥的仪器设备；

（3）布置水面厕所、通风管道和柴油机的进、排气口等设备。

现代有的潜艇为了改善水下低速航行时的操纵性，在指挥室围壳两侧安装了围壳舵；有的潜艇布置了巡航导弹或弹道导弹，为了减小阻力，一般需要把这些设备用指挥室围壳围起来，其指挥室围壳做得比较庞大。

学习指导：了解指挥室围壳的作用。

11.3.1　指挥室围壳的形状、布置位置及尺寸

指挥室围壳的形状对潜艇水下航行阻力有很大影响，围壳阻力一般占潜艇水下航行总阻

力的10%～15%，有时可达30%～40%，因此选择合理的外形甚为重要。当然，指挥室围壳的形状与内部设备的布置有密切关系。通常情况下，比较理想的外形是其水线面呈水滴形，最佳的长宽比为6～8；纵剖面的形状首部微向前倾，尾部微向后斜，近似于平行四边形；横剖面呈矩形，如图11-3-1所示。现代很多潜艇都力求达到理想的形状，如美国各级核潜艇及西欧各国常规潜艇等。但也有很多潜艇由于布置上的原因，做成各种形状的，如有的潜艇装有火炮，指挥室围壳要做成适应火炮布置的形状，有的潜艇指挥室围壳将导弹发射筒包在一起因而做得很大。另外为了增大水面航行时指挥员的视界，指挥室围壳还有很多切口。为了减小指挥室围壳的阻力，有的潜艇力求缩小迎水面的尺寸，但宽度有时受到耐压指挥室宽度的限制，不能太小，高度受到升降装置高度的限制，也不能太小。为了解决这些矛盾，有时把指挥室围壳做成上、下两层，上层的宽度可以小一些，从而减小迎水面的尺寸。

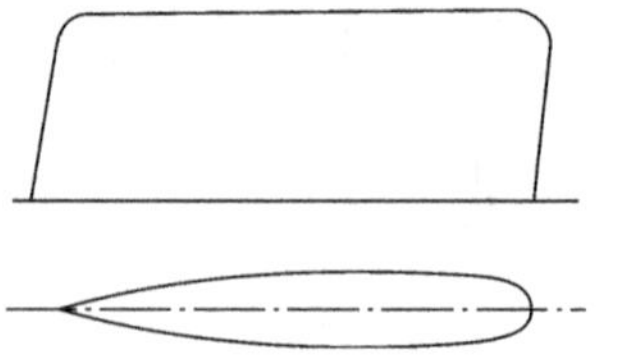

图11-3-1　理想的指挥室围壳形状

现代潜艇指挥室围壳高度一般为4～5 m，宽度一般为2～2.5 m，围壳的长度视内部设备布置而定，一般为10～13 m。

指挥室围壳布置的位置，主要考虑与耐压船体内部布置相适应，通常布置在指挥舱上部，但从阻力的观点来看，最好布置在距艇首1/4～1/3的船长上。过去一些潜艇，由于布置上的限制，这一点常常比较困难，对于现代潜艇特别是采用水滴形船形的潜艇比较容易做到。

学习指导：了解指挥室围壳的最优化形状、布置位置。请做习题11-4。

11.3.2　指挥室围壳的构造

指挥室围壳的构造和上层建筑结构一样，是由壳板和构架组成的非水密结构，如图11-3-2所示。围壳壳板一般由3～4 mm厚的钢板组成，钢板之间采用对接连接。壳板的下部与甲板相连接，壳板上开有流水孔。

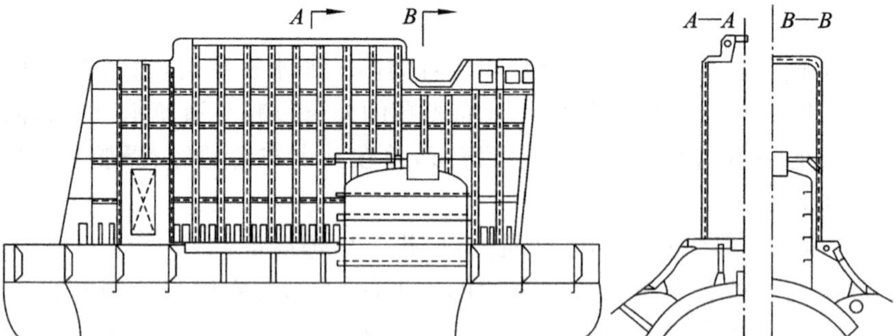

图11-3-2　指挥室围壳构造

围壳的构架一般采用横式构架，在横截面内由肋骨和横梁共同组成一个框架。为了降低对罗经工作的影响，指挥室部位一般采用低磁钢制成，由于低磁钢在海水中容易腐蚀，因此有的潜艇在这些部位局部采用不锈钢或玻璃钢。有的潜艇为了减轻指挥室围壳的重量，改善潜艇的稳性，围壳采用铝合金制作，但缺点是耐腐蚀性差。目前，复合材料在潜艇指挥室围壳中已经得到应用，如德国的 212 型潜艇即采用复合材料指挥室围壳。复合材料指挥室围壳的优点是重量轻、耐腐蚀、无磁，缺点是工艺难度较大。

学习指导：了解指挥室围壳的骨架形式和构件布置特点。

11.4　潜艇首尾部结构

潜艇的首尾部是指耐压船体首端部耐压舱壁以前及尾端部耐压舱壁以后的结构。它构成潜艇首、尾部光顺的外形，以减小航行的阻力，同时布置各种设备如鱼雷发射管、水声仪器、舵的传动装置等。

11.4.1　潜艇首部结构

1. 首部形状和基本布置

潜艇首部的形状有三种基本形式：楔形首部、水滴形首部和过渡形首部，如图 11-4-1 所示。

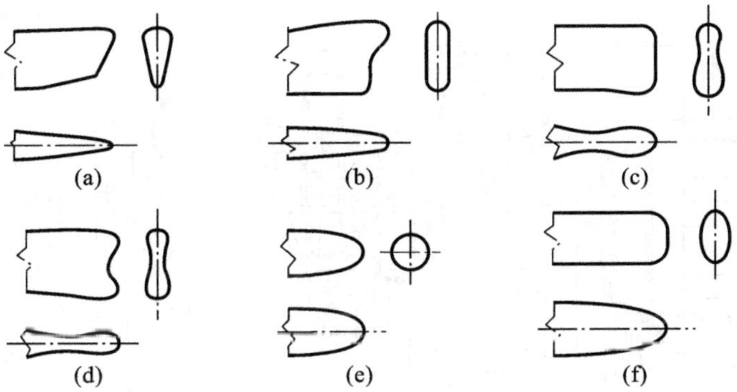

图 11-4-1　潜艇首部的形状

(a)、(b)、(c)、(d)楔形首　(e)水滴形首　(f)过渡形首

楔形首部适合于以水面航行为主的潜艇。一些早期设计的潜艇主要考虑水面的航行性能，在水面航速较高时，为了减小兴波阻力，首部水线面一般做成比较尖的形状，采用楔形首部，目前已很少使用。水滴形首部是一种对称型艇首，是以提高水下航行性能为出发点来设计的，对水面航行不利。对于核动力潜艇，其几乎所有活动都在水下(进出港及平时训练除外)，大部分潜艇首部都做成水滴形。过渡形首部适用于水下航行为主又兼顾水面航行状态的潜艇，根据艇首布置需要可以采用这种形式。

学习指导：了解潜艇首部的形状分类和发展趋势。请做习题 11-5。

潜艇的首部包括水密和非水密两部分。水密部分布置首压载水舱，水舱内部通常还布置一个非水密的锚链舱。鱼雷发射管通过水舱，并将一端固定在水舱首舱壁(又称鱼雷舱壁)上。首舱壁前为非水密部分，用来布置鱼雷减阻板和水声设备，如图 11-4-2 所示。

2. 首部结构

首部结构最前端一般设有首柱，首柱能起到抵抗各种碰撞的作用，因此，首柱常常作得比较坚固。在早期制造的一些潜艇上，首柱常用铸钢或锻钢制成，壳板嵌接在首柱上。在现代首

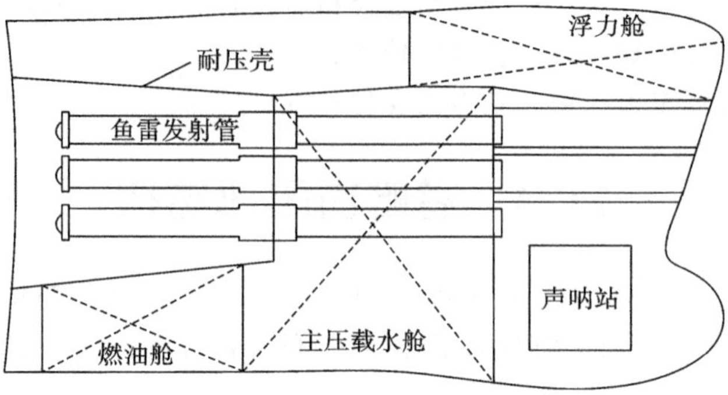

图 11-4-2 首部布置简图

部较圆钝的潜艇上，首柱通常由钢板焊接而成。由于首部建造时，上、下一般分成几个分段，各个分段结构形式也有所差别，因此首柱不一定是一个整体。

如图 11-4-3 所示，从首柱到首压载水舱的前舱壁为非水密部分。中间布置鱼雷发射管减阻板、拖曳孔等。上面或下面一般布置水声仪器，这部分结构一般采用纵隔板-平台式结构，即沿艇的对称面设置一块纵向隔板，在鱼雷发射管之间及上、下设置平台。

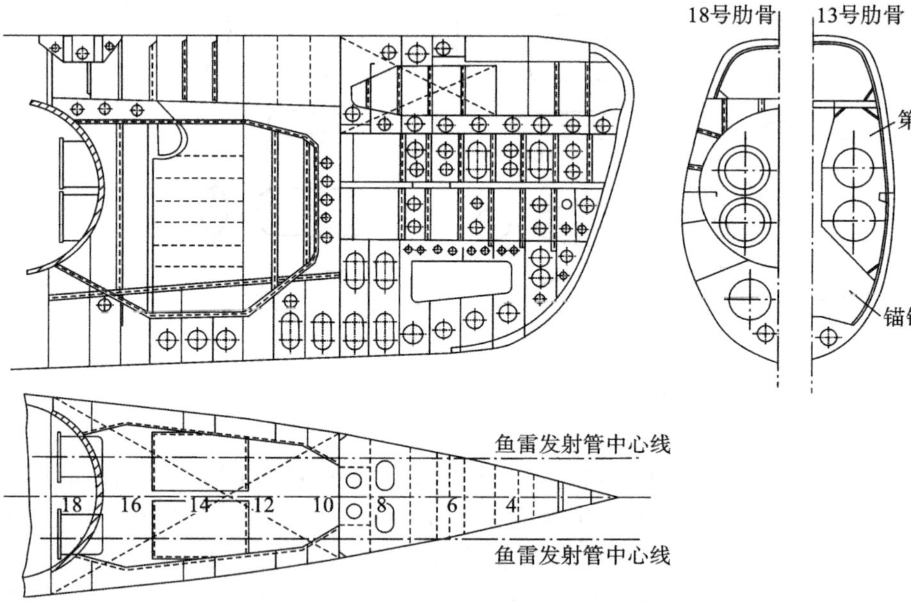

图 11-4-3 潜艇首部结构

从首压载水舱的前舱壁到耐压船体首端部为首压载水舱，它由前后水密舱壁、水舱顶盖及两舷的壳板和肋骨组成。前舱壁既作为首压载水舱的舱壁又作为鱼雷发射管的支撑，航行时要承受动水压力，因此板壁比较厚，一般为 8～10 mm。水舱的后壁实际上并不是一个完整的舱壁，它只在耐压船体两舷才有，其构造如同一般水舱的舱壁。水舱顶盖一般微向前倾，以便下潜时能将舱内空气排尽。水舱两舷由壳板和肋骨组成，由于艇的首部经常受到波浪冲击力的作用，因此壳板比其他水舱的要厚些，两舷的肋骨亦做得比较坚固。为了加强舷部，首部的肋骨间距比其他水舱的要小，此外还有 1～2 根舷纵桁支持。

整个首部与耐压船体连接，为了保证有足够的刚度，通常在纵向还设有纵向框架。在首压载水舱内，一般设有锚链舱，它是非水密结构。锚链舱上部是锚链通道，下部才是存放锚链的地方。在锚链舱底部，壳板上开有流水孔，因而舱内平时都积有海水，下潜时，舷外海水自动灌入舱内。

图 11-4-4 所示为水滴形潜艇首部结构。这种首部结构，从耐压船体首端舱壁到首柱（通常由钢板焊接而成）距离比较短。首部上部非水密部分也布置鱼雷发射管及减阻板，减阻板很短，呈圆形或椭圆形。下部也布置有水声仪器，由于水滴形首部很大，可以布置大功率的声呐换能器，从而提高声呐的作用距离。为了充分利用空间，在声呐基阵中间布置锚链舱。

学习指导：了解潜艇首部的相关结构。

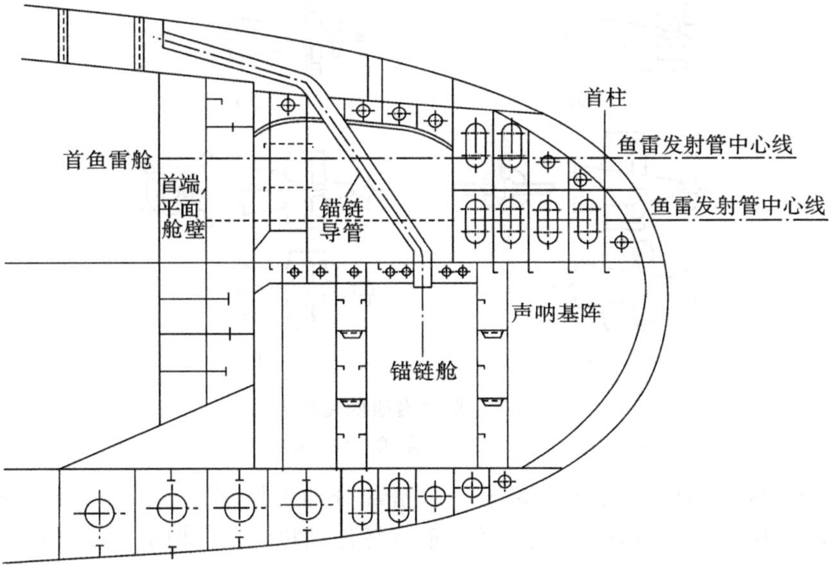

图 11-4-4　水滴形潜艇首部结构

11.4.2　尾部结构

1. 潜艇尾部形状和基本布置

潜艇尾部的形状除了考虑设备布置因素外，主要从流体动力特性方面来考虑，即考虑阻力和操纵性。早期潜艇由于航速比较慢，操纵性问题不突出，主要考虑阻力因素。因此，类似于鱼雷尾形的尖削形状曾被广泛采用，这种形状在一些单壳体的潜艇上特别成功。在一些双轴潜艇上，常采用所谓鸭尾形的尾形，如图 11-4-5 所示。这种潜艇的舵和推进器布置在艇尾下面，可改善潜艇的水面航行性能，以防止在波浪中航行和水面高速航行时，推进器露出水面。在水下航行时，这种尾形的潜艇几乎不留下伴流尾迹，这对保证潜艇的隐身性是很重要的。

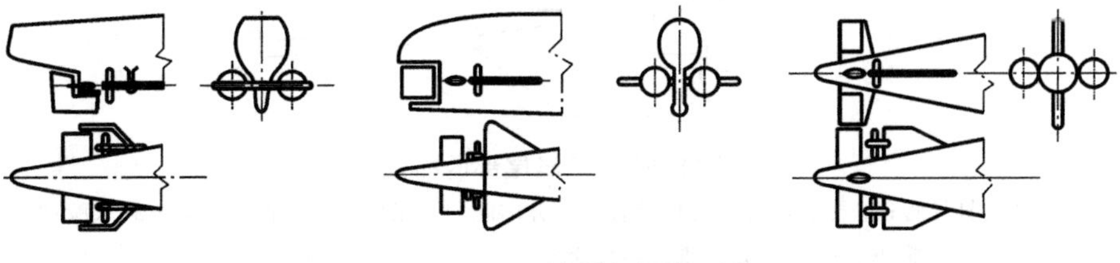

图 11-4-5　双轴潜艇尾部形状

现代潜艇由于水下航速提高，操纵性问题比较突出，因此，除了考虑水下阻力以外，还应着重考虑艇的操纵性。一些实艇使用经验表明，带有垂直稳定翼（与船体连在一起）和水平稳定翼的尾形被认为是最好的形状，因为在高速航行时，如果尾水平舵工作状况不好，潜艇仍可利用水平稳定翼保持一定深度航行。现代水滴形的潜艇上，通常采用回转体尾形，并且安装有“十”字形垂直和水平稳定翼，或“X”形稳定翼，如图 11-4-6 所示。

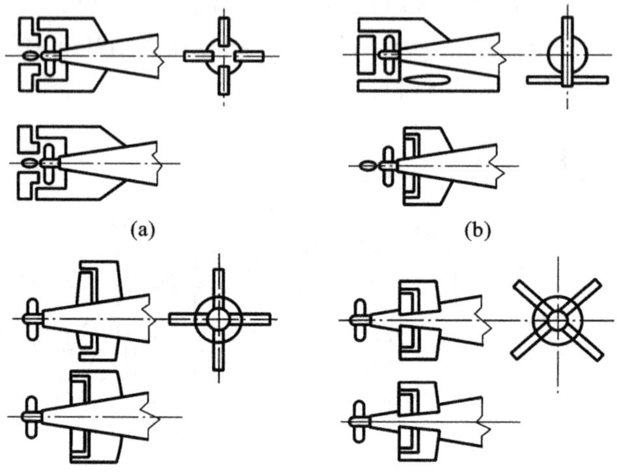

图 11-4-6　单轴潜艇的尾部外形

(a)、(b)闭式“十”字形尾　(c)敞式“十”字形尾　(d)“X”形尾

潜艇尾部也包括水密与非水密两部分。水密部分即为尾部压载水舱，非水密部分通常布置鱼雷减阻板（有尾鱼雷发射管时），水平舵、垂直舵传动机构等，如图 11-4-7 所示。

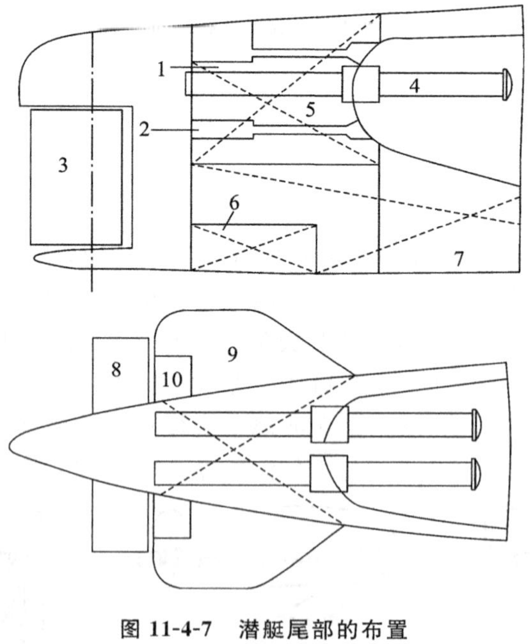

图 11-4-7　潜艇尾部的布置

1—尾方向舵传动杆导管；2—尾升降舵传动杆导管；3—方向舵；4—尾鱼雷发射管；5—尾压载水舱；6—压铁；7—燃油舱；8—尾水平舵；9—稳定翼；10—推进器导流管

2. 回转体尾形的尾部结构

回转体尾形通常用在单轴推进的潜艇上，尾部是一个回转体，其各个横截面都是圆形的。尾部也分水密和非水密两部分。水密部分即尾压载水舱，它由壳板和构架组成，如图 11-4-8 所示。构架在每档肋骨处都做成圆环结构，为了加固尾部，通常还设有纵向构件，在轴出口处通常安装一个铸钢件作为尾部构件的结束。

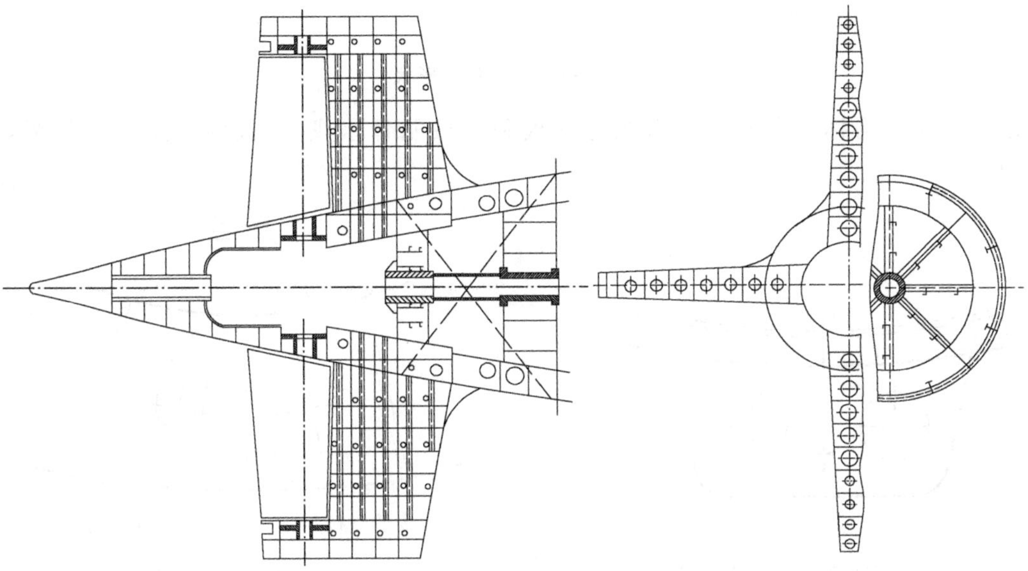

图 11-4-8　回转体尾形的尾部结构

非水密部分的结构与水密部分差不多，只是由于空间比较狭窄，通常采用隔板式结构。这种尾形的潜艇，一般采用"十"字形稳定翼，其水平舵、垂直舵都安装在稳定翼上。为了使稳定翼与尾部能牢固地连接，通常将稳定翼的根部插入船体尾部内。

学习指导：了解潜艇尾部的相关结构和附体结构。

11.5　坞龙骨结构

单壳体和一个半壳体的潜艇，耐压船体的底部裸露于外，为了使潜艇在沉坐海底及进坞修理时，耐压船体不被损坏，专门设置了坞龙骨结构来加以保护。

在早期一些潜艇上，坞龙骨一般都凸出于耐压船体底部，为了减小阻力，两端做成尖削的形状，其横剖面做成矩形或梯形，如图 11-5-1 所示。对于小型的单壳体潜艇，坞龙骨高度为 250～300 mm，宽度为 200～300 mm；对于一个半壳体的中型潜艇，高度为 550～600 mm，宽度为 1100～1200 mm。

坞龙骨通常由两块侧板及一块底板连接而成。其内部每隔若干档肋骨设置一块横向肋板加强，同时在纵向有一根纵桁以加强底部强度。坞龙骨两侧作成可拆卸的，以便装卸压铁，两侧钢板用螺钉连接。整个坞龙骨结构是非水密的，如图 11-5-2 所示。

至于双壳体的潜艇，由于外面有非耐压船体保护，因而不专门设置凸出于耐压船体外的坞龙骨。只要把非耐压船体底部一列钢板作得平坦些并且加厚，即能起到坞龙骨的作用。习惯

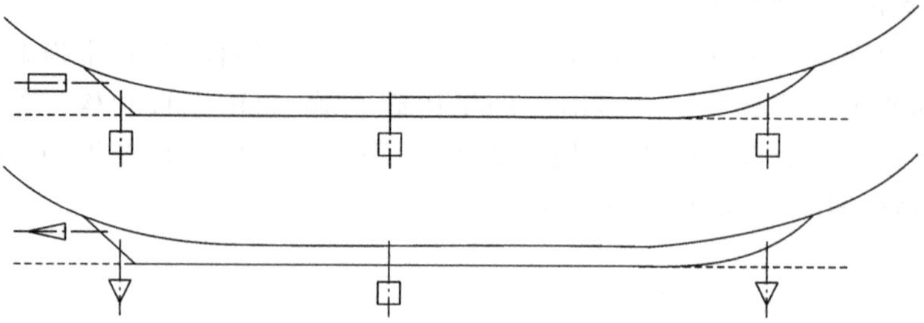

图 11-5-1　坞龙骨形状

上把这一部分结构称为龙骨。它由龙骨立板和平板龙骨组成，立板两侧用肘板加强，如图11-5-3所示。

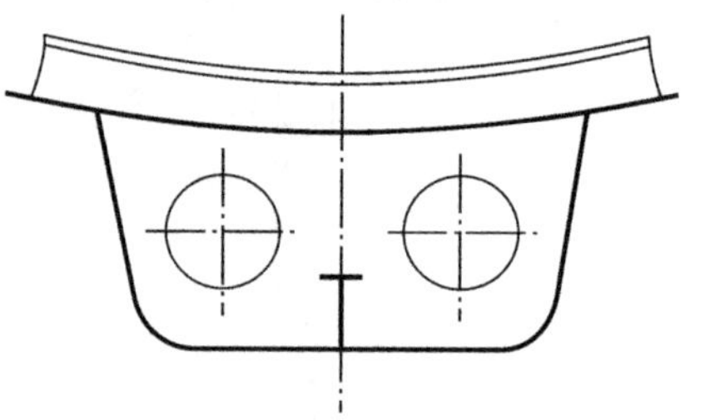

图 11-5-2　突出耐压船体的坞龙骨

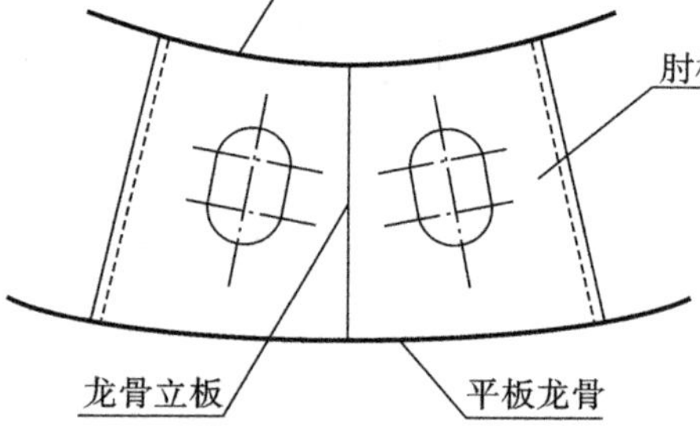

图 11-5-3　双壳体潜艇坞龙骨结构

11.6　耐压船体内部非耐压舱柜结构

耐压船体内部非耐压舱柜种类很多，这些舱柜尽管承载能力有所差别，但构造原理基本相同。

对于储存消耗品的储藏柜，一般在舱内利用轻型舱壁把它分隔成所需要的空间。这些舱壁一般由钢板和构架组成，并利用平台作为舱柜的顶盖。图 11-6-1 为布置在中央舱内的非耐压舱柜。

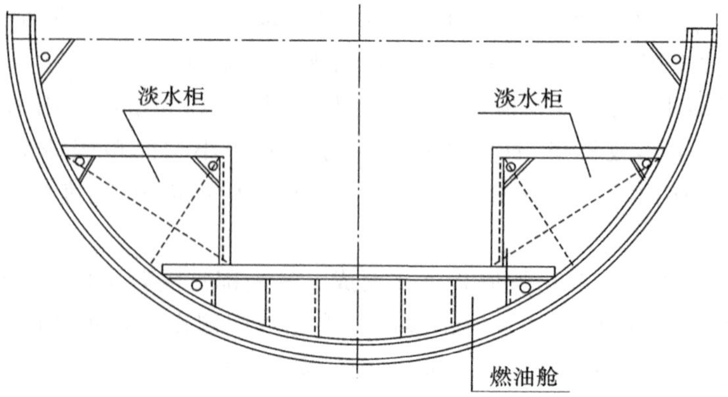

图 11-6-1　布置在中央舱的非耐压舱柜

图 11-6-2 所示为燃油舱结构，它布置在蓄电池舱底下，由于水舱顶盖板与耐压船体交角很小，焊接质量很难保证，因此把两侧的钢板折边与耐压船体相交。在水舱的顶板上，每一肋骨位置设置一根横梁，两端用肘板与耐压船体连接，中间用支柱支撑。其他液舱结构大致相似，不一一赘述。

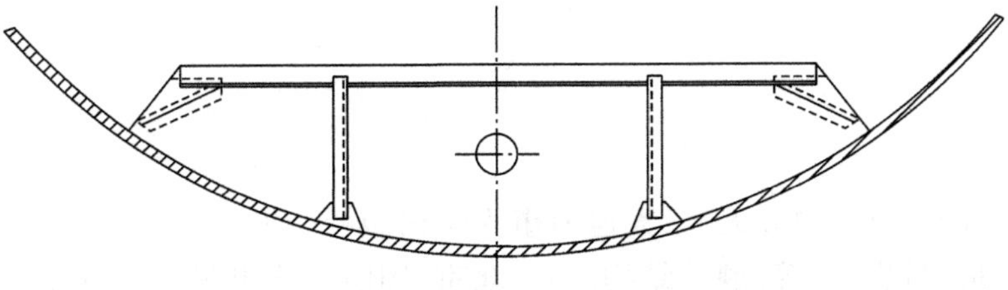

图 11-6-2　蓄电池舱底下的燃油舱结构

习　　题

11-1　潜艇非耐压结构的用途有哪些？

11-2　潜艇非耐压液舱的构架形式有哪几种？

11-3　潜艇上层建筑的构架形式有哪几种？

11-4　潜艇指挥室围壳一般采用什么样的形状？

11-5　潜艇首部有哪几种形状？各有什么优缺点？

参考文献

[1] 朱锡.水面舰艇结构[M].大连:大连海事大学出版社,2000.

[2] 朱锡,侯海量,吕岩松,等.舰艇结构[M].北京:国防工业出版社,2015.

[3] 贺小型.潜艇结构[M].北京:国防工业出版社,1991.

[4] 彭公武.船体结构与制图[M].哈尔滨:哈尔滨工程大学出版社,2007.

[5] 邵开文,马运义.舰船技术与设计概论[M].北京:国防工业出版社,2009.